MULHERES NO CONTROLE

Tópicos de controle interno
sob o olhar das mulheres

FSC
MISTO
Papel
FSC® C092828

CARBON
NEUTRAL
SAVE

DÉBORA PINTO SEVERINO
EDMAR MOREIRA CAMATA
LEONARDO DE ARAÚJO FERRAZ
MARCELA OLIVEIRA THOMÉ
Coordenadores

Prefácio
Margareth Goldenberg

MULHERES NO CONTROLE

Tópicos de controle interno sob o olhar das mulheres

Belo Horizonte

FÓRUM
CONHECIMENTO JURÍDICO

2023

© 2023 Editora Fórum Ltda.

É proibida a reprodução total ou parcial desta obra, por qualquer meio eletrônico, inclusive por processos xerográficos, sem autorização expressa do Editor.

Conselho Editorial

Adilson Abreu Dallari
Alécia Paolucci Nogueira Bicalho
Alexandre Coutinho Pagliarini
André Ramos Tavares
Carlos Ayres Britto
Carlos Mário da Silva Velloso
Cármen Lúcia Antunes Rocha
Cesar Augusto Guimarães Pereira
Clovis Beznos
Cristiana Fortini
Dinorá Adelaide Musetti Grotti
Diogo de Figueiredo Moreira Neto (*in memoriam*)
Egon Bockmann Moreira
Emerson Gabardo
Fabrício Motta
Fernando Rossi
Flávio Henrique Unes Pereira
Floriano de Azevedo Marques Neto
Gustavo Justino de Oliveira
Inês Virgínia Prado Soares
Jorge Ulisses Jacoby Fernandes
Juarez Freitas
Luciano Ferraz
Lúcio Delfino
Marcia Carla Pereira Ribeiro
Márcio Cammarosano
Marcos Ehrhardt Jr.
Maria Sylvia Zanella Di Pietro
Ney José de Freitas
Oswaldo Othon de Pontes Saraiva Filho
Paulo Modesto
Romeu Felipe Bacellar Filho
Sérgio Guerra
Walber de Moura Agra

FÓRUM
CONHECIMENTO JURÍDICO

Luís Cláudio Rodrigues Ferreira
Presidente e Editor

Coordenação editorial: Leonardo Eustáquio Siqueira Araújo
Aline Sobreira de Oliveira

Rua Paulo Ribeiro Bastos, 211 – Jardim Atlântico – CEP 31710-430
Belo Horizonte – Minas Gerais – Tel.: (31) 99412.0131
www.editoraforum.com.br – editoraforum@editoraforum.com.br

Técnica. Empenho. Zelo. Esses foram alguns dos cuidados aplicados na edição desta obra. No entanto, podem ocorrer erros de impressão, digitação ou mesmo restar alguma dúvida conceitual. Caso se constate algo assim, solicitamos a gentileza de nos comunicar através do *e-mail* editorial@editoraforum.com.br para que possamos esclarecer, no que couber. A sua contribuição é muito importante para mantermos a excelência editorial. A Editora Fórum agradece a sua contribuição.

Dados Internacionais de Catalogação na Publicação (CIP) de acordo com ISBD

M956	Mulheres no controle: tópicos de controle interno sob o olhar das mulheres / Débora Pinto Severino, Edmar Moreira Camata, Leonardo de Araújo Ferraz, Marcela Oliveira Thomé. Belo Horizonte: Fórum, 2023. 304 p. 14,5x21,5 cm ISBN 978-65-5518-540-9 1. Administração pública. 2. Direito administrativo sancionador. 3. Controle interno. 4. Governança pública. 5. Tribunal de Contas. 6. Liderança feminina. 7. Desigualdade de gênero. 8. Auditoria interna. 9. Accountability/Compliance. I. Severino, Débora Pinto. II. Camata, Edmar Moreira. III. Ferraz, Leonardo de Araújo. IV. Thomé, Marcela Oliveira. V. Título. CDD: 351.08 CDU: 35

Ficha catalográfica elaborada por Lissandra Ruas Lima – CRB/6 – 2851

Informação bibliográfica deste livro, conforme a NBR 6023:2018 da Associação Brasileira de Normas Técnicas (ABNT):

SEVERINO, Débora Pinto; CAMATA, Edmar Moreira; FERRAZ, Leonardo de Araújo; THOMÉ, Marcela Oliveira (Coord.). *Mulheres no controle*: tópicos de controle interno sob o olhar das mulheres. Belo Horizonte: Fórum, 2023. 304 p. ISBN 978-65-5518-540-9.

A todas as mulheres que se dedicam a fazer do controle um valioso instrumento de tutela dos direitos fundamentais, de justiça social e da boa governança.

MEMBROS DO CONACI

Órgão	Titular
Controladoria-Geral do Estado do Acre (CGE-AC)	Mayara Cristine Bandeira de Lima
Controladoria-Geral do Estado do Alagoas (CGE-AL)	Adriana Andrade Araújo
Controladoria-Geral do Estado do Amapá (CGE-AP)	Nair Mota Dias
Controladoria-Geral do Estado do Amazonas (CGE-AM)	Jeibson dos Santos Justiniano
Controladoria e Ouvidoria-Geral do Município de Aracati (COGM-Aracati)	Mariana Silva Costa
Assembleia Legislativa do Ceará (AL-CE)	Silvia Helena Correia Vidal
Auditoria-Geral do Estado da Bahia (AGE-BA)	Luis Augusto Peixoto Rocha
Controladoria-Geral do município de Barra Mansa (RJ)	Rodrigo Amorim Camargo
Controladoria-Geral do Município de Belo Horizonte (CTGM-BH)	Leonardo de Araújo Ferraz
Controladoria Interna do Município de Brumadinho	Jéssica Junia Parreiras Maciel
Controladoria-Geral do Cabo de Santo Agostinho	Júlio Cesar Casimiro Corrêa
Controladoria Geral de Cachoeiro do Itapemirim	Mylena Gomes Lopes Zuccon
Controladoria Geral do Município de Camaçari	Bruno Garrido Gonçalves
Câmara Municipal de Campinas	Bruno Barbosa de Souza Santos
Controladoria-Geral de Fiscalização e Transparência do Município (CGM-Campo Grande)	João Batista Pereira Júnior

Órgão	Titular
Controladoria-Geral do município de Caruaru	Severino Antônio
Controladoria e Ouvidoria Geral do Estado do Ceará (CGE-CE)	Aloísio Barbosa de Carvalho Neto
Controladoria Geral da União (CGU)	Vinícius Marques de Carvalho
Controladoria-Geral do Município de Contagem	Nicolle Ferreira Bleme
Controladoria Geral do Município de Cuiabá	Hélio Santos Souza
Controladoria-Geral do Distrito Federal (CG-DF)	Daniel Alves Lima
Secretaria de Estado de Controle e Transparência do Espírito Santo (SECONT-ES)	Edmar Camata
Controladoria e Ouvidoria Geral do Município de Fortaleza (CGM-Fortaleza)	Maria Christina Machado Publio
Controladoria-Geral do Município de Goiânia	Gustavo Alves Cruvinel
Controladoria Geral do Estado de Goiás (CGE-GO)	Henrique Moraes Ziller
Controladoria-Geral de Itabirito	Daniela de Mello Orlandi
Controladoria Geral do Município de João Pessoa (CGM-João Pessoa)	Diego Fabrício Cavalcanti de Albuquerque
Controladoria-Geral do Município de Londrina (CGM-Londrina)	Beatriz de Oliveira Teixeira
Controladoria-Geral do Município de Macapá (CGM-Macapá)	Jean Patrick Farias da Silva
Secretaria Municipal de Controle Interno de Maceió (SMCI-Maceió)	José de Barros Lima Neto
Controladoria-Geral do Município de Manaus	Arnaldo Gomes Flores
Secretaria de Transparência e Controle do Estado do Maranhão (STC-MA)	Raul Cancian Mochel
Secretaria Municipal de Compliance e Controle do Município de Maringá	Patrícia Parra
Controladoria-Geral do Estado de Mato Grosso (CGE-MT)	Paulo Farias Nazareth Netto

Órgão	Titular
Controladoria-Geral do Estado de Mato Grosso do Sul (CGE-MS)	Carlos Eduardo Girão de Arruda
Controladoria-Geral do Estado de Minas Gerais (CGE-MG)	Rodrigo Fontenelle de Araújo Miranda
Controladoria-Geral do Município de Natal (CGM-Natal)	Rodrigo Ferraz Quidute
Controladoria-Geral do Município de Niterói (CGM-Niterói)	Cristiane Mara Rodrigues Marcelino
Secretaria Municipal de Transparência e Controle Interno de Palmas	Eliezer Moreira de Barros
Auditoria-Geral do Estado do Pará (AGE-PA)	Ozório Adolfo Juvenil Goes Nunes de Sousa
Controladoria Interna do Município de Paracatu	Elisângela Mesquita da Silva
Controladoria-Geral do Estado da Paraíba (CGE-PB)	Letácio Tenório Guedes Jr.
Controladoria-Geral do Estado do Paraná (CGE-PR)	Luciana Carla da Silva de Azevedo
Secretaria da Controladoria Geral do Estado de Pernambuco (CGE-PE)	Erika Gomes Lacet
Controladoria-Geral do Estado do Piauí (CGE-PI)	Maria do Amparo Esmério Silva
Controladoria-Geral do Município de Porto Alegre (CGM-POA)	Silvio Luis da Silva Zago
Controladoria-Geral do Município de Porto Velho (CGM-Porto Velho)	Jeoval Batista da Silva
Controladoria-Geral do Município de Recife (CGM-Recife)	José Ricardo Wanderley Dantas de Oliveira
Controladoria-Geral do Município de Rio Branco (CGM-Rio Branco)	Willian Alfonso Ferreira Filgueira
Controladoria-Geral do Estado do Rio de Janeiro (CGE-RJ)	Demétrio Farah
Controladoria-Geral do Município do Rio de Janeiro (CGM-Rio)	Gustavo de Avellar Bramili
Controladoria-Geral do Estado de Rio Grande do Norte	Luciana Daltro de Castro Pádua

Órgão	Titular
Contadoria e Auditoria-Geral do Estado do RS (CAGE-RS)	Carlos Geminiano Rocha Rodrigues
Controladoria-Geral do Estado de Rondônia (CGE-RO)	Francisco Lopes Fernandes Netto
Controladoria-Geral do Estado de Roraima (CGE-RR)	Érico Veríssimo Assunção de Carvalho
Controladoria-Geral do Município de Salvador (CGM-Salvador)	Maria Rita Góes Garrido
Controladoria-Geral do Estado de Santa Catarina (CGE-SC)	Márcio Cassol Carvalho
Controladoria-Geral do Município de São Luís (CGM-São Luís)	Sérgio Motta
Controladoria-Geral do Estado de São Paulo (CGE-SP)	Wagner de Campos Rosário
Controladoria-Geral do Município de São Paulo (CGM-São Paulo)	Daniel Gustavo Falcão Pimentel dos Reis
Controladoria-Geral do Município de Serra (CGM-Serra)	Victor Leite Wanick Mattos
Controladoria-Geral do Estado de Tocantins (CGE-TO)	José Humberto Pereira Muniz Filho
Controladoria-Geral do Município de Uberaba (CGM-Uberaba)	Junia Cecília Camargo de Oliveira
Secretaria Municipal de Controle e Transparência de Vila Velha (SEMCONT)	Otávio Júnior Rodrigues Postay
Controladoria-Geral do Município de Vitória (CGM-Vitória)	Denis Penedo Prates

AVALIADORES DOS ARTIGOS

Daniel Martins e Avelar
Edmar Moreira Camata
Gustavo Costa Nassif
Ludinaura Regina Souza dos Santos
Marcelo Barbosa de Castro Zenkner
Marcus Vinícius de Azevedo Braga
Maria Christina Machado Publio

AGRADECIMENTOS

Meus agradecimentos vão para o Conaci, ambiente de debate e aprendizado, por se permitir ousar e dar voz às mulheres n(d)o controle, e para os membros da comissão científica, pela colaboração qualificada, tempestiva e silenciosa, sem a qual esta obra não seria possível.

Leonardo de Araújo Ferraz

A presente obra já é um agradecimento a todas as mulheres, mas ela também é um reconhecimento, pelo Conaci, de que a inclusão é uma pauta necessária e urgente. Gratidão a todas vocês, que a cada dia fazem o controle interno brilhar mais.

Gratidão também à mulher mais linda e batalhadora, meu exemplo diário: minha mãe, Theresa. De origem humilde, como empregada doméstica, presenteou-me com o exemplo da superação, e o exemplo tem uma força inigualável.

Aos pequenos e amados Ravi e Dante – que gentilmente abrem mão de alguns momentos valiosos com o papai –, que esta obra seja uma semente para que compreendam e multipliquem, como homens, a valorização da mulher na sociedade.

A nossa comissão científica e a todo o Conaci, meus sinceros agradecimentos por aceitarem e apoiarem, desde o início, a ideia desta obra.

Edmar Camata

À Renata Kelly Cardoso de Rezende, por representar todas as mulheres que incansavelmente se dedicam à promoção da integridade dentro da Administração Pública brasileira e, ainda, por contribuir diretamente para o contínuo avanço do grande Conselho Nacional de Controle Interno.

Marcela Thomé

Meus primeiros agradecimentos vão para o esforço coletivo que vem sendo construído no âmbito institucional e no nosso contexto cotidiano em prol do reconhecimento do trabalho visível e invisível das mulheres e para os passos iniciados por meio de políticas, debates e ações na promoção de igualdades. Agradecimentos especiais às autoras desta obra; à comissão científica e equipe de apoio; à diretoria, secretaria-executiva e comunicação do Conaci; às lideranças anteriores do Conselho; à Editora Fórum; aos membros e participantes ativos do Conselho (homens apoiadores da causa e mulheres unidas cada vez mais). Gratidão à minha mãe, Carla, minhas avós, Ivanilda e Zenith, tias, primas e amigas, mulheres inspiradoras que vêm sendo soma diária para a compreensão do quanto somos potência.

Débora Severino

SUMÁRIO

PREFÁCIO
Margareth Goldenberg 21

APRESENTAÇÃO
Edmar Moreira Camata, Leonardo de Araújo Ferraz 23

COMPLIANCE DE GÊNERO: UMA PROPOSITURA POSITIVA PARA IMPULSIONAR AS POLÍTICAS DE IGUALDADE DE GÊNERO E O EMPODERAMENTO DE TODAS AS MULHERES E MENINAS............. 27
Mariana Andrade Covre 27
1   Introdução.. 27
2   Desenvolvimento... 33
2.1   A mulher nos espaços público e privado 33
2.1.1   Violência de gênero 37
2.1.1.1 Um recorte contextual da violência política de gênero 40
2.2   *Compliance* de gênero 41
3   Considerações finais.. 44
          Referências 44

ESG NA PERSPECTIVA DA LEI DE RESPONSABILIDADE DAS ESTATAIS 47
Juliana Oliveira Nascimento... 47
1   Economia, ESG e o mercado 47
1.1   A importância da ordem econômica....................................... 49
2   Empresas estatais 50
2.1   ESG nas empresas estatais... 53
2.1.1   Governança corporativa 53
2.1.2   Social... 61
2.1.3   Ambiental 65
2.2   Papel dos órgãos de controle interno nas empresas estatais....... 66
3   Considerações finais.. 68
          Referências 69

GOVERNANÇA HUMANIZADA: A CONTRIBUIÇÃO DAS MULHERES NAS INSTÂNCIAS DE CONTROLE DA ADMINISTRAÇÃO PÚBLICA	71
Cristiane Nardes, Danila Duarte, Luana Lourenço	71
1 Introdução	71
2 Desenvolvimento	73
2.1 Instâncias de controle da Administração Pública	73
2.2 Governança humanizada	74
2.3 A contribuição das mulheres nas instâncias de controle da Administração Pública	79
3 Considerações finais	84
Referências	84
DANDO VOZ AO CONTROLE INTERNO DE PEQUENOS MUNICÍPIOS: REALIDADES DE SEU FUNCIONAMENTO E DE SUA RELAÇÃO COM O TRIBUNAL DE CONTAS	89
Giovanna Bonfante	89
1 Introdução	89
2 Fundamentos teóricos	91
2.1 Função de controle na Administração Pública brasileira	91
2.1.1 Controle externo exercido pelo Tribunal de Contas	93
2.1.2 Controle interno municipal	95
2.1.3 O que prevê a CRFB/88 quanto à relação entre controle externo e interno	96
2.2 Teoria das capacidades estatais	98
3 Procedimentos metodológicos	100
4 Resultados	101
5 Considerações finais	109
Referências	110
A SUB-REPRESENTAÇÃO DAS MULHERES NA LIDERANÇA DOS ÓRGÃOS CENTRAIS DE CONTROLE INTERNO	113
Cláudia Fusco, Marisa Zikan	113
1 Introdução	113
2 Referencial teórico	115
2.1 Contextualização sobre igualdade de gênero	115
2.2 As mulheres no mercado de trabalho	118
2.3 Liderança feminina e representatividade	121
3 Delineamento metodológico	127
4 Análise dos resultados	128

5	Considerações finais	132
	Referências	135

O BENEFÍCIO FEMININO NO CONTROLE INTERNO: UM *CASE* DE SUCESSO ... 139

Jeflanuzia Leite, Meire Jane ... 139

1	Introdução	139
2	Contextualização	140
2.1	Administração Pública x governança	140
2.2	Sobre o controle interno	141
2.2.1	Na Administração Pública do estado da Bahia	142
2.2.2	Nas empresas estatais	142
2.3	Sobre a auditoria interna	143
2.3.1	Conceituação geral	143
2.3.2	Auditoria interna nas organizações estatais	144
3	*Case*	146
3.1	Aspectos iniciais para as mudanças	147
3.2	Marcos das mudanças	148
3.3	Ações para as mudanças	149
3.4	Das mudanças	150
3.4.1	Quanto à estrutura	150
3.4.2	Quanto às atividades de auditoria interna	150
3.4.3	Quanto ao engajamento da equipe	151
3.5	Liderança feminina da gerência de processos	151
3.5.1	Resiliência	152
3.5.2	Empatia	153
3.5.3	Horizontalidade	153
3.5.4	Flexibilidade	153
4	Conclusão	154
	Referências	154

COPRODUÇÃO DO CONTROLE: O PLANO DE AÇÃO SC GOVERNO ABERTO COMO MECANISMO DE FORTALECIMENTO DOS CONTROLES INTERNO, EXTERNO E SOCIAL ... 157

Victoria Araújo, Carolina Silva, Monyze Weber ... 157

1	Introdução	157
2	Sistemas de controle no Brasil	158
2.1	Controle interno	159
2.2	Controle externo	160

2.3	Controle social	161
3	Coprodução do controle: articulação entre controles interno, externo e social	162
4	Governo aberto e a *Open Government Partnership* (OGP)	163
5	Primeiro Plano de Ação SC Governo Aberto	164
6	Plano de Ação SC Governo Aberto como mecanismo de fortalecimento dos sistemas de controle	166
6.1	Articulação de governo aberto e controle social nos municípios	166
6.2	Compras públicas e contratação aberta	167
6.3	Participação do usuário cidadão e avaliação de serviços	168
6.4	Transparência ativa	169
7	Considerações finais	169
	Referências	170

COMPLIANCE, GOVERNANÇA E GESTÃO DE RISCOS 173
Almerinda Oliveira 173

1	Introdução	173
2	*Compliance*: um conceito importado	175
3	Riscos, políticas públicas e *compliance*	181
4	O *compliance* nos estados brasileiros	187
5	Considerações finais	190
	Referências	192
	Anexo I – Normas analisadas	194

O DIREITO ADMINISTRATIVO SANCIONADOR À LUZ DAS ALTERAÇÕES INTRODUZIDAS PELA LEI Nº 13.655, DE 25 DE ABRIL DE 2018, NA LEI DE INTRODUÇÃO ÀS NORMAS DO DIREITO BRASILEIRO (LINDB) 195
Ana Luiza Dubien, Fernanda Carvalho, Isadora Pedrosa 195

1	Introdução	195
2	Deferência	197
3	Proporcionalidade no exercício do poder disciplinar	204
4	Conclusão	215
	Referências	216

AUDITORAS INTERNAS GOVERNAMENTAIS E O DESAFIO DA LIDERANÇA: "TETO DE VIDRO", ESTEREÓTIPOS E DESIGUALDADE NA ADMINISTRAÇÃO PÚBLICA FEDERAL 219
Patrícia Álvares, Maíra Lima, Fernanda Guedes 219

1	Introdução	219
2	"Teto de vidro" e outras barreiras para a liderança feminina	221
3	O "teto de vidro" na Administração Pública Federal	223
4	Estereótipos de gênero e liderança	226
5	O estereótipo do auditor e a evolução da auditoria interna governamental	227
6	Considerações finais	229
	Referências	229

PODEM AS OUVIDORIAS PÚBLICAS CONTRIBUIR PARA A TRANSPARÊNCIA ATIVA E O CONTROLE SOCIAL? 233
Marília Fonseca, Joquebede Silva 233

1	Introdução	233
2	Transparência ativa, o que é?	234
3	As ouvidorias públicas e o seu papel social	236
4	O caso da Coordenação de Aperfeiçoamento de Pessoal de Nível Superior (Capes)	239
5	Conclusão	241
	Referências	242

AUTOMAÇÃO DE TESTES DE AUDITORIA DE CONTROLES: MODELAGEM DE BAIXO CUSTO PARA AUDITORIAS INTERNAS GOVERNAMENTAIS 247
Juliana Stark, Elba Amaral, Erika Nanci 247

1	Introdução	247
2	Referencial teórico	249
2.1	A evolução das práticas de auditoria como instrumento de melhoria do gerenciamento de riscos, controle e governança	249
2.1.1	Auditoria baseada em riscos aplicada ao setor público	249
2.2	O zelo profissional do auditor e as ferramentas disponíveis para análise e tratamento de dados	250
3	Metodologia	252
4	Análise dos resultados	253
4.1	Dados preliminares sobre a CPTM e sua área de auditoria interna	253
5	Estruturação do planejamento anual de auditoria da CPTM pelos conceitos da auditoria baseada em riscos	255
5.1	Definição de uma matriz de risco	255
5.2	Operacionalização da auditoria baseada em riscos na CPTM	257
5.3	Modelagem para a automação de testes de auditoria	257

6	Resultados projetados com a nova metodologia de trabalho	260
7	Conclusão	262
	Referências	263

O CONTROLE SOCIAL E O ACESSO À INFORMAÇÃO EM TEMPOS DE PANDEMIA: OS EFEITOS E PERCEPÇÃO DOS ESTADOS NAS AVALIAÇÕES DA TRANSPARÊNCIA INTERNACIONAL E *OPEN KNOWLEDGE* BRASIL DA TRANSPARÊNCIA DE DADOS DA COVID-19 267

Lenira Fonseca, Patrícia Silva 267

1	Introdução	267
2	Fundamentação teórica	269
2.1	Controle social	269
2.2	Organizações sociais	270
2.3	Transparência Internacional e *Open Knowledge*	271
3	Metodologia	272
4	Resultados e discussões	273
4.1	Transparência Internacional	273
4.2	*Open Knowledge* Brasil	278
4.2.1	Índice de Transparência COVID-19 (Metodologia 1.0)	278
4.2.2	Índice de transparência da COVID-19 (Metodologia 2.0)	281
4.2.3	Índice de Transparência da COVID-19 (Metodologia 3.0)	285
4.3	Percepção dos estados quanto às avaliações das ONGs internacionais	288
5	Resultados	294
5.1	Avaliações das ONGs	294
5.2	Questionário aplicado aos estados	294
6	Considerações finais	295
	Referências	296

SOBRE AS AUTORAS 299

PREFÁCIO

Somos 109 milhões de mulheres (51% da população brasileira), 54,5% da força de trabalho, "chefes de família" em quase 50% dos lares, responsáveis por 80% da economia do cuidado, influenciamos 80% das decisões de compra, temos mais tempo de escolaridade que os homens, somos maioria nas graduações e pós-graduações e quase 50% das pessoas empreendedoras, mas ainda caminhamos em passos lentos para equidade de gênero nas organizações. Precisamos acelerar!

Neste período de grandes mudanças e incertezas, a pauta de Diversidade, Equidade e Inclusão (DE&I) emerge, diretamente ligada a uma cultura empresarial direcionada pelos princípios ESG e pelo respeito aos direitos humanos.

Diversidade, Equidade & Inclusão são temas cada vez mais centrais na pauta estratégica das organizações, globalmente, e em todos os segmentos do mercado privado e público. Esse movimento tem sido impulsionado por uma série de fatores, incluindo as transformações sociais, o aumento do empoderamento, a conscientização dos direitos pela sociedade, a criação de novas leis de inclusão e devido ao tema ESG ter atingido o ápice de valorização para os negócios nos últimos anos.

Portanto, essa é uma tendência sem volta. Seja por amor, dor, justiça ou inteligência, as organizações aos poucos estão sendo impulsionadas a avançar nessa jornada.

Avançar nessa pauta é um imperativo moral, legal e econômico!

Esta obra, *Mulheres no controle*, ilumina o caminho a seguir nas áreas de controle interno sob o olhar das mulheres e contribui para esse avanço tão necessário. As áreas de controle com presença feminina nas lideranças e equidade de gênero nas equipes viabilizarão a reflexão e ajustes da própria estrutura organizacional e a forma como o time deve agir para garantir um ambiente ético, justo e igualitário.

A missão da estrutura de controle nas organizações é proteger as liberdades, educando e coibindo condutas discriminatórias, assediadoras, bem como promovendo a ética e a justiça social nas organizações. Esta obra traz uma enorme contribuição ao debate, evidenciando as boas práticas de gestão e apontando o olhar feminino para uma governança inovadora e humanizada nas instâncias de controle da Administração Pública.

Margareth Goldenberg
CEO da Goldenberg Diversidade, Equidade & Inclusão.
Gestora Executiva do Movimento Mulher 360.

APRESENTAÇÃO

"Um mundo de igualdade não é feito de pessoas iguais, mas de pessoas com direitos iguais para serem diferentes."
(Rosana Hermann)

Em sua forte crítica a qualquer tipo de totalitarismo, despotismo e dominação, o conhecido escritor e ensaísta George Orwell dizia que as histórias oficiais são sempre contadas pelos vencedores, e não pelos vencidos; pelos opressores, nunca pelos oprimidos. Essa máxima decantada pelo autor de *A revolução dos bichos*, *1984* e outras obras sinaliza a necessidade de se desconstruírem essas narrativas que silenciam, na maior parte das vezes, posturas que destilam o preconceito, a discriminação e a violência contra a mulher, naturalizando uma submissão estrutural que não condiz com pautas de inclusão, respeito e dignidade.

Nesse particular, exemplos nauseantes não faltam, sob inúmeros pretextos e contextos. No plano da religião, o relato bíblico da criação destina à mulher o papel de auxílio ao homem, que, se transportada para a formulação de Tomás de Aquino em conexão com Agostinho, aponta que "(...) a mulher é simplesmente útil na procriação (*adjutorium generationis*) e para cuidar da casa. Para a vida intelectual do homem não tem significado".[1] Não mesmo impactante, a obra *Malleus maleficarum* ou *O martelo das feiticeiras*, do inquisidor alemão Institoris, é considerada um marco de demonização das mulheres, posto que personificações do mal, funcionando como um manual para que elas fossem perseguidas e castigadas, literalmente no que se denomina de "caça às bruxas".

Já no espectro jurídico, é de relevo apontar que, desde as Ordenações Filipinas – Código de Direito Criminal português do período colonial –, pode-se observar uma consideração de menoscabo e subalternidade da mulher, materializada em disposições como aquelas que impunham sanções pecuniárias e de degredo àquelas mulheres consideradas "amantes e amancebadas com eclesiásticos" para se

---

[1] RANKE-HEINEMANN, Uta. *Eunucos pelo Reino de Deus*. 5. ed. Rio de Janeiro: Rosa dos Tempos, 2019. p. 132.

constatar o absurdo de que as penas "(...) recaíam apenas sobre as mulheres e jamais sobre aqueles que incidiam nesses relacionamentos fronteiriços entre crime e pecado, no contexto do Direito da época".[2] Em tempos mais próximos, também não custa relembrar a resiliente luta das mulheres pelo direito fundamental ao voto, conquista que foi concretizada apenas em 1932, por meio do decreto presidencial que criou a Justiça Eleitoral.

Poder-se-ia falar ainda muito mais, em muitos outros domínios, tais como a exigência, iniciada na China oitocentista, de que as mulheres das classes superiores amarrassem seus pés – e passassem pela experiência extremamente dolorosa do enfaixamento – como sinal de honra, virtude e garantia de castidade a lhes permitir melhores casamentos;[3] o pânico quando da entrada das mulheres no mercado de trabalho na economia norte-americana pelo risco que isso representava aos valores familiares, ao ponto de vários estados aprovarem leis de redução de jornada de trabalho e salário como desestímulo à participação feminina em afazeres fora do ambiente doméstico;[4] e, ainda, a falta representatividade política e o hiato salarial no Brasil quando se comparam funções de mesma natureza entre homens e mulheres. Entretanto, denunciar esse estado de coisas passa por ações concretas, que envolvem desde medidas protetivas, afirmativas ou inclusivas, mas com o *telos* comum que passa pela ruptura de um discurso hegemônico que insiste em desconsiderar premissas de igual respeito e consideração entre todos, independentemente de etnia, gênero ou qualquer outro *discrímen*.

Nesse contexto desafiador é que surge esta obra, iniciativa pioneira do Conaci para dar voz às mulheres na relevante temática do controle interno no Brasil. Com efeito, cunhada por meio de penas plurais, olhares diversos e conhecimento multidisciplinar, serão apresentados vários questionamentos a serem respondidos ao leitor: qual a importância do controle interno para o Brasil hoje? Se pensarmos nas macrofunções relacionadas ao controle interno (ouvidoria, transparência, integridade, correição e auditoria), como elas dialogam com soluções efetivas para o aperfeiçoamento da Administração Pública? E em todo esse contexto

---

[2] GODOY, Arnaldo Sampaio de Moraes. As Ordenações Filipinas e mais um exemplo de violência contra as mulheres. Revista Conjur, 12 mar. 2017. Disponível em: https://www.conjur.com.br/2017-mar-12/embargos-culturais-ordenacoes-filipinas-violencia-mulheres. Acesso em: 12 mar. 2023.

[3] Para maior aprofundamento: APPIAH, Kwane Anthony. O código de honra: como ocorrem as revoluções morais. São Paulo: Companhia das Letras, 2012 – em especial o capítulo 2.

[4] Por todos, TUCKER, Jeffrey A. Coletivismo de direita: a outra ameaça à liberdade. São Paulo: LVM Editora, 2019 – em especial o capítulo 14.

desafiador, como se apresenta a inserção das mulheres enquanto profissionais da área de controle? São elas protagonistas de temas tão relevantes para a sociedade que desejamos ou estão relegadas a meras espectadoras, quando não invisíveis?

Uma dessas perguntas – especificamente sobre a inclusão das mulheres como titulares dos órgãos centrais de controle interno – foi respondida no Diagnóstico Nacional de Controle Interno,[5] uma ação do Conselho Nacional de Controle Interno finalizada neste ano de 2023, em parceria com o Banco Mundial e a Atricon, que ouviu 1.785 municípios brasileiros e, entre outras realidades, demonstrou que as mulheres estão à frente de 40,07% das unidades centrais de controle interno dos municípios. Pode parecer um cenário positivo, especialmente se comparado ao cenário nos estados, em que elas ocupavam apenas 13,04% dessas funções de liderança, conforme dados de outro levantamento,[6] realizado no ano de 2020.

Alinhado, portanto, com a Agenda 2030 da Organização das Nações Unidas, o Conaci reafirma nesta obra seu compromisso especial com o objetivo (ODS) número 5: a igualdade de gênero. A ideia é fomentar a participação ativa das mulheres em ambientes de tomada de decisão, fortalecendo, assim, valores e princípios de equidade de gênero, bem como o disposto expressamente no art. 5º, I, da Constituição Federal.

Nesta obra, o leitor encontrará dez artigos selecionados por meio de concurso, a partir de edital lançado pelo Conaci. Os temas estão relacionados diretamente às macrofunções do controle interno e foram avaliados pela Comissão Científica do Conselho. Outros três artigos foram redigidos por autoras convidadas, com histórico de atuação destacada nos temas afetos ao controle no Brasil.

O projeto Mulheres no Controle materializa nesta obra, portanto, mais uma iniciativa concreta na necessária busca de minimização da desigualdade de gênero em diferentes perspectivas no âmbito do controle interno no Brasil. E o Conaci não irá parar até que esse objetivo seja atingido!

Edmar Moreira Camata
Leonardo de Araújo Ferraz

---

[5] Parceria entre Conaci e Banco Mundial, com apoio da Associação dos Tribunais de Contas (Atricon), que objetiva diagnosticar a realidade do controle interno nos municípios e oferecer um suporte personalizado na implementação de unidades e práticas de controle interno ideais. Citação bibliográfica não realizada, pois o diagnóstico não havia sido publicado formalmente ainda quando da edição desta obra.

[6] Disponível em: https://conaci.org.br/noticias/conaci-e-banco-mundial-divulgam-diagnostico-nacional-de-controle-interno/.

COMPLIANCE DE GÊNERO: UMA PROPOSITURA POSITIVA PARA IMPULSIONAR AS POLÍTICAS DE IGUALDADE DE GÊNERO E O EMPODERAMENTO DE TODAS AS MULHERES E MENINAS

MARIANA ANDRADE COVRE

> O mundo deu um salto e o patriarcado estremeceu. Eu vi o mundo pular junto e sacudir o mundo do patriarcado. Nem tudo entrou em colapso, mas está em péssimo estado e acho que só podemos melhorar a partir daqui.[1]

1 Introdução

> Diversidade é ser convidado para a festa, inclusão é ser chamado para dançar e pertencer é dançar como se ninguém estivesse olhando.[2]

---

[1] Discurso da subsecretária-geral das Nações Unidas e diretora-executiva da ONU Mulheres, Phumzile Mlambo-Ngcuka, na cerimônia de encerramento do Fórum Geração Igualdade Paris, França, 2021.

[2] Especialistas em diversidade e inclusão (D&I) são pessoas responsáveis por tornar a comunicação mais inclusiva, seja fora ou dentro da organização. Existem também profissionais de D&I que estão alocados em sustentabilidade ou responsabilidade social. Eles estão envolvidos com ações e projetos de impacto na comunidade.

Em linhas conceituais práticas, a advogada, especialista em diversidade e inclusão, vice-presidente na área de Inclusão da Netflix, Vernã Myers, entoa essa famosa frase que traz consigo uma significância ampla da diversidade por meio de uma linguagem metafórica que enriquece a forma de comunicar o tema.

Na diversidade, está contida a inclusão, e, por sua vez, é parte desta a equidade, neste artigo trabalhada sob o recorte específico de gênero (equidade de gênero), em especial sob o enfoque do Objetivo de Desenvolvimento Sustentável (ODS), do Pacto Global da ONU, nº 5, qual seja, alcançar a igualdade de gênero e empoderar mulheres e meninas.

Eis o ponto de partida do presente trabalho.

Sobre a pauta da diversidade tendo como centro as mulheres, precipuamente a construção técnica de controle, é preciso fixar a premissa do diálogo construtivo, propositivo e positivo. Não se trata, pois, de manter o foco em um discurso ideológico feminista nem mesmo centralizar as mulheres como estudo de vitimologia.

Nas acertadas palavras de Djamila Ribeiro,[3] "o propósito aqui não é impor uma epistemologia de verdade, mas contribuir para o debate e mostrar diferentes perspectivas".

> A razão é que vimos a necessidade de construir para um debate mais saudável, honesto e com qualidade. Acreditamos que discussões estéreis e dicotomias vazias que se balizam por "é um conceito importante ou não é?" tentam encerrar uma teoria em opiniões ou inversões lógicas.[4]

Para além de fixar o diálogo equilibrado como eixo central da temática ora enfrentada, elegem-se, aqui, como proposta as ideias eivadas de virtudes e, dentre elas, enfatizam-se aquelas revisitadas pelo filósofo André Comte-Sponville, em *Pequeno tratado das grandes virtudes*:[5]

> Assim como Spinoza, não creio haver utilidade em denunciar os vícios, o mal, o pecado. Para que sempre acusar, sempre denunciar? É a moral dos tristes, e uma triste moral. Quanto ao bem, ele só existe na pluralidade irredutível das boas ações, que excedem todos os livros, e das boas

---

[3] RIBEIRO, Djamila. *Lugar de fala*: feminismos plurais. São Paulo: Editora Jandaíra, 2021. p. 14.
[4] Ibidem.
[5] COMTE-SPONVILLE, André. *Pequeno tratado das grandes virtudes*. Tradução de Eduardo Brandão. 2. ed. São Paulo: Editora WMF Martins Fontes, 2009. p. 7-8.

disposições, também elas plurais, mas sem dúvida menos numerosas, que a tradição designa pelo nome de virtudes.

O que é uma virtude? É uma força que age, ou que pode agir. Assim a virtude de uma planta ou de um remédio, que é tratar, de uma faca, que é cortar, ou de um homem, que é querer agir humanamente. Esses exemplos, que vêm dos gregos, dizem suficientemente o essencial: virtude é poder, mas poder específico. A virtude do heléboro não é a da cicuta, a virtude da faca não é a da enxada, a virtude do homem não é a do tigre ou da cobra. A virtude de um ser é o que constitui seu valor, em outras palavras, sua excelência própria: a boa faca é a que corta bem, o bom remédio é o que cura bem, o bom veneno é o que mata bem...

Dessa forma, sob o ponto de vista da polidez, da prudência, da temperança, da coragem, da justiça, da compaixão, da tolerância, da doçura e, finalmente, do amor,[6] é que se propõem as reflexões sobre a diversidade inserte na atuação das estruturas de *compliance*.

É assim que se acredita ser possível tornar especial o lugar de fala e de escuta que o tema exige "como elementos de caráter público, dotados de uma aura que os protege da indiferença e da erosão emocional",[7] de acordo com Roger Scruton, em sua obra *Beleza*:

> Esse "tornar especial" aumenta a coesão do grupo e também leva as pessoas a tratarem os objetos que de fato importam à sobrevivência da comunidade [...] A ânsia profundamente arraigada por "tornar especial" pode ser explicada à luz das vantagens que isso confere às comunidades humanas, mantendo-as unidas em tempos de ameaça e promovendo sua confiança reprodutiva nos períodos de florescimento pacífico.[8]

É, portanto, partir de um lugar de fala não violento, lançando mão de uma comunicação harmoniosa.

Segundo Byung-Chul Han, em *Sociedade da transparência*, "a comunicação alcança a sua velocidade máxima ali onde o igual responde ao igual, onde ocorre uma reação em cadeia do igual. A negatividade da alteridade e do que é alheio ou a resistência do outro atrapalha e retarda a comunicação rasa do igual".[9]

---

[6] *Ibidem*.
[7] SCRUTON, Roger. *Beleza*. Tradução de Hugo Langone. São Paulo: É Realizações, 2013. p. 44.
[8] *Ibidem*.
[9] HAN, Byung-Chul. *Sociedade da transparência*. Tradução de Enio Paulo Giachini. Petrópolis, RJ: Vozes, 2017. p. 11.

Acredita-se que é desse modo que nós, mulheres, nos colocamos em posição propositiva de ideias e ideais e construtiva de igualdade, no sentido mais amplo do exercício desse direito.

Acredita-se que é esse o caminho para alcançar posição de equidade e empoderar as mulheres nas organizações e na própria sociedade.

Entrelinhas, sobre a palavra "empoderamento", inevitavelmente inserte na temática – *vide* a descrição do ODS nº 5, do Pacto Global da ONU, "empoderar todas as mulheres e meninas", já citada –, imperioso fixar entendimento de que seu uso não congrega valor ao significado de delegação de poder, no sentido de autoridade. Ao menos aqui neste espaço de fala, deve ser compreendida como sinônimo de promoção de autonomia, emancipação, participação, afirmação e capacidades, esfacelando-se, desse modo, qualquer antipatia pela força aparentemente impositiva que essa palavra soa quando utilizada.

Se não for partir dos preceitos envoltos à empatia na pauta e pela pauta, a própria realidade cuida de descortinar as construções mascaradas do ESG – instituto que vem entoando e dando mais voz à diversidade –, nas práticas já reconhecidas, numa hermenêutica desveladora e das tramas ocultadoras (e falseadoras) do discurso, o fenômeno do "*diversity washing*":

> O termo "*Diversity Washing*" surgiu do "*Green Washing*", que acontece quando uma empresa que divulga empregar práticas ecologicamente corretas ou sustentáveis, mas não fez nenhuma mudança além de colocar latas de coleta seletiva na cozinha. Algumas empresas até criam logos com cor verde ou fazem propagandas de como seus produtos foram pensados de forma ecológica, quando a realidade não é bem assim. Esse termo é bastante utilizado por organizações ambientais, mas ultimamente tem avançado para a área de diversidade, com a prática do *Diversity Washing*.
>
> Alguns chamam de "Lavando a Diversidade". É o movimento de algumas marcas para realizar ações de diversidade e inclusão que geram mídia gratuita, alcançam mais pessoas e promovem visibilidade em diversos canais, aumentando o valor da marca. Porém, essas práticas são não de fato inclusivas, uma vez que não fomentam políticas públicas ou constroem uma cultura interna que garanta o respeito às pessoas que, na maioria das vezes, não ocupam espaços de poder ou visibilidade.[10]

---

[10] Disponível em: https://www.blend-edu.com/o-que-e-diversity-washing-e-porque-sua-empresa-deveria-se- preocupar-com-isso/.

A imposição do discurso a qualquer custo pode levar a efeito construções meramente reputacionais e *merchandising* exacerbado, fazendo o uso desvirtuado da diversidade como têm se revelado insuficientes os manifestos meramente textuais de adesão ao ESG e às políticas de diversidade sem demonstração de ações concretas e eficientes; as ações afirmativas de variados formatos associadas à judicialização excessiva (e sem resposta) dos direitos das mulheres; e a utilização da teoria do incentivo por recortes comportamentais nada conjunturais (*nudge*).[11] [12]

Aliás, ao analisar este último item, no campo do chamado "comportamento de manada", para explicar as questões comportamentais influenciando pessoas, buscando entender por que as influências sociais funcionam – e, aqui, neste trabalho, é importante destacar o efeito manada social –, explicita-se que "[...] os humanos são frequentemente influenciados por outros homens [...] são facilmente influenciados pelo que os outros falam e fazem".[13] Estaria o tema da diversidade sendo alvo de um "efeito manada"?

> Quando as influências sociais fazem as pessoas adotarem crenças falsas ou tendenciosas, um nudge pode ajudá-las.
> As influências sociais se agrupam em duas categorias básicas. A primeira envolve informações. Se muitas pessoas fazem ou pensam algo, suas ações e pensamentos transmitem informações sobre o que seria mais conveniente fazer ou pensar. A segunda envolve pressão social. Se você se importa com o que os outros pensam a seu respeito [...], talvez acabe seguindo a multidão para evitar sua ira ou cair nas graças dela.

Nas pautas da diversidade e incentivo à equidade de gênero, com valorização das políticas assistencialistas às mulheres, nem mesmo o

---

[11] "*Nudge*" (termo da língua inglesa que, em tradução livre, significa "empurrão") é um conceito também conhecido no Brasil como "teoria do incentivo". Como um ramo da economia comportamental (estudos realizados pela economia em conjunto com a psicologia), trabalha as técnicas de persuasão.

[12] "É verdade que alguns *nudges* são descritos apropriadamente como uma forma de 'paternalismo leve' porque guiam as pessoas em certa direção. Porém, mesmo quando isso acontece, os nudges são formulados especificamente para preservar a plena liberdade de escolha. Um GPS guia as pessoas em certa direção, mas elas têm liberdade para escolher sua própria rota" (SUNSTEIN, Cass. Nudging: um guia bem breve. *In*: ÁVILA, Flávia; BIANCHI, Ana Maria (Orgs.). *Guia de economia comportamental e experimental*. São Paulo: EconomiaComportamental.org, 2019. Disponível em: http://www.economiacomportamental.org/guia/. Acesso em: 23 abr. 2023).

[13] THALER, Richard H.; SUNSTEIN, Cass R. *Nudge*: como tomar melhores decisões sobre saúde, dinheiro e felicidade. Tradução de Ângelo Lessa. 1. ed. Rio de Janeiro: Objetiva, 2019. p. 65-67.

famigerado "jeitinho brasileiro" deve preponderar. Por Luís Roberto Barroso,[14] em *Sem data venia*, esse costume "[...] envolve uma pessoalização das relações, para o fim de criar regras particulares para si, flexibilizando ou quebrando normas sociais ou legais que deveriam se aplicar a todos [...] inclui o sentimento de desigualdade".

Nesse contexto, sem sombrear as práticas, o *compliance* – no seu sentido mais amplo – exsurge como uma valiosa e estratégica ferramenta não somente capaz de humanizar os processos, no âmbito da atuação com pessoas (as partes interessadas) e sua conscientização sobre o cumprimento de regras, como também, no bojo dos controles internos, atuar na identificação de oportunidades de aperfeiçoamento dos processos e organizações.

É a estrutura de *compliance* – seja na seara pública ou privada – que dispõe efetivamente de meios capazes de antecipar riscos ao alcance do objetivo da equidade de gênero, como as metas de redução das desigualdades salariais entre homens e mulheres e a prevenção de assédios moral e sexual contra as mulheres, segregando e priorizando os processos que cuidam de pessoas/mulheres e que, portanto, exigem humanização para avançarem.

Já situando a diversidade e equidade no instituto do *compliance* como ferramenta para impulsionar políticas de equidade de gênero e empoderamento das mulheres, é importante endereçar que o conceito de *compliance* aqui pressuposto é aquele a partir da concepção estrutural/organizacional ampla de um processo permanente de atuação preventiva, aliado a controles internos que buscam auxiliar na mitigação ou minimização de riscos ao alcance dos objetivos de uma organização, identificando oportunidades de aperfeiçoamento dos processos de gestão e agregando valor às operações.

Propõe-se a estruturação do "*compliance* de gênero", posicionando as controladorias internas das organizações, no exercício dos controles internos e práticas de *compliance*, em um papel cada vez mais importante no combate às desigualdades de gênero, pelas razões conjunturais a seguir enfrentadas e pelos meios estruturados propostos no item seguinte.

---

[14] BARROSO, Luís Roberto. *Sem data venia*: um olhar sobre o Brasil e o mundo. 1. ed. Rio de Janeiro: História Real, 2020. p. 151-152.

2 Desenvolvimento

2.1 A mulher nos espaços público e privado

> E como nasci? Por um quase. Podia ser outra. Podia ser um homem. Felizmente nasci mulher.[15]

"Nascer mulher tem definido a vida e a existência social do gênero feminino", segundo Nadine Gasman,[16] representante do Escritório da ONU Mulheres no Brasil.

As reflexões sobre os desdobramentos da diversidade, nos pilares da equidade de gênero e valorização das políticas de proteção e empoderamento das mulheres, impõem-se literalmente desde o "nascer mulher", condição biológica que já emoldura uma série de evidências sobre a alocação da mulher (posição feminina) nos espaços público e privado, o que, *per si*, merece um olhar segregado e tratamento preventivo e privilegiado no bojo das políticas que são passíveis de influenciar positivamente nesse quadro, visando ao aperfeiçoamento de instituições, processos e pessoas, exatamente o fim a que se presta o instituto do *compliance*, seja ele público ou privado.

Segundo a ONU, menos de 30% dos pesquisadores do mundo são mulheres, 39% das líderes de empresas são mulheres e, aos seis anos, as meninas já começam a se sentir menos inteligentes que os meninos. Exercendo a mesma função, as mulheres ganham 20% menos que os homens; se ela for negra, 40%. "Eu antes era uma mulher que sabia distinguir as coisas quando as via. Mas agora cometi o erro grave de pensar."[17]

"'Você pensa assim porque é uma mulher', mas eu sabia que minha única defesa era responder: 'Penso-o porque é verdadeiro', eliminando assim minha subjetividade", assertivamente narra Simone de Beauvoir, em *O segundo sexo*.

---

[15] LISPECTOR, Clarice. *Todas as crônicas*. Organização de Pedro Karp Vasquez. 1. ed. Rio de Janeiro: Rocco, 2018. p. 198.

[16] Nadine Gasman é ativista, diplomata e médica mexicana-francesa, atual presidenta do Instituto Nacional de las Mujeres no México, desde 2019, e ex-representante da ONU Mulheres no Brasil e do Fundo de População das Nações Unidas na Guatemala. Foi diretora da campanha do secretário-geral das Nações Unidas UNA-SE pelo Fim da Violência contra as Mulheres para a América Latine e o Caribe.

[17] LISPECTOR, Clarice. *Um sopro de vida*: pulsações. Rio de Janeiro: Editora Nova Fronteira, 1978.

A evolução da legislação brasileira com relação à garantia dos direitos das mulheres, quando verificada, revela a posição normativamente alcançada pelas mulheres. De acordo com publicação do Supremo Tribunal Federal (STF), em 2022, em *Produção de mulheres em direito constitucional: bibliografia, legislação e jurisprudência temática*:[18]

Conquista do voto feminino. BRASIL. Decreto nº 21.076, de 24 de fevereiro de 1932. Decreta o *Código Eleitoral.*
Estatuto da Mulher Casada. BRASIL. Lei nº 4.121, de 27 de agosto de 1962. *Dispõe sobre a situação jurídica da mulher casada.*
Lei do Divórcio. BRASIL. Lei nº 6.515, de 26 de dezembro de 1977. *Regula os casos de dissolução da sociedade conjugal e do casamento*, seus efeitos e respectivos processos, e dá outras providências.
Homens e mulheres são iguais em direitos e obrigações. BRASIL. [Constituição (1988)]. Constituição da República Federativa do Brasil de 1988.
Lei Maria da Penha. BRASIL. Lei nº 11.340, de 7 de agosto de 2006. *Cria mecanismos para coibir a violência doméstica e familiar contra a mulher*, nos termos do §8º do art. 226 da Constituição Federal, da *Convenção sobre a Eliminação de Todas as Formas de Discriminação contra as Mulheres e da Convenção Interamericana para Prevenir, Punir e Erradicar a Violência contra a Mulher.*
Lei Carolina Dieckmann. BRASIL. Lei nº 12.737, de 30 de novembro de 2012. *Dispõe sobre a tipificação criminal de delitos informáticos.*
Lei do Minuto Seguinte. BRASIL. Lei nº 12.845, de 1º de agosto de 2013. *Dispõe sobre o atendimento obrigatório e integral de pessoas em situação de violência sexual.*
Lei do Feminicídio. BRASIL. Lei nº 13.104, de 9 de março de 2015. Altera o art. 121 do Decreto-Lei nº 2.848, de 7 de dezembro de 1940 – Código Penal, para *prever o feminicídio como circunstância qualificadora do crime de homicídio*, e o art. 1º da Lei nº 8.072, de 25 de julho de 1990, *para incluir o feminicídio no rol dos crimes hediondos.*
Lei da Importunação Sexual. BRASIL. Lei nº 13.718, de 24 de setembro de 2018. Altera o Decreto-Lei nº 2.848, de 7 de dezembro de 1940 (Código Penal), *para tipificar os crimes de importunação sexual e de divulgação de cena de estupro, tornar pública incondicionada a natureza da ação penal dos crimes contra a liberdade sexual e dos crimes sexuais contra vulnerável.*
Lei do Stalking. BRASIL. Lei nº 14.132, de 31 de março de 2021. Acrescenta o art. 147-A ao Decreto-Lei nº 2.848, de 7 de dezembro de 1940 (Código Penal), para *prever o crime de perseguição.*

---

[18] Disponível em: https://www.stf.jus.br/arquivo/cms/bibliotecaConsultaProdutoBiblioteca Bibliografia/anexo/Producao_mulheres_direito_constitucional.pdf.

Lei do Crime de Violência Psicológica contra a Mulher. BRASIL. Lei nº 14.188, de 28 de julho de 2021. Define o programa de cooperação Sinal Vermelho contra a Violência Doméstica como uma das medidas de enfrentamento da violência doméstica e familiar contra a mulher previstas na Lei nº 11.340, de 7 de agosto de 2006 (Lei Maria da Penha).

Lei de Combate à Violência Política contra a Mulher. BRASIL. Lei nº 14.192, de 4 de agosto de 2021. *Estabelece normas para prevenir, reprimir e combater a violência política contra a mulher* [...].

Lei Mariana Ferrer. BRASIL. Lei nº 14.245, de 22 de novembro de 2021. Altera os Decretos-Leis nº 2.848, de 7 de dezembro de 1940 (Código Penal), e 3.689, de 3 de outubro de 1941 (Código de Processo Penal), e a Lei nº 9.099, de 26 de setembro de 1995 (Lei dos Juizados Especiais Cíveis e Criminais), para *coibir a prática de atos atentatórios* à *dignidade da vítima e de testemunhas e para estabelecer causa de aumento de pena no crime de coação no curso do processo* (Lei Mariana Ferrer).

Lei do Absorvente. BRASIL. Lei nº 14.214, de 6 de outubro de 2021. Institui o Programa de Proteção e Promoção da Saúde Menstrual; e altera a Lei nº 11.346, de 15 de setembro de 2006, para *determinar que as cestas básicas entregues no* âmbito *do Sistema Nacional de Segurança Alimentar e Nutricional (Sisan) deverão conter como item essencial o absorvente higiênico feminino*.

"No Direito Privado, pode ser pontuada a iniciativa de conferir a escritura do imóvel no Programa Minha Casa Minha Vida à mulher, como exemplo de necessidade de tutelar um aspecto importante do gênero."[19]

Chega-se ao ponto de ser necessária a lei (que não é instrumento garantidor), para normatizar comportamentos de juízes, advogados, promotores, de respeito em ambientes públicos que tenham por sua natureza justamente o papel de proteger os jurisdicionados e fazer valer as leis.

Segundo bem coloca Michael Sandel,[20] ao tratar "a questão da equidade", em *Justiça: o que é fazer a coisa certa?*, citando Immanuel Kant, "uma lei é justa quando tem a aquiescência da população como um todo. Mas essa também é uma alternativa complicada a um verdadeiro

---

[19] BRAUNER, Daniela Corrêa Jacques. *Igualdade, diversidade e vulnerabilidade*: revisitando o regime das incapacidades rumo a um direito privado solidário de proteção à pessoa. Coordenadores Antonio Herman Benjamin e Claudia Lima Marques. São Paulo: Thomson Reuters Brasil – Revista dos Tribunais, 2021. p. 240.

[20] SANDEL, Michael J. *Justiça*: o que é fazer a coisa certa. Tradução de Heloisa Matias e Maria Alice Máximo. 4. ed. Rio de Janeiro: Civilização Brasileira, 2011. p. 117.

contrato social. Como pode um acordo hipotético desempenhar o papel moral de um acordo real?".

Ao examinar a jurisprudência do STF, destacada nos estudos de 2022, em *Produção de mulheres em direito constitucional: bibliografia, legislação e jurisprudência temática*,[21] com recorte amostral dos últimos anos, verifica-se que:

(i) os julgados mais relevantes sobre "proteção das mulheres" limitam-se à análise dos comportamentos criminalizados à luz da lei penal, notadamente quando exercidos com violência contra a mulher, com priorização da aplicação dos crimes de violência doméstica tipificados na Lei Maria da Penha e estupro (p. 34-37);

(ii) dos julgados destacados como priorização dos "direitos humanos e fundamentais", verificam-se pautas comuns, sem apontamento prioritário às mulheres, tais como fluxo migratório massivo de refugiados; liberdade de expressão; afronta aos princípios da liberdade de manifestação de pensamento e da autonomia universitária; princípio da isonomia, ao direito fundamental de liberdade de cátedra e à garantia do pluralismo de ideias; emergência de saúde pública de importância internacional decorrente do novo coronavírus (COVID-19); direito de acessibilidade de pessoas com deficiência; e proteção de terras indígenas, seguidos de julgados afetos ao direito tributário, eleitoral, processual, sem, contudo, manifesto enfrentamento de pautas específicas de proteção das mulheres (p. 38 e seguintes).

Identifica-se, fora do citado estudo publicado pela Suprema Corte, a ADI nº 1.946-DF, que julgou a inconstitucionalidade do limite dos benefícios previdenciários sobre o salário-maternidade.[22]

---

[21] Disponível em: https://www.stf.jus.br/arquivo/cms/bibliotecaConsultaProdutoBiblioteca Bibliografia/anexo/Producao_mulheres_direito_constitucional.pdf.

[22] Como ação visando à pauta de gênero, cita-se o Relatório do Subgrupo de Diversidade do GT Instrumentos Financeiros e Investimento de Impacto para a Audiência Pública SDM nº 09/20, composto, entre outros, pela Comissão de Valores Imobiliários (CVM) e Banco Interamericano de Desenvolvimento (BID): Sugestão (i): incluir os convênios internacionais de Direitos Humanos e não-discriminação. 1.9.f se o relatório ou documento reporta avanços na efetivação de convênios internacionais estabelecidos pela Organização das Nações Unidas e firmados pelo Brasil no que tange a Direitos Humanos e não-discriminação firmados pelo Brasil, Princípios de Empoderamento da Mulher (WEP) e Objetivos de

O cenário judicial revelador do enfrentamento específico das demandas de gênero das mulheres "[...] poderá se ultrapassar a afirmação de que o 'direito tem gênero', com mudanças normativas e também da própria perspectiva do papel dos julgadores".[23]

Para a lógica de partir de quem decide – o legislador, o julgador –, um dos relatórios da ONU Mulheres – *Progresso das mulheres no mundo 2019-2020: famílias em um mundo em mudança*[24] – apresenta uma agenda política para acabar com a desigualdade de gênero nas famílias, com propositura nos seguintes termos:

> Este relatório desafia esse movimento, demonstrando que as famílias, em toda a sua diversidade, podem ser defensoras cruciais da igualdade de gênero toda vez que as pessoas responsáveis de tomar decisão promoverem políticas genuinamente baseadas nas formas atuais de vida, estabelecendo um lugar central aos direitos das mulheres.

2.1.1 Violência de gênero

Nas palavras de Djamila Ribeiro, "ser mulher é estar vulnerável a uma série de violências. É partir de um lugar social de não humanidade".

Ao se observarem os alarmantes dados monitorados pela ONU[25] – aqui se apresentando como fonte principal de prospecção e investigação do impacto social –, tem-se como paradigmático que nascer mulher é saber que, ao longo da vida, necessariamente se sofrerá algum tipo de violência.

Segundo dados das Nações Unidas, 70% de todas as mulheres do mundo já sofreram ou sofrerão algum tipo de violência em, pelo menos, um momento de suas vidas, independentemente da nacionalidade, cultura, religião ou condição social. Em outros termos, 7 em cada 10 mulheres são ou serão vítimas de violência.

Desenvolvimento Sustentável (ODS) com seus respectivos ODS materiais para o negócio do emissor. Justificativa: Educar o emissor para que veja critérios ASG como uma análise que vai além dos ODS. (Disponível em: https://conteudo.cvm.gov.br/export/sites/cvm/audiencias_publicas/ap_sdm/anexos/2020/sdm0920_Lab_GT_Impacto_08032021.pdf.)

[23] BRAUNER, Daniela Corrêa Jacques. *Igualdade, diversidade e vulnerabilidade*: revisitando o regime das incapacidades rumo a um direito privado solidário de proteção à pessoa. Coordenadores Antonio Herman Benjamin e Claudia Lima Marques. São Paulo: Thomson Reuters Brasil – Revista dos Tribunais, 2021. p. 240.

[24] Disse Phumzile Mlambo-Ngcuka, diretora-executiva da ONU Mulheres. Disponível em: http://www.onumulheres.org.br/noticias/novo-relatorio-da-onu-mulheres-apresenta-uma-agenda-politica-para-acabar-com-a-desigualdade-de-genero-nas-familias/.

[25] Disponíveis em: https://www.pactoglobal.org.br/ods e https://www.onumulheres.org.br.

"É uma verdadeira pandemia invisível", afirma Phumzile Mlambo-Ngcuka, diretora-executiva da ONU Mulheres e vice-secretária geral das Nações Unidas.[26]

O desconcertante quadro mostra que a violência está ocorrendo cada vez mais cedo na vida de mulheres e meninas. Em novos estudos, divulgados em 2021, em plena pandemia do novo coronavírus, a Organização Mundial da Saúde revelou que 25% das adolescentes e jovens de 15 a 24 anos já foram vítimas da violência de gênero.[27]

Segundo dados das Nações Unidas, 17,8% das mulheres no planeta, ou cerca de uma de cada cinco, relataram violências física ou sexual de seus companheiros nos últimos 12 meses.

Na ONU, fala-se em "emergência invisível".

O secretário-geral da Organização, Ban Ki-moon, considera a violência contra a mulher uma das violações de direitos humanos mais presentes no mundo.

Para a psicóloga junguiana Clarissa Pinkola Estés,[28] em *Mulheres que correm com os lobos*, ao tratar do arquétipo do que classifica como "mulher selvagem", a atual situação de vulnerabilidade da mulher "[...] veio junto com o desenvolvimento de uma cultura que transformou a mulher numa espécie de animal doméstico".

No Brasil, de acordo com um estudo feito pelo Instituto de Pesquisa Econômica Aplicada (Ipea), em 2013, a cada noventa minutos, uma brasileira foi vítima de violência.[29]

A edição da conhecida Lei Maria da Penha[30] – Lei Federal nº 11.340 –, em 2006, repetindo garantia constitucional, trouxe para o sistema normativo brasileiro, de modo claro e expresso:

---

[26] Discurso disponível em: https://www.onumulheres.org.br/noticias/violencia-contra-as-mulheres-e-meninas-e-pandemia-invisivel-afirma-diretora-executiva-da-onu-mulheres/.

[27] Disponível em: https://news.un.org/pt/story/2021/03/1743912.

[28] ESTÉS, Clarissa Pinkola. *Mulheres que correm com os lobos*: mitos e histórias do arquétipo da mulher selvagem. Tradução de Waldéa Barcellos. 1. ed. Rio de Janeiro: Rocco, 2018.

[29] ENGEL, Cíntia Liara. *A violência contra a mulher*. Disponível em: https://www.ipea.gov.br/retrato/pdf/190215_tema_d_a_violenca_contra_mulher.pdf.

[30] Lei Federal nº 11.340, de 7 de agosto de 2006. Alterada pela Lei Federal nº 14.149, de 2021. Cria mecanismos para coibir a violência doméstica e familiar contra a mulher, nos termos do §8º do art. 226 da Constituição Federal, da Convenção sobre a Eliminação de Todas as Formas de Discriminação contra as Mulheres e da Convenção Interamericana para Prevenir, Punir e Erradicar a Violência contra a Mulher; dispõe sobre a criação dos Juizados de Violência Doméstica e Familiar contra a Mulher; altera o Código de Processo Penal, o Código Penal e a Lei de Execução Penal; e dá outras providências.

Art. 2º *Toda mulher*, independentemente de classe, raça, etnia, orientação sexual, renda, cultura, nível educacional, idade e religião, goza dos direitos fundamentais inerentes à pessoa humana, *sendo-lhe asseguradas as oportunidades e facilidades para viver sem violência*, preservar sua saúde física e mental e seu aperfeiçoamento moral, intelectual e social. (Grifei)

Essa mesma lei passou por atualização para abarcar os variados tipos de violência contra a mulher, já tipificando (art. 7º) a violência (i) física, (ii) psicológica, (iii) sexual, (iv) patrimonial e (v) moral.

Segundo relatório da ONU Mulheres[31] – *O progresso das mulheres no mundo 2019/2020* –, as leis deveriam ser reformadas para reconhecerem os direitos das mulheres no casamento, no divórcio e na custódia dos filhos, de forma que tenham maiores e melhores garantias para saírem de situações violentas ou abusivas.

Para o conhecido caso Mariana Ferrer, foi necessária a edição de lei federal,[32] em 2021, para dizer que, durante audiências no Judiciário, as mulheres devem ser também respeitadas e não humilhadas ou não permitida a humilhação.

Dispõe o seu art. 3º, que altera o Código de Processo Penal:

Art. 400-A. Na audiência de instrução e julgamento, e, em especial, nas que apurem crimes contra a dignidade sexual, todas as partes e demais sujeitos processuais presentes no ato deverão zelar pela integridade física e psicológica da vítima, sob pena de responsabilização civil, penal e administrativa, cabendo ao juiz garantir o cumprimento do disposto neste artigo, vedadas:
I - a manifestação sobre circunstâncias ou elementos alheios aos fatos objeto de apuração nos autos;
II - a utilização de linguagem, de informações ou de material que ofendam a dignidade da vítima ou de testemunhas.

---

[31] Disponível em: http://www.onumulheres.org.br/noticias/novo-relatorio-da-onu-mulheres-apresenta-uma-agenda-politica-para-acabar-com-a-desigualdade-de-genero-nas-familias/.

[32] BRASIL. Lei Federal nº 14.245, de 22 de novembro de 2021. Altera os Decretos-Leis nº 2.848, de 7 de dezembro de 1940 (Código Penal), e 3.689, de 3 de outubro de 1941 (Código de Processo Penal), e a Lei nº 9.099, de 26 de setembro de 1995 (Lei dos Juizados Especiais Cíveis e Criminais), para coibir a prática de atos atentatórios à dignidade da vítima e de testemunhas e para estabelecer causa de aumento de pena no crime de coação no curso do processo (Lei Mariana Ferrer).

2.1.1.1 Um recorte contextual da violência política de gênero

No dia 26 de agosto, comemora-se o Dia Internacional da Igualdade Feminina, que surgiu em 1973 para lembrar a conquista do voto feminino nos Estados Unidos, em 1920.

No Brasil, as mulheres puderam votar somente a partir do Código Eleitoral de 1932 (apesar de termos conquistado o direito de sermos eleitas somente em 1933), ou seja, há 90 anos exercemos o direito ao sufrágio universal, enquanto os homens exercem o mesmo direito pelo menos 400 anos a mais.

E, ainda, quando instituído, no Brasil, o nosso voto não era obrigatório. O art. 121 do Código Eleitoral de 1932, quando revisitado, previa que "os homens maiores de sessenta anos e as mulheres em qualquer idade podiam isentar-se de qualquer obrigação ou serviço de natureza eleitoral".

Hoje, somos maioria entre os 150 milhões de brasileiros e brasileiras eleitores, somando um total de aproximadamente 53% do eleitorado, enquanto o de homens equivale a 47,33%.

O número de eleitoras também é maioria no exterior, segundo dados do Tribunal Superior Eleitoral (TSE). Das milhares de pessoas que moram fora do país e se habilitaram para votar para o cargo de presidente da República, nessas eleições de 2022, 59% são mulheres e 41% são homens. No entanto, conforme reconhece o próprio Sistema de Justiça Eleitoral, nós, mulheres, somos minoria nos cargos de representação.

Nos últimos 195 anos, a Câmara dos Deputados, por exemplo, teve 7.333 deputados, incluindo suplentes. Apesar de conquistarmos o direito de sermos eleitas desde 1933, nós, mulheres, ocupamos somente 266 cadeiras nesses quase 90 anos.

Com números assim, é possível compreender a razão pela qual o Brasil está no fim da fila dos países com baixa representação feminina na política, ocupando a 142ª posição entre 191 nações citadas no mapa global de mulheres na política da Organização das Nações Unidas (ONU) e o 9º lugar entre 11 países da América Latina em estudo da ONU Mulheres.

No Brasil, de 12 candidatos à presidência da República, nas eleições deste ano (2022), apenas quatro são mulheres.

Então, por que sendo a parcela da sociedade que é maioria eleitoral e podendo, portanto, definir o cenário político no país, ainda somos tão desrespeitadas, violentadas e sub-representadas? Por que, se somos capazes de definir as lideranças políticas em nosso país, ainda temos fragilidades nas propostas e políticas públicas de desenvolvimento das pautas da mulher, como a equidade de gênero no Brasil?

Isso detona a ponta do *iceberg* da violência contra a mulher em nosso país, partindo de uma masculinidade tóxica enraizada culturalmente nas figuras masculinas de liderança familiar, institucional, política. Ou seja, lida-se com uma cultura da violência sistematizada e endêmica em pessoas e que se reflete em organizações e na política interna.

Como quem mais sofre com violência neste país pode conseguir se desenvolver em pé de igualdade num ambiente tão hostil como o que se transformou a política no Brasil?

Dentre os fatores de desigualdade que afetam a participação das mulheres na política, sem dúvida está a violência.

Somos uma força motriz capaz de definir o cenário político em nosso país. Na avaliação de cientistas políticos, essa parcela da sociedade já é majoritária e pode definir o destino de lideranças políticas, mas o cenário de violência institucionalizado e culturizado não nos faz avançar.

Diante desse quadro, trabalhar com a cultura em prol da valorização do gênero é pauta do "*compliance* de gênero" que se propõe seja posto como uma estrutura organizacional permanente dentro das instituições, pois, para atuar assertivamente sobre a violência contra a mulher, em todos os ambientes, inclusive o político, precisamos segregar e tratar, com técnica e olhar diferenciado, as ações discriminatórias e de violência, retirando-as da vala comum das atuações preventivas de conformidades meramente normativas.

2.2 *Compliance* de gênero

O conceito de *compliance* aqui pressuposto, como dito, é aquele pensado a partir da concepção estrutural/organizacional ampla de um processo permanente de atuação preventiva, aliado a controles internos que buscam auxiliar na mitigação ou minimização de riscos ao alcance dos objetivos de uma organização, especialmente quanto ao objetivo de ampla adesão, que é o de desenvolvimento sustentável nº 5, do Pacto Global da ONU, qual seja, alcançar a igualdade de gênero e empoderar todas as mulheres e meninas.

Tendo a equidade como a busca por igualdade através de processos e práticas que entendam que cada jornada é individual, o papel da estrutura de *compliance* de gênero como identificador de oportunidades de aperfeiçoamento dos processos e organizações é o que se propõe.

As controladorias, no exercício dos controles internos e demais práticas de *compliance*, assumem, assim, um papel cada vez mais importante e de protagonismo no combate às desigualdades de gênero nas organizações.

Indica-se a estruturação do "*compliance* de gênero", posicionando as controladorias internas das organizações especialmente voltadas para as particularidades que a pauta da diversidade tem e exige como agente de promoção da autonomia privada e igualdade material dos sujeitos, enfrentando, concretamente, as vulnerabilidades e o pluralismo.

Partindo de uma estrutura conceitual normativa já posta e conhecida, elege-se aquela atualmente normatizada na legislação brasileira. Vale-se aqui de uma proposta didática tendo como base os apontamentos de controles internos do recente Decreto Federal nº 11.129, de 11 de julho de 2022 (art. 57), que regulamenta a Lei Anticorrupção e revela na concepção do "programa de integridade", em sua parte, um programa de *compliance* estruturado, agregando uma série de ferramentas de controles internos.

Vamos às propostas estruturais didaticamente enumeradas como meios de realização do "*compliance* de gênero", com vistas a já indicar formas de atuação da ferramenta que ora se defende.

Em primeira linha, não deixa de ser imprescindível o manifesto comprometimento da alta direção, evidenciado pelo apoio visível e inequívoco à pasta do *compliance* de gênero, bem como pela destinação de recursos adequados para a realização das políticas de promoção da equidade de gênero e assistência às mulheres.

É possível se valer de procedimentos específicos para prevenir assédios moral e sexual contra as mulheres, segregando e priorizando os processos que cuidam de pessoas/mulheres e exigem humanização para avançarem. Para isso, sugere-se estabelecer canais de denúncia abertos e amplamente divulgados a funcionárias e terceiras, com mecanismos destinados ao tratamento das denúncias e à proteção das denunciantes de boa-fé.

Em outros termos, o que se propõe é a criação de um canal de denúncia específico, que segregue os processos de denúncias de fraudes contratuais daqueles de pessoas, buscando estabelecer fluxos de tratamento diferenciado para as denúncias de assédios sexual e moral e de discriminação contra as mulheres.

Na frente dos treinamentos, enaltecem-se as ações de comunicação que fomentem a cultura e a conscientização, bem como as de capacitação voltadas para o letramento escorreito de diversidade, que sejam perenes e periódicos, como um pilar estrutural permanente da pasta do *compliance* de gênero. As campanhas de conscientização sobre a maternidade são um exemplo, como um "caminho de inclusificação",[33] além da promoção da educação, da formação e do desenvolvimento profissional das mulheres, qualificando-as cada vez mais para assumirem posições técnicas de igualdade.

No ponto, é relevante lembrar que, segundo a ONU, menos de 30% dos pesquisadores do mundo são mulheres, 39% das líderes de empresas são mulheres e, aos seis anos, as meninas já começam a se sentir menos inteligentes que os meninos. Exercendo a mesma função, as mulheres ganham 20% menos que os homens; se forem negras, 40%.

Uma gestão adequada de riscos de ocorrências de ações discriminatórias, violências e assédios contra as mulheres, inclusive com identificação da existência de suas vulnerabilidades, também denota relevância do *compliance* de gênero, apta a auxiliar no alcance do comentado ODS nº 5.

Mostra-se intocável a manutenção de ações afetas às construções dos padrões de conduta, código de ética, políticas e procedimentos de integridade aplicáveis a empregados, administradores, fornecedores e demais terceiros com que se relaciona a organização.

A estruturação de controles internos específicos que assegurem a lisura e equidade em processos de recrutamento de mulheres, quantidade e lotação de funcionárias, empregadas e colaboradoras, em especial em cargos de liderança, mostra-se também importante. Sem defender aqui o plano de cotas – que, pela linha conceitual posta neste trabalho, não se revela a ação afirmativa mais eficiente –, verificar a conformidade normativa dos planos de carreiras para se evitar a disparidade de ascensão entre homens e mulheres e auxiliar no alcance de metas de redução da desigualdade salarial entre homens e mulheres revela-se significativo.

---

[33] JOHNSON, Stefanie K. *Inclusifique*: como a inclusão e a diversidade podem trazer mais inovação à sua empresa. Tradução de Ada Felix. 1. ed. São Paulo: Benvirá, 2020.

Sugere-se a manutenção dos procedimentos que assegurem uma pronta interrupção de violações aos direitos das mulheres e a tempestiva remediação individualizada dos danos gerados, por exemplo, com a reparação interna e imediata do dano por assédio moral ou sexual vivenciado na organização, como a oferta de contínuo acompanhamento psicológico individual para a mulher-vítima como medida compensatória.

Por fim, enumera-se e entende-se relevante, no bojo da ferramenta de *due diligence*, a identificação do grau de interação com as organizações de diversidade, público e privada.

3 Considerações finais

O enfrentamento das formas de violência e discriminação contra as mulheres, em suas múltiplas formas de manifestação, estrutural, institucional e interpessoal, reafirma, de forma incontestável, a necessidade de se estabelecer e executar políticas de equidade de gênero. Por sua vez, os instrumentos de *compliance* especialmente voltados a manejar essas políticas especializadas em gênero revelam-se estratégicos, podendo ser muito eficientes, na medida em que segregam do lugar comum as pautas das mulheres e as impulsionam de maneira bem direcionada.

A proposta é de uma estrutura organizacional permanente de atuação preventiva, aliada a controles internos que buscam auxiliar na mitigação ou minimização de riscos ao alcance dos objetivos de uma organização, identificando oportunidades de aperfeiçoamento dos processos de gestão e agregando valor às operações, em especial à promoção da equidade de gênero e empoderamento das mulheres.

Referências

BARROSO, Luís Roberto. *Sem data venia*: um olhar sobre o Brasil e o mundo. 1. ed. Rio de Janeiro: História Real, 2020.

BEAUVOIR, Simone de. *O segundo sexo*: a experiência vivida. Tradução de Sérgio Milliet. 5. ed. v. 2. Rio de Janeiro: Nova Fronteira, 2019.

BEAUVOIR, Simone de. *O segundo sexo*: fatos e mitos. Tradução de Sérgio Milliet. 5. ed. v. 1. Rio de Janeiro: Nova Fronteira, 2019.

BRASIL. *Lei FEDERAL nº 11.340, de 7 de agosto de 2006*. Cria mecanismos para coibir a violência doméstica e familiar contra a mulher, nos termos do §8º do art. 226 da Constituição Federal, da Convenção sobre a Eliminação de Todas as Formas de Discriminação contra as Mulheres e da Convenção Interamericana para Prevenir, Punir e Erradicar a Violência contra a Mulher; dispõe sobre a criação dos Juizados de Violência Doméstica e Familiar contra a Mulher; altera o Código de Processo Penal, o Código Penal e a Lei de Execução Penal; e dá outras providências.

BRASIL. *Lei Federal nº 14.192, de 4 de agosto de 2021*. Estabelece normas para prevenir, reprimir e combater a violência política contra a mulher; e altera a Lei nº 4.737, de 15 de julho de 1965 (Código Eleitoral), a Lei nº 9.096, de 19 de setembro de 1995 (Lei dos Partidos Políticos), e a Lei nº 9.504, de 30 de setembro de 1997 (Lei das Eleições), para dispor sobre os crimes de divulgação de fato ou vídeo com conteúdo inverídico no período de campanha eleitoral, para criminalizar a violência política contra a mulher e para assegurar a participação de mulheres em debates eleitorais proporcionalmente ao número de candidatas às eleições proporcionais.

BRASIL. *Lei Federal nº 14.245, de 22 de novembro de 2021*. Altera os Decretos-Leis nº 2.848, de 7 de dezembro de 1940 (Código Penal), e 3.689, de 3 de outubro de 1941 (Código de Processo Penal), e a Lei nº 9.099, de 26 de setembro de 1995 (Lei dos Juizados Especiais Cíveis e Criminais), para coibir a prática de atos atentatórios à dignidade da vítima e de testemunhas e para estabelecer causa de aumento de pena no crime de coação no curso do processo (Lei Mariana Ferrer).

BRASIL. *Decreto Federal nº 11.129, de 11 de julho de 2022*. Regulamenta a Lei nº 12.846, de 1º de agosto de 2013, que dispõe sobre a responsabilização administrativa e civil de pessoas jurídicas pela prática de atos contra a administração pública, nacional ou estrangeira.

BRASIL. Supremo Tribunal Federal (STF). *Produção de mulheres em direito constitucional*: bibliografia, legislação e jurisprudência temática. Brasília: STF, Secretaria de Altos Estudos, Pesquisas e Gestão da Informação, 2022. Disponível em: http://www.stf.jus.br/arquivo/cms/bibliotecaConsultaProdutoBibliotecaBibliografia/anexo/Prod ucao_mulheres_direito_constitucional.pdf.

BRAUNER, Daniela Corrêa Jacques. *Igualdade, diversidade e vulnerabilidade*: revisitando o regime das incapacidades rumo a um direito privado solidário de proteção à pessoa. Coordenadores Antonio Herman Benjamin e Claudia Lima Marques. São Paulo: Thomson Reuters Brasil – Revista dos Tribunais, 2021.

COMTE-SPONVILLE, André. *Pequeno tratado das grandes virtudes*. Tradução de Eduardo Brandão. 2. ed. São Paulo: Editora WMF Martins Fontes, 2009.

ESTÉS, Clarissa Pinkola. *Mulheres que correm com os lobos*: mitos e histórias do arquétipo da mulher selvagem. Tradução de Waldéa Barcellos. 1. ed. Rio de Janeiro: Rocco, 2018.

GAARDER, Jostein. *O mundo de Sofia*: romance da história da filosofia. Tradução de João Azenha Jr. São Paulo: Companhia das Letras, 1995.

HAN, Byung-Chul. *Sociedade da transparência*. Tradução de Enio Paulo Giachini. Petrópolis, RJ: Vozes, 2017.

JOHNSON, Stefanie K. *Inclusifique*: como a inclusão e a diversidade podem trazer mais inovação à sua empresa. Tradução de Ada Felix. 1. ed. São Paulo: Benvirá, 2020.

LISPECTOR, Clarice. *Todas as crônicas*. Organização de Pedro Karp Vasquez. 1. ed. Rio de Janeiro: Rocco, 2018.

RIBEIRO, Djamila. *Lugar de fala*: feminismos plurais. São Paulo: Editora Jandaíra, 2021.

SANDEL, Michael J. *Justiça*: o que é fazer a coisa certa. Tradução de Heloisa Matias e Maria Alice Máximo. 4. ed. Rio de Janeiro: Civilização Brasileira, 2011.

SCRUTON, Roger. *Beleza*. Tradução de Hugo Langone. São Paulo: É Realizações, 2013.

SPINOZA, Benedictus de. *Ética*. Tradução de Tomaz Tadeu. 2. ed. Belo Horizonte: Autêntica, 2020.

THALER, Richard H. SUNSTEIN, Cass R. *Nudge*: como tomar melhores decisões sobre saúde, dinheiro e felicidade. Tradução de Ângelo Lessa. 1. ed. Rio de Janeiro: Objetiva, 2019.

VENTURI, Gustavo; RECAMÁN, Marisol; OLIVEIRA, Suely de (Orgs.). *A mulher brasileira nos espaços público e privado*. São Paulo: Editora Fundação Perseu Abramo, 2009.

WIKING, Meik. *The little book of hygge*: the danish way to live well. 2016.

Informação bibliográfica deste texto, conforme a NBR 6023:2018 da Associação Brasileira de Normas Técnicas (ABNT):

COVRE, Mariana Andrade. *Compliance* de gênero: uma propositura positiva para impulsionar as políticas de igualdade de gênero e o empoderamento de todas as mulheres e meninas. *In*: SEVERINO, Débora Pinto; CAMATA, Edmar Moreira; FERRAZ, Leonardo de Araújo; THOMÉ, Marcela Oliveira (Coord.). *Mulheres no controle*: tópicos de controle interno sob o olhar das mulheres. Belo Horizonte: Fórum, 2023. p. 27-46. ISBN 978-65-5518-540-9.

ESG NA PERSPECTIVA DA LEI DE RESPONSABILIDADE DAS ESTATAIS

JULIANA OLIVEIRA NASCIMENTO

1 Economia, ESG e o mercado

Salienta-se que o ESG como pauta da vez consolida uma visão importante que transcende a realidade do contexto das organizações no aspecto econômico, fazendo emergir um capitalismo que se efetivará na consolidação de um real "ESG Vivo".[1]

Para tanto, uma trajetória se percorreu para a virada da materialização desse tema nas organizações; afinal, circunstâncias históricas eram diferentes e trouxeram o mundo até o momento atual. Logo, conhecer esses registros é relevante para o entendimento do passado e do futuro.

Destaca-se que o conceito de sustentabilidade remete a antigos escritores da China, Grécia e Roma, sendo incorporado como a filosofia de viver em harmonia com a natureza. Nessa perspectiva, o termo sustentabilidade apresenta registros em 1713, na Alemanha, na realização de práticas florestais.[2]

---

[1] O termo ESG Vivo foi cunhado pela autora na publicação do artigo de sua autoria, *ESG Vivo: a nova jornada da globalização pela transformação do capitalismo regenerativo e de stakeholder no mundo dos negócios*, que se encontra em NASCIMENTO. Juliana Oliveira. *ESG*: cisne verde e o capitalismo de stakeholder: a tríade regenerativa do futuro global. São Paulo: Revista dos Tribunais, 2021.

[2] *UM College*.

Nesse prisma, sob o aspecto econômico em 1798, Thomas Robert Malthus desenvolve uma publicação em que admite a existência de um Estado estacionário, de longo prazo, no qual os recursos naturais são esgotados e os salários se relacionam ao nível de subsistência, trazendo algumas reflexões aos pensamentos de David Ricardo e Adam Smith.

Nesse caminho, anos depois, John Stuart Mill enfatiza que a inovação e a natureza exercem um papel fundamental no acesso ao desenvolvimento econômico sustentável. Diante disso, para Mill, o Estado estacionário de Adam Smith se encontrava distante de ser um lugar agradável para se viver, visto que era um sistema interconectado de aumento populacional, com esgotamento de recursos naturais e com impossibilidade de produção adicional. Sendo assim, tais fatos trariam como consequência a concepção de Estado estacionário insustentável.

Esses posicionamentos, já naquela época, remetiam à importância de políticas públicas efetivas para alavancar o desenvolvimento da sociedade, evolução que não perpassa somente ao contexto financeiro; no entanto, o progresso nas esferas social, ambiental e cultural é fundamental.

Interessante que, muito embora os clássicos economistas tivessem já apontado a relação dos impactos do capital natural e social, além das questões econômicas, bem como da sustentabilidade, algumas visões foram em caminho contrário com o passar dos anos. Nesse ponto, tem-se a perspectiva do economista alemão radicado nos Estados Unidos Theodore Levitt, em que uma empresa deveria estar voltada à geração unicamente de lucros, ou seja, com a finalidade meramente econômica.

Seguindo esse ponto de vista, outro defensor dessa corrente foi o economista americano Milton Friedman, que compreendia que as companhias deveriam estar focadas na maximização dos lucros organizacionais. Com isso, qualquer investimento no social teria impacto nos ganhos dos acionistas e, consequentemente, poderia lesá-los.

Um aspecto significativo é que Milton Friedman sustentava que a responsabilidade social se enquadraria como uma "autotributação" da empresa, pois o mero fato da empresa gerar lucro já seria caracterizado como cumprimento desta.

Todavia, o conceito mudou com a visão ESG, pois os estudos realizados atualmente apresentam avanços nos modelos econômicos. Logo, os antigos modelos de capitalismo de *shareholder*, voltados aos proprietários/acionistas, passam a ser modelos ultrapassados para o novo mercado. A ótica se encontra agora para o capitalismo de *stakeholder* e regenerativo, em que as organizações possuem uma responsabilidade perante a sociedade.

Seguindo esse contexto, a Carta de Larry Fink de 2022, o CEO da *Black Rock*, destacou que o "capitalismo tem o poder de moldar a sociedade e agir como um poderoso catalisador para a mudança".

O novo panorama nos negócios agora se concentra na realocação do capital alinhado às estratégias sustentáveis e às chamadas finanças verdes (*green finance*), ainda, títulos sociais (*social bonds*), com o foco dos investidores. Sendo assim, cada vez mais a sociedade se encontra muito comprometida com valores primordiais "de negócios responsáveis, economia sustentável, desenvolvimento e criação de valor a longo prazo".

Ante o exposto, conclui-se que o aspecto econômico é fundamental ao ESG, visto ser ele que consolidará os investimentos para a realização das transformações e a inovação necessária para a consolidação do tema no mercado. Entretanto, não se pode deixar que somente o lucro seja a única perspectiva, visto que esse discurso não cabe mais na agenda de negócios e no panorama da ética dos novos modelos de capitalismo em nível global.

Diante disso, é nessa esfera que será abordada a visão do ESG no contexto público, com enfoque nas empresas estatais destacando a importância dos controles, bem como da atuação efetiva dessa consolidação do tema nessas organizações. Com isso, destaca-se também acerca da ordem econômica, visto ser esta primordial a ser observada juntamente com os aspectos ambientais, sociais e de governança.

1.1 A importância da ordem econômica

No que tange ao direito econômico, tem-se que este possui ligação com o Estado. Nesse prisma, Giovani Clark salienta que as políticas econômicas permeiam tanto a esfera pública quanto a privada no que tange à sua expansão. Nesse sentido, o Estado teria, em sua esfera, o condão de permear pela efetivação das normas, com a concreta aplicação da chamada constituição econômica. Diante disso, observa-se que a atuação da política econômica estatal deveria operar trazendo equilíbrio econômico e social perante as ingerências que o Estado pode assumir na tomada de suas decisões, visto que estas influenciarão toda a cadeia que envolve o aspecto econômico.

Destaca Giovani Clark que "a política econômica estatal é um conjunto de decisões públicas dirigidas a satisfazer as necessidades sociais e individuais, com um menor esforço, diante de um quadro de carência de meios. É ainda, uma das espécies do gênero políticas públicas".³ Desse modo, cabe ao Estado adotar ações que venham a suprir as necessidades da sociedade.

Diante disso, tem-se que a abrangência das decisões do Estado alcança a conjuntura internacional. Além disso, igualmente depende reciprocamente destas decisões estatais o setor privado, o que demonstra a relevância da criação de políticas econômicas eficazes e concernente com os dias atuais.

Sendo assim, sobre a matéria econômica se depreende que esta não pode ser analisada de forma independente, sem atentar ao que ocorre no cenário internacional. Nesse ínterim, Giovani Clark relata que inserida nesse cenário estaria a preponderância do "poder econômico transnacional"⁴ que envolve os "Estados Desenvolvidos e Comunitários, Entes Internacionais (Organização Mundial do Comércio, Fundo Monetário Internacional, Banco Mundial), sem excluir a interdependência daquelas com as políticas econômicas o capital privado nacional".⁵

Diante disso, destaca-se o papel das empresas estatais na perspectiva de atuação do papel do Estado na ordem econômica.

2 Empresas estatais

As empresas estatais encontram-se no âmbito da classificação da Administração Pública indireta.

A Administração Pública, consoante destaca Maria Sylvia Zanella Di Pietro, compreende os entes da Administração Pública que exercem a "função administrativa" em sentido "subjetivo e objetivo".⁶

---

[3] CLARK, Giovani. Política Econômica e Estado. *Revista da Faculdade de Direito UFMG*, Belo Horizonte, n. 53, p. 103-118, jul./dez. 2008. p. 104.

[4] CLARK, Giovani. Política Econômica e Estado. *Revista da Faculdade de Direito UFMG*, Belo Horizonte, n. 53, p. 103-118, jul./dez. 2008. p. 105.

[5] CLARK, Giovani. Política Econômica e Estado. *Revista da Faculdade de Direito UFMG*, Belo Horizonte, n. 53, p. 103-118, jul./dez. 2008. p. 105.

[6] Em sentido subjetivo formal ou orgânico, ela designa os entes que exercem a atividade administrativa; compreende pessoas jurídicas, órgãos e agentes públicos incumbidos de exercer uma das funções em que se triparte a atividade estatal: a função administrativa. Em sentido objetivo, material ou funcional, ela designa a natureza da atividade exercida pelos referidos entes; nesse sentido, a Administração Pública é a própria função administrativa que incumbe predominantemente ao Poder Executivo (DI PIETRO, Maria Sylvia Zanella. *Direito Administrativo*. 28. ed. São Paulo: Editora Atlas, 2015. p. 83).

Salienta ainda a autora que, para alguns autores, administrar compreende o *planejar* e o *executar*.⁷ Já no sentido subjetivo, Maria Sylvia Zanella Di Pietro salienta que, no que se refere ao sujeito, a Administração Pública compreende os entes da Administração Pública, pelo qual atribui essa função.⁸

No contexto, abordar-se-á a respeito da Lei de Responsabilidade das Estatais (Lei nº 13.303, de 30 de junho de 2016, regulamentada pelo Decreto nº 8.945, de 27 de dezembro de 2016) sob os aspectos ambientais, sociais e de governança.

Nesse enfoque, cabe evidenciar a importância desse tema, que se encontra relacionado, no caso, com o setor público – logo, de interesse de toda a sociedade –, visto que as empresas estatais se enquadram como Administração Pública indireta (Decreto-Lei nº 200/1967).

A Administração Pública indireta está relacionada à "execução indireta da atividade administrativa, transferindo-a a pessoas jurídicas de direito público ou privado, que compõem a chamada Administração Pública Indireta do Estado".⁹

Diante disso, convém a remissão da previsão constitucional, a qual estabelece que Administração Pública tem fundamento nos princípios indicados no artigo 37 da Constituição da República: legalidade, impessoalidade, moralidade, publicidade e eficiência.

Atualmente, as empresas estatais encontram-se submetidas, entre outras legislações e normas, à previsão da recente Lei nº 13.303/2016, regulamentada pelo Decreto nº 8.945/2016, que dispõe sobre "o estatuto jurídico da empresa pública e sociedade de economia mista e suas subsidiárias, no âmbito dos estados, Distrito Federal e municípios".

---

⁷ a) Em sentido amplo, a Administração Pública subjetivamente considerada, compreende tanto os órgãos governamentais, supremos, constitucionais (governos), aos quais incumbe traçar os planos de ação, dirigir, comandar, como também os órgãos administrativos, subordinados, dependentes (Administração Pública, em sentido estrito), aos quais incumbe executar os planos governamentais; ainda em sentido amplo, porém objetivamente considerada, a Administração Pública compreende a função política, que traça as diretrizes governamentais e a função administrativa, que as executa;
b) Em sentido estrito, a Administração Pública compreende, sob o aspecto subjetivo, apenas os órgãos administrativos e, sob o aspecto objetivo, apenas a função administrativa, excluídos, no primeiro caso, os órgãos governamentais e, no segundo a função política (DI PIETRO, Maria Sylvia Zanella. *Direito Administrativo*. 28. ed. São Paulo: Editora Atlas, 2015. p. 83).

⁸ DI PIETRO, Maria Sylvia Zanella. *Direito Administrativo*. 28. ed. São Paulo: Editora Atlas, 2015. p. 91.

⁹ DI PIETRO, Maria Sylvia Zanella. *Direito Administrativo*. 28. ed. São Paulo: Editora Atlas, 2015. p. 91.

Destaca-se que a citada lei é aplicada a toda e qualquer empresa pública e sociedade de economia mista que "explore atividade econômica de produção ou comercialização de bens ou de prestação de serviços, ainda que a atividade econômica esteja sujeita ao regime de monopólio da União, ou seja, de prestação de serviços públicos".[10]

No Brasil, a exploração direta de atividade econômica pelo Estado é disciplinada pela previsão na Constituição Federal recepcionada pelo artigo 173.[11] No caso, o propósito é que o alcance do interesse público associado à sua criação seja definido de modo formal e consistente.[12]

Nesse sentido, refere-se aos "imperativos da segurança nacional ou a relevante interesse coletivo" registrados no artigo 173 da Constituição Federal de 1988, os quais condicionam a atuação do Estado como empresário e justificam a criação da empresa estatal.

Ademais, consoante indicação da Organização para a Cooperação e Desenvolvimento Econômico (OCDE), a justificativa para a propriedade do estatal se encontra respaldada nas seguintes questões:

---

[10] Artigo 1º da Lei nº 13.303/2016.

[11] Art. 173. Ressalvados os casos previstos nesta Constituição, a exploração direta de atividade econômica pelo Estado só será permitida quando necessária aos imperativos da segurança nacional ou a relevante interesse coletivo, conforme definidos em lei.
§ 1º A empresa pública, a sociedade de economia mista e outras entidades que explorem atividade econômica sujeitam-se ao regime jurídico próprio das empresas privadas, inclusive quanto às obrigações trabalhistas e tributárias.
§ 1º A lei estabelecerá o estatuto jurídico da empresa pública, da sociedade de economia mista e de suas subsidiárias que explorem atividade econômica de produção ou comercialização de bens ou de prestação de serviços, dispondo sobre:
I - sua função social e formas de fiscalização pelo Estado e pela sociedade;
II - a sujeição ao regime jurídico próprio das empresas privadas, inclusive quanto aos direitos e obrigações civis, comerciais, trabalhistas e tributários;
III - licitação e contratação de obras, serviços, compras e alienações, observados os princípios da administração pública;
IV - a constituição e o funcionamento dos conselhos de administração e fiscal, com a participação de acionistas minoritários;
V - os mandatos, a avaliação de desempenho e a responsabilidade dos administradores.
§ 2º As empresas públicas e as sociedades de economia mista não poderão gozar de privilégios fiscais não extensivos às do setor privado.
§ 3º A lei regulamentará as relações da empresa pública com o Estado e a sociedade.
§ 4º A lei reprimirá o abuso do poder econômico que vise à dominação dos mercados, à eliminação da concorrência e ao aumento arbitrário dos lucros.
§ 5º A lei, sem prejuízo da responsabilidade individual dos dirigentes da pessoa jurídica, estabelecerá a responsabilidade desta, sujeitando-a às punições compatíveis com sua natureza, nos atos praticados contra a ordem econômica e financeira e contra a economia popular. BRASIL. Constituição Federal.

[12] INSTITUTO BRASILEIRO DE GOVERNANÇA CORPORATIVA. *Boas práticas de governança corporativa para empresas estatais*. São Paulo: IBGC, 2020.

(i) objetivos econômicos e estratégicos mais amplos de interesse nacional;
(ii) manutenção de empresas sob propriedade nacional;
(iii) fornecimento de produtos e serviços específicos (não atendidos pelo setor privado);
(iv) operação de monopólios naturais; e
(v) criação ou manutenção de monopólios (ou oligopólios) em que a regulamentação do mercado for considerada inviável ou ineficiente.[13]

Enfatiza-se que alguns setores, quando fundamentados, não estando sob a ação estatal, podem ter um grande avanço de atuação. Salienta-se ainda que algumas estatais são destaque em governança e na área de atuação em que estão desenvolvidas.

2.1 ESG nas empresas estatais

O contexto do ESG perpassa questões fundamentais no que tange à visão do mercado das organizações. Nessa linha, salienta-se que, nos aspectos ambientais, sociais e de governança, existem legislações pertinentes ao tema na esfera do contexto do Brasil, no contexto da Administração Pública.

Com relação à questão do ESG, enfatiza-se ser primordial iniciar a reflexão nas empresas estatais sob o viés da governança corporativa. Essa perspectiva é importante, pois, quando se trata de ESG, as questões ambientais e sociais não conseguem ser consolidadas de maneira apropriada sem existir uma governança muito bem estabelecida nos processos decisórios, papéis, responsabilidades, além de políticas e procedimentos efetivos. Sendo assim, iniciar-se-á a análise sobre o tema da governança corporativa.

2.1.1 Governança corporativa

Dentre as previsões estabelecidas na Lei de Responsabilidade das Estatais, cabe destacar acerca da instituição e fortalecimento das regras da governança corporativa nessas organizações.[14]

---

[13] INSTITUTO BRASILEIRO DE GOVERNANÇA CORPORATIVA. *Boas práticas de governança corporativa para empresas estatais*. São Paulo: IBGC, 2020. p. 11.
[14] Artigo 6º da Lei nº 13.303/2016. Destaca-se neste ponto também que a lei estabeleceu no artigo 1º, §3º, referente às regras de governança, que os poderes executivos poderão editar atos que estabeleçam regras de governança destinadas às suas respectivas empresas públicas e sociedades de economia mista que se enquadrem na hipótese do §1º, observadas as diretrizes gerais desta lei.

A governança corporativa, conforme conceitua a Organização para a Cooperação e Desenvolvimento Econômico (OCDE):

> É o sistema pelo qual as sociedades do sector público e privado são dirigidas e controladas. A estrutura da governança corporativa especifica a distribuição dos direitos e das responsabilidades entre os diversos atores da empresa, como, por exemplo, o Conselho de Administração, o Presidente e os Diretores, acionistas e outros terceiros fornecedores de recursos.[15]

A governança corporativa, consoante destaca o Instituto Brasileiro de Governança Corporativa (IBGC):

> É o sistema pelo qual as empresas e demais organizações são dirigidas, monitoradas e incentivadas, envolvendo os relacionamentos entre sócios, conselho de administração, diretoria, órgãos de fiscalização e controle e demais partes interessadas.[16]

Destaca ainda o IBGC que as boas práticas de governança corporativa estão consolidadas através de princípios e recomendações que têm o propósito de preservar e aprimorar "o valor econômico de longo prazo da organização, facilitando seu acesso a recursos e contribuindo para a qualidade da gestão, sua longevidade e o bem comum".[17]

Sob essa significação, a governança corporativa é de grande relevância para uma gestão eficiente e para o autogoverno das companhias, que devem estar pautadas nos princípios da equidade, responsabilidade corporativa, transparência e prestação de contas (*accountability*), compreendendo-se também o *compliance*.

Nesse prisma, as empresas públicas e sociedades de economia mista, pela previsão da lei, deverão realizar, dentro da perspectiva da

---

Artigo 1º, §1º, da Lei nº 13.303/2016 O Título I desta Lei, exceto o disposto nos arts. 2º, 3º, 4º, 5º, 6º, 7º, 8º, 11, 12 e 27, não se aplica à empresa pública e à sociedade de economia mista que tiver, em conjunto com suas respectivas subsidiárias, no exercício social anterior, receita operacional bruta inferior a R$ 90.000.000,00 (noventa milhões de reais).

[15] MARQUES, Maria da Conceição da Costa. Aplicação dos princípios da governança corporativa ao sector público. *Rev. adm. contemp.*, Curitiba, v. 11, n. 2, p. 11-26, jun. 2007. Disponível em: http://www.scielo.br/scielo.php?script=sci_arttext&pid=S1415-65552007000200002&lng=en&nrm=iso. DOI: http://dx.doi.org/10.1590/S1415-65552007000200002. Acesso em: 20 dez. 2022.

[16] INSTITUTO BRASILEIRO DE GOVERNANÇA CORPORATIVA. *Código das melhores práticas de governança corporativa*. 5. ed. São Paulo: IBGC, 2015. p. 20.

[17] INSTITUTO BRASILEIRO DE GOVERNANÇA CORPORATIVA. *Código das melhores práticas de governança corporativa*. 5. ed. São Paulo: IBGC, 2015. p. 20.

transparência e da governança, a divulgação ampla, tempestiva e atualizada ao público da denominada Carta de Governança Corporativa, com linguagem clara e direta, que contenha informações relativas às atividades desenvolvidas pela estatal, além da indicação de estrutura de controle, fatores de risco e dados econômico-financeiros. Ademais, a carta deverá indicar as explanações dos administradores a respeito do desempenho, das políticas instituídas e existentes, das práticas de governança corporativa, bem como da descrição da composição e da remuneração da administração.[18]

Destaca-se que, dentro da abrangência da governança corporativa, há a instituição de controles internos, gestão de riscos, além da auditoria e do *compliance*, como um conjunto de instrumentos que possuem o escopo de aperfeiçoar a transparência, a ética, a integridade e a gestão eficiente da organização, fundada nos princípios da governança supracitados, além dos previstos na Constituição da República.

Sendo assim, cabe o panorama da teoria das três linhas apresentada pelo Instituto dos Auditores Internos:

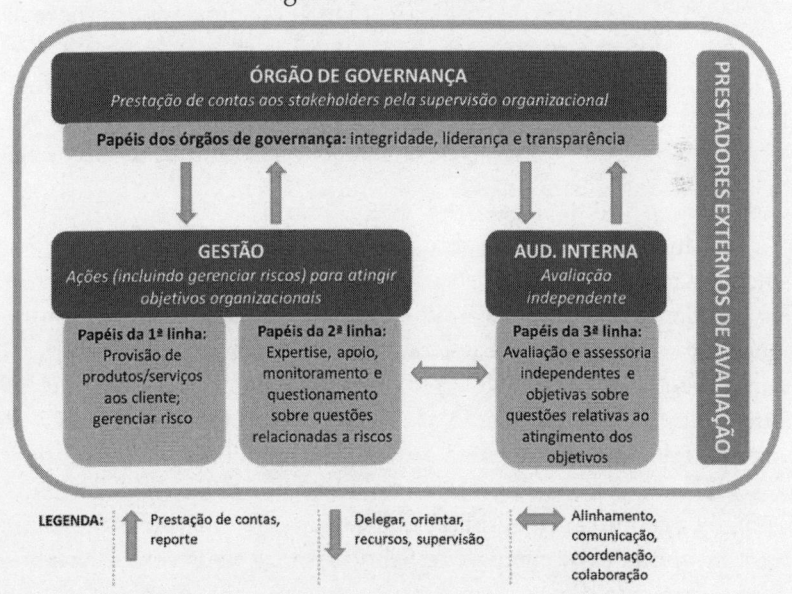

Figura 1 – Três linhas[19]

---

[18] Artigo 8º, III e VIII, da Lei nº 13.303/2016.
[19] Instituto dos Auditores Internos (IIA).

A governança corporativa é essencial para a sustentabilidade das empresas públicas e sociedades de economia mista. Sob essa perspectiva, a instituição dos instrumentos citados, dentre eles o *compliance*, a gestão de riscos e os controles internos, colabora muito para essa materialização.

Nesse sentido, especificamente sobre o *compliance*, a previsão da Lei nº 13.303/2016 corrobora com tal concepção quando estabelece a obrigação da elaboração de um código de conduta e integridade que compreenda:[20]

a) a existência de princípios, valores e missão da empresa pública e sociedade de economia mista, além de conflitos de interesses e proibição de atos de corrupção e fraude;
b) a instituição de instâncias internas de integridade responsáveis pela aplicação e atualização do código de conduta e integridade;
c) a implementação de um canal de denúncias que assegure o recebimento de denúncias internas e externas, com mecanismos de proteção ao denunciante, sem a possibilidade de qualquer espécie de retaliação;
d) a aplicação correta e adequada de sanções disciplinares por violação do disposto no código de conduta e demais normas internas; e
e) a previsão da realização de treinamento periódico do código e das diretrizes internas para empregados e administradores, além da previsão de treinamento da política de riscos aos administradores.

Ainda, outro ponto sobre o código de conduta e integridade se encontra na previsão de que o acionista controlador deve fazer constar no mencionado documento, aplicável à alta administração, a proibição da divulgação, sem a devida autorização do órgão competente da empresa pública ou da sociedade de economia mista, de qualquer informação que possa causar repercussão na cotação dos títulos da organização e em suas relações com o mercado ou com consumidores e fornecedores.[21]

Diante disso, a empresa estatal tem a obrigação de elaborar um código de conduta e integridade que venha a materializar as diretrizes a serem aplicadas na companhia. Sendo assim, é plausível destacar que esse documento deve ser construído na perspectiva do planejamento

---

[20] Artigo 9º, §1º, da Lei nº 13.303/2016.
[21] Artigo 14 da Lei nº 13.303/2016.

estratégico e de acordo com a particularidade de cada organização. Isso é crucial, visto que, por mais que exista previsão legal indicando os elementos essenciais que devem constar no documento, elementos estes aplicados para todas as estatais, como enumerado acima, a criação do código e de todo o seu conteúdo deve ser realizada, especificamente, de acordo com a governança da empresa estatal, observando sua missão, visão e valores.

Outro aspecto pertinente a se observar na lei vai além da elaboração de um código de conduta e integridade tão somente, mas de algo que assegure a exequibilidade, gerenciamento e cumprimento do documento. A lei estabelece o dever de implementação de uma área independente, vinculada diretamente ao diretor-presidente, a ser conduzida por um diretor estatutário.[22]

Sendo assim, quando a lei aborda acerca da criação de uma área, este ponto se encontra relacionado com o *compliance*, que, para a sua mais adequada e factual atuação, necessita de autonomia. Isso é importantíssimo, ainda mais na esfera das empresas públicas e sociedades de economia mista, que estão sob a forte égide de questões políticas.

Mais uma particularidade fundamental na Lei nº 13.303/2016 é a previsão de que a existência da área de *compliance* deve ser consolidada no estatuto social da empresa pública ou sociedade de economia mista, com a especificação das atribuições do departamento, bem como com a indicação de mecanismos que garantam o seu exercício com independência.

Salienta-se que essa previsão tem o condão de consolidar, fundamentalmente, o comprometimento da alta direção e a existência de área independente. Sendo assim, mesmo diante de mudança de diretoria, por previsão legal e estatutária, a área deverá permanecer.

Sob essa diretriz, outra disposição legal que ratifica a existência do programa de *compliance* e do comprometimento da alta direção se encontra na obrigação do acionista controlador, que, além de observar a previsão do código, já mencionado acima, também deverá preservar a independência do conselho de administração, bem como cumprir a política de escolha dos administradores e membros do conselho fiscal.[23] Ante essa obrigação, caberá ao acionista controlador ser cauteloso nas suas ações, de modo a não realizar atos de abuso de poder, nos termos da Lei nº 6.404/1976 (Lei das Sociedades por Ações).

---

[22] Artigo 9º, §2º, da Lei nº 13.303/2016.
[23] Artigo 14, II e III, da Lei nº 13.303/2016.

Diante disso, destaca-se ainda que o conselho de administração, dentre as suas diversas responsabilidades, tem a incumbência de: (i) discutir, anuir e monitorar decisões abrangendo as práticas de governança corporativa, o relacionamento com partes interessadas (*stakeholders*), a política de gestão de pessoas e o código de conduta dos agentes; (ii) implementar e supervisionar os sistemas de gestão de riscos e de controle interno instituídos para a prevenção e mitigação dos principais riscos, inclusive os riscos relacionados à integridade das informações contábeis e financeiras, bem como os relacionados à corrupção e fraude; (iii) estabelecer a política de porta-vozes visando suprimir risco de contradição entre informações de diversas áreas e as dos executivos; e, por fim, (iv) avaliar os diretores da empresa pública ou da sociedade de economia mista.[24]

Por isso, faz-se relevante compreender a estrutura do *compliance* à luz da governança corporativa, conforme preconiza o IBGC:

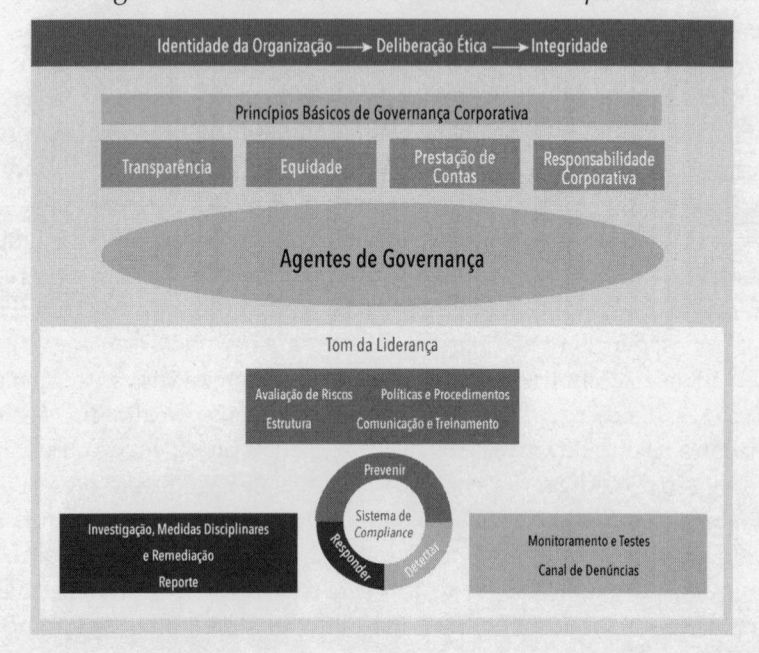

Figura 2 – Visão holística do sistema de *compliance*[25]

---

[24] Artigo 18, I, II, III e IV, da Lei nº 13.303/2016.
[25] INSTITUTO BRASILEIRO DE GOVERNANÇA CORPORATIVA. *Compliance à luz da governança corporativa*. São Paulo: IBGC, 2017. p. 32.

Dentro dessas prerrogativas, enfatiza-se a magnitude do comprometimento da alta direção; afinal, o exemplo, quando se trata de *compliance*, ética, integridade e transparência, deve vir de cima. Portanto, é proeminente que o programa de *compliance* seja realmente efetivo na companhia, de modo que venha não unicamente ficar adstrito à sua existência no papel somente para que a sociedade e o mercado vejam.

Além disso, outra previsão relevante da lei que corrobora com a instituição de um programa de *compliance*, fortalecendo a essencialidade do monitoramento contínuo, é a indicação de que a empresa pública e a sociedade de economia mista deverão, permanentemente, adequar as suas práticas ao código de conduta e integridade e entre outras regras de boa prática de governança corporativa.

Por isso, destaca-se a necessidade da eficácia do programa de *compliance* e da dimensão área, que deve ser conduzida com comprometimento e diligência.

Sob esse cenário, ressalta-se que o *compliance*, além de mitigar os riscos, evitar fraudes, irregularidades e desvios e combater a corrupção, ainda coopera grandemente para evitar o conflito de interesses, o nepotismo e a obtenção de vantagens ilícitas. Ainda tem o atributo de proporcionar a conformidade aos processos, o atendimento à legislação, bem como contribuir para o aumento do controle normativo estatal frente à sua observância ante as questões legais gerais e regulatórias, específicas ao setor em que atua.

Ademais, o *compliance* também objetiva conscientizar todos os *stakeholders* (partes interessadas)[26] a respeito da pertinência da consolidação da cultura de integridade, que deverá ser enraizada gradual e periodicamente pelo responsável da área na organização. Desse modo, espera-se que os valores ali transmitidos, alicerçados na ética, integridade e transparência, perpassem o âmbito das empresas estatais, alcançando a vida das pessoas envolvidas ali, bem como toda a sociedade. Espera-se isso, principalmente, por se tratar de uma empresa pública ou sociedade de economia mista em que predomina o interesse público, e alcançar a responsabilidade e o cumprimento dos princípios da Administração Pública é primordial.

No que tange à terceira linha, destaca-se o papel da auditoria interna, a que cabe ser responsável pela adequação do controle interno, da efetividade da gestão dos riscos, dos processos de governança, da

---

[26] Sociedade, clientes, fornecedores, diretores, empregados, acionistas.

confiabilidade dos processos, além da classificação, acumulação, registro e divulgação de eventos e transações, visando ao preparo de demonstrações financeiras, cabendo reportar ao conselho de administração.[27]

Enfatiza-se também, na esfera da governança, de forma fundamental, a exigência da instituição de comitê de auditoria, que terá o papel de ser órgão de auxílio do conselho de administração, com o condão de supervisionar temas atinentes à:

a) contratação e substituição de auditor independente;
b) supervisão da atividade dos auditores independentes e qualidade dos serviços prestados;
c) supervisão das atividades desenvolvidas nas áreas de controle interno e auditoria interna, bem como da elaboração das demonstrações financeiras;
d) monitoração da integridade dos mecanismos de controle interno das demonstrações financeiras e informações divulgadas;
e) avaliação e monitoramento da exposição ao risco da estatal, podendo requerer informações referentes à remuneração da administração, utilização dos ativos e gastos incorridos; e
f) avaliação e monitoramento da área de auditoria interna e adequação com as partes relacionadas;
g) elaboração do relatório anual das atividades, conclusões e recomendações do comitê em relação às demonstrações financeiras;
h) avaliação dos parâmetros dos cálculos e resultados atuariais dos fundos de pensão, quando existirem.[28]

A atuação do comitê deve se dar, no mínimo, bimestralmente; todavia, por melhores práticas, recomenda-se uma reunião mensal.

Diante do exposto, salienta-se a importância da governança nas empresas estatais para um bom direcionamento das estatais.

Nesse contexto, na sequência se abordará a função social da empresa estatal.

---

[27] Artigo 9º, §3º, da Lei nº 13.303/2016 e artigo 17 do Decreto nº 8.945/2016.
[28] Artigo 24 da Lei nº 13.303/2016.

2.1.2 Social

No que tange ao social do ESG, a empresa pública apresenta papel fundamental na sociedade. Nesse diapasão, a função social indicada na Lei das Estatais está diametralmente prevista sob o respaldo constitucional, estabelecido no artigo 173, §1º, I.[29]

A função social da empresa possui também respaldo nos artigos 5º, XXIII,[30] e 170,[31] III, da Constituição da República, que dispõem sobre a função social da propriedade que advém do que se compreende como função social da empresa.

---

[29] Art. 173. Ressalvados os casos previstos nesta Constituição, a exploração direta de atividade econômica pelo Estado só será permitida quando necessária aos imperativos da segurança nacional ou a relevante interesse coletivo, conforme definidos em lei.
§ 1º A empresa pública, a sociedade de economia mista e outras entidades que explorem atividade econômica sujeitam-se ao regime jurídico próprio das empresas privadas, inclusive quanto às obrigações trabalhistas e tributárias.
§ 1º A lei estabelecerá o estatuto jurídico da empresa pública, da sociedade de economia mista e de suas subsidiárias que explorem atividade econômica de produção ou comercialização de bens ou de prestação de serviços, dispondo sobre: (Redação dada pela Emenda Constitucional nº 19, de 1998)
I - sua função social e formas de fiscalização pelo Estado e pela sociedade;
[...]

[30] Art. 5º Todos são iguais perante a lei, sem distinção de qualquer natureza, garantindo-se aos brasileiros e aos estrangeiros residentes no País a inviolabilidade do direito à vida, à liberdade, à igualdade, à segurança e à propriedade, nos termos seguintes:
[...]
XXIII - a propriedade atenderá a sua função social;

[31] Art. 170. A ordem econômica, fundada na valorização do trabalho humano e na livre iniciativa, tem por fim assegurar a todos existência digna, conforme os ditames da justiça social, observados os seguintes princípios:
I - soberania nacional;
II - propriedade privada;
III - função social da propriedade;
IV - livre concorrência;
V - defesa do consumidor;
VI - defesa do meio ambiente, inclusive mediante tratamento diferenciado conforme o impacto ambiental dos produtos e serviços e de seus processos de elaboração e prestação; (Redação dada pela Emenda Constitucional nº 42, de 19.12.2003)
VII - redução das desigualdades regionais e sociais;
VIII - busca do pleno emprego;
IX - tratamento favorecido para as empresas de pequeno porte constituídas sob as leis brasileiras e que tenham sua sede e administração no País. (Redação dada pela Emenda Constitucional nº 6, de 1995)
Parágrafo único. É assegurado a todos o livre exercício de qualquer atividade econômica, independentemente de autorização de órgãos públicos, salvo nos casos previstos em lei (BRASIL. *Constituição Federal da República Federativa do Brasil*. Disponível em: http://www.planalto.gov.br/ccivil_03/constituicao/constituicaocompilado.htm. Acesso em: 28 ago. 2017).

Salienta Eros Grau que o princípio da ordem econômica, no que se refere à função social da propriedade, trata-se de "princípio constitucional impositivo".[32]

Diante disso, destaca o autor que a função social da propriedade tem seu pressuposto na propriedade privada. Nesse ponto, a função social da propriedade encontra respaldo na acepção de cada tipo de bem.[33]

Nesse prisma, salienta Nelson Freitas Zanzanelli que a função social deve estar fundada na acepção do Estado Democrático de Direito para a construção de uma sociedade aberta, justa e solidária.[34] Com isso, à empresa, sob esse contexto, convém observar a dignidade da pessoa humana como valor supremo, que conglomera todos os direitos fundamentais.

Marcos Augusto Maliska destaca que o cerne dos direitos humanos na ordem constitucional encontra-se no "caráter humanista do constitucionalismo, que tem os direitos fundamentais como elemento estruturante".[35]

Desse modo, cabe ao dever estatal frente ao desenvolvimento econômico,[36] que é necessário, ser observado em consonância com o direito à vida, sendo assim, quando se trata de função social, com essa perspectiva, a conjuntura da ordem econômica com os direitos fundamentais.[37]

A função social da empresa advém de uma conjuntura de sociedade que tinha seu fundamento na propriedade privada, passando de um interesse meramente privado e individual para um contexto de interesse público, no qual se passa a estabelecer que a propriedade deve atender a sua função social.[38]

---

[32] GRAU, Eros. *A Ordem Econômica na Constituição de 1988*. 16. ed. revista e atualizada. São Paulo: Malheiros. p. 231.
[33] GRAU, Eros. *A Ordem Econômica na Constituição de 1988*. 16. ed. revista e atualizada. São Paulo: Malheiros. p. 236.
[34] Artigo 3º, I, da Constituição da República Federativa do Brasil.
[35] MALISKA, Marcos Augusto. *Fundamentos da Constituição*: abertura, cooperação, integração. Curitiba: Juruá, 2013. p. 22.
[36] Este desenvolvimento vai ao encontro do que dispõe o artigo 3º, II, da Constituição da República, que estabelece o desenvolvimento nacional como um dos objetivos da República Federativa do Brasil.
[37] ZANZANELLI, Nelson Freitas. A função social da empresa. *Revista do Curso de Direito da Faculdade de Humanidades e Direito*, v. 6, n. 6, 2009, p. 160.
[38] ZANZANELLI, Nelson Freitas. A função social da empresa. *Revista do Curso de Direito da Faculdade de Humanidades e Direito*, v. 6, n. 6, 2009, p. 162.

Nesse prisma, salienta-se a Lei das Sociedades Anônimas (Lei nº 6.404/1976) como a previsão do artigo 116, parágrafo único,[39] que estabelece que o acionista controlador deverá atuar de modo a conduzir a companhia a alcançar o seu objeto, vindo cumprir a sua função social.

Ainda, há de se enfatizar, também no artigo 154,[40] que é adstrito ao administrador que, no exercício de suas atribuições, deve, além de observar os interesses da companhia, conduzir as suas diretrizes de modo a alcançar as exigências do bem público e a função social da empresa.

Salienta-se com isso também a Lei nº 13.784/2019, que institui a Declaração de Direitos da Liberdade Econômica e estabelece as garantias de livre-mercado, que contemplam diversas normativas relacionadas à questão econômica que se encontram fundadas no artigo 170 da Constituição Federal.

Diante disso, a Lei de Responsabilidade das Estatais enfatiza o papel da empresa pública com a função social da realização de interesse

---

[39] Art. 116. Entende-se por acionista controlador a pessoa, natural ou jurídica, ou o grupo de pessoas vinculadas por acordo de voto, ou sob controle comum, que:
a) é titular de direitos de sócio que lhe assegurem, de modo permanente, a maioria dos votos nas deliberações da assembleia-geral e o poder de eleger a maioria dos administradores da companhia; e
b) usa efetivamente seu poder para dirigir as atividades sociais e orientar o funcionamento dos órgãos da companhia.
Parágrafo único. O acionista controlador deve usar o poder com o fim de fazer a companhia realizar o seu objeto e cumprir sua função social, e tem deveres e responsabilidades para com os demais acionistas da empresa, os que nela trabalham e para com a comunidade em que atua, cujos direitos e interesses deve lealmente respeitar e atender (BRASIL. *Lei 6.404 de 15 de dezembro de 1976*. Disponível em: http://www.planalto.gov.br/ccivil_03/leis/L6404compilada.htm).

[40] Art. 154. O administrador deve exercer as atribuições que a lei e o estatuto lhe conferem para lograr os fins e no interesse da companhia, satisfeitas as exigências do bem público e da função social da empresa.
§ 1º O administrador eleito por grupo ou classe de acionistas tem, para com a companhia, os mesmos deveres que os demais, não podendo, ainda que para defesa do interesse dos que o elegeram, faltar a esses deveres.
§ 2º É vedado ao administrador:
a) praticar ato de liberalidade à custa da companhia;
b) sem prévia autorização da assembleia-geral ou do conselho de administração, tomar por empréstimo recursos ou bens da companhia, ou usar, em proveito próprio, de sociedade em que tenha interesse, ou de terceiros, os seus bens, serviços ou crédito;
c) receber de terceiros, sem autorização estatutária ou da assembleia-geral, qualquer modalidade de vantagem pessoal, direta ou indireta, em razão do exercício de seu cargo.
§ 3º As importâncias recebidas com infração ao disposto na alínea c do § 2º pertencerão à companhia.
§ 4º O conselho de administração ou a diretoria podem autorizar a prática de atos gratuitos razoáveis em benefício dos empregados ou da comunidade de que participe a empresa, tendo em vista suas responsabilidades sociais.

coletivo ou atendimento obrigatório à segurança nacional.[41] Com relação ao interesse coletivo, este cabe ser direcionado ao alcance do bem-estar econômico, bem como para a destinação dos recursos, para:

a) ampliação sustentada economicamente ao acesso facilitado dos consumidores aos produtos e serviços da empresa pública;[42]
b) desenvolvimento ou aplicação de tecnologia brasileira para produção de produtos e serviços da estatal, sempre de forma economicamente justificada.[43]

Ademais, as empresas estatais deverão adotar práticas de responsabilidade social corporativa no mercado em que atuam.[44]

Enfatiza-se que a responsabilidade social, passando a responsabilidade corporativa, se apresenta como um *plus* à função social.

Mateus Bertoncini e Felippe Abu-Jamra Corrêa ressaltam que, na área corporativa, a ética deve ser fundamento basilar das condutas das corporações, ou seja, o agir ético deve fazer parte desta a fim de atender plenamente a responsabilidade social da empresa.[45]

Nessa materialização, destaca-se que as estatais possuem diversos *stakeholders*, que apresentam desafios à concretização das ações ESG. Nessa linha, enfatiza-se a relevância do papel de cada um:[46]

a) *Governo*: salienta-se que obrigações ESG se encontram no contexto de manter o distanciamento da empresa estatal do governo para que esta possa atuar com independência, sendo essa uma das diretrizes das estatais, inclusive defendida pela OCDE.
b) *Cidadãos*: devem ter acesso aos serviços prestados pelas estatais com preço justo, além de manter transparência. Ainda, a estatal deve convidar a sociedade a participar de

---

[41] Artigo 27 da Lei nº 13.303/2016.
[42] Artigo 27, §1º, I, da Lei nº 13.303/2016.
[43] Artigo 27, §1º, I, da Lei nº 13.303/2016.
[44] Artigo 27, §2º, da Lei nº 13.303/2016.
[45] BERTONCINI, Mateus Eduardo Siqueira Nunes; CORRÊA, Felippe Abu-Jamra. *Responsabilidade social da empresa e as ações afirmativas*: implicações do estatuto da igualdade racial. 1. ed. Curitiba: JM, 2012. p. 120-121.
[46] Reflexões retiradas das abordagens apresentadas do evento ESG nas Empresas Estatais, organizado pelo Instituto Brasileiro de Governança Corporativa (IBGC) em 27 de maio de 2021.

decisões diante de alguma ação da organização que possa trazer algum impacto a certos grupos e/ou comunidades.

c) *Colaboradores/terceiros*: as estatais devem ser fontes de trabalho decente, trabalho seguro, conforme critérios da OIT, livre de assédio e de doenças profissionais, cabendo essas regras ser aplicadas a funcionários próprios e terceirizados. Além disso, destaca-se a importância de existir diversidade e inclusão nas empresas estatais, de refletir sobre o contexto da estatal diante da privatização, com a realização de processos humanizados, e de verificar com relação à proibição de trabalho infantil e de análogo a de escravo.

d) *Acionistas/investidores*: possuem papel relevante de condução em prol de uma agenda que tenha a pauta voltada para os aspectos ambientais, sociais e de governança.

2.1.3 Ambiental

No que tange aos aspectos ambientais, sua abrangência também se dará, de forma mais contundente, diante do segmento que a estatal estiver, mas a adoção de práticas de sustentabilidade ambiental e de responsabilidade social corporativa compatíveis com o mercado já é questão imprescindível para qualquer estatal, conforme preconiza a lei.[47]

Sendo assim, a legislação indica a aprovação de política pelo conselho de administração, que incluirá relatório de cumprimento nos negócios da sociedade empresarial investida, além de condicionantes socioambientais estabelecidas pelos órgãos ambientais.[48]

Por isso, o tema dentro das estatais, além dos parâmetros legais existentes no ordenamento jurídico brasileiro, aponta para o cumprimento em todos os aspectos organizacionais em que a empresa estatal estiver atuando.

Ante a todo o exposto em que houve a abordagem dos aspectos ambientais, sociais e de governança nas estatais, abordar-se-á sobre o papel dos órgãos de controle interno para transparência e integridade das organizações.

---

[47] Artigo 27, §2º, da Lei nº 13.303/2016.
[48] Artigo 9º, §1º, VIII, do Decreto nº 8.945/2016.

2.2 Papel dos órgãos de controle interno nas empresas estatais

Por serem caracterizadas como Administração Pública indireta, em matéria de monitoramento externo, as empresas estatais, inclusive as domiciliadas no exterior, estão submetidas à fiscalização do Estado e da sociedade. No que tange ao controle interno e externo, estão submetidas às três esferas de governo (União, estados ou municípios) quanto à legitimidade, à economicidade e à eficácia da aplicação de seus recursos, sob o ponto de vista contábil, financeiro, operacional e patrimonial.[49] Isso também possui respaldo, consoante previsão do artigo nº 70 da Constituição Federal.[50]

Sendo assim, estes, compostos por órgãos de auditoria e controle, são responsáveis por assegurar qualidade e informações contábeis fidedignas, devendo reportar aos Poderes Executivo e Legislativo.[51] Logo, quanto à legalidade, legitimidade, economicidade, aplicação das subvenções e renúncia de receitas, a competência é exercida pelo

---

[49] Tal previsão encontra-se no artigo 85 da Lei de Responsabilidade das Estatais (Lei 13.303/2016).
Art. 85. Os órgãos de controle externo e interno das 3 (três) esferas de governo fiscalizarão as empresas públicas e as sociedades de economia mista a elas relacionadas, inclusive aquelas domiciliadas no exterior, quanto à legitimidade, à economicidade e à eficácia da aplicação de seus recursos, sob o ponto de vista contábil, financeiro, operacional e patrimonial.
§ 1º Para a realização da atividade fiscalizatória de que trata o caput, os órgãos de controle deverão ter acesso irrestrito aos documentos e às informações necessários à realização dos trabalhos, inclusive aqueles classificados como sigilosos pela empresa pública ou pela sociedade de economia mista, nos termos da Lei nº 12.527, de 18 de novembro de 2011 .
§ 2º O grau de confidencialidade será atribuído pelas empresas públicas e sociedades de economia mista no ato de entrega dos documentos e informações solicitados, tornando-se o órgão de controle com o qual foi compartilhada a informação sigilosa corresponsável pela manutenção do seu sigilo.
§ 3º Os atos de fiscalização e controle dispostos neste Capítulo aplicar-se-ão, também, às empresas públicas e às sociedades de economia mista de caráter e constituição transnacional no que se refere aos atos de gestão e aplicação do capital nacional, independentemente de estarem incluídos ou não em seus respectivos atos e acordos constitutivos.

[50] Art. 70. A fiscalização contábil, financeira, orçamentária, operacional e patrimonial da União e das entidades da administração direta e indireta, quanto à legalidade, legitimidade, economicidade, aplicação das subvenções e renúncia de receitas, será exercida pelo Congresso Nacional, mediante controle externo, e pelo sistema de controle interno de cada Poder. BRASIL. Constituição da República Federativa do Brasil.

[51] INSTITUTO BRASILEIRO DE GOVERNANÇA CORPORATIVA. *Boas Práticas de Governança Corporativa para Empresas Estatais*. São Paulo: IBGC, 2020. p. 55.

Congresso Nacional, mediante controle externo,[52] bem como pelo sistema de controle interno de cada Poder.[53]

Nessa linha, os papéis dos órgãos de fiscalização também são de assegurar a transparência sobre os riscos, bem como atuar nos processos atinentes à violação dos princípios da Administração Pública, supracitados no texto acima e previstos no artigo 37 da Constituição Federal, bem como na legislação aplicável.

---

[52] Art. 71. O controle externo, a cargo do Congresso Nacional, será exercido com o auxílio do Tribunal de Contas da União, ao qual compete:
I - apreciar as contas prestadas anualmente pelo Presidente da República, mediante parecer prévio que deverá ser elaborado em sessenta dias a contar de seu recebimento;
II - julgar as contas dos administradores e demais responsáveis por dinheiros, bens e valores públicos da administração direta e indireta, incluídas as fundações e sociedades instituídas e mantidas pelo Poder Público federal, e as contas daqueles que derem causa a perda, extravio ou outra irregularidade de que resulte prejuízo ao erário público;
III - apreciar, para fins de registro, a legalidade dos atos de admissão de pessoal, a qualquer título, na administração direta e indireta, incluídas as fundações instituídas e mantidas pelo Poder Público, excetuadas as nomeações para cargo de provimento em comissão, bem como a das concessões de aposentadorias, reformas e pensões, ressalvadas as melhorias posteriores que não alterem o fundamento legal do ato concessório;
IV - realizar, por iniciativa própria, da Câmara dos Deputados, do Senado Federal, de Comissão técnica ou de inquérito, inspeções e auditorias de natureza contábil, financeira, orçamentária, operacional e patrimonial, nas unidades administrativas dos Poderes Legislativo, Executivo e Judiciário, e demais entidades referidas no inciso II;
V - fiscalizar as contas nacionais das empresas supranacionais de cujo capital social a União participe, de forma direta ou indireta, nos termos do tratado constitutivo;
VI - fiscalizar a aplicação de quaisquer recursos repassados pela União mediante convênio, acordo, ajuste ou outros instrumentos congêneres, a Estado, ao Distrito Federal ou a Município;
VII - prestar as informações solicitadas pelo Congresso Nacional, por qualquer de suas Casas, ou por qualquer das respectivas Comissões, sobre a fiscalização contábil, financeira, orçamentária, operacional e patrimonial e sobre resultados de auditorias e inspeções realizadas;
VIII - aplicar aos responsáveis, em caso de ilegalidade de despesa ou irregularidade de contas, as sanções previstas em lei, que estabelecerá, entre outras cominações, multa proporcional ao dano causado ao erário;
IX - assinar prazo para que o órgão ou entidade adote as providências necessárias ao exato cumprimento da lei, se verificada ilegalidade;
X - sustar, se não atendido, a execução do ato impugnado, comunicando a decisão à Câmara dos Deputados e ao Senado Federal;
XI - representar ao Poder competente sobre irregularidades ou abusos apurados.
§ 1º No caso de contrato, o ato de sustação será adotado diretamente pelo Congresso Nacional, que solicitará, de imediato, ao Poder Executivo as medidas cabíveis.
§ 2º Se o Congresso Nacional ou o Poder Executivo, no prazo de noventa dias, não efetivar as medidas previstas no parágrafo anterior, o Tribunal decidirá a respeito.
§ 3º As decisões do Tribunal de que resulte imputação de débito ou multa terão eficácia de título executivo.
§ 4º O Tribunal encaminhará ao Congresso Nacional, trimestral e anualmente, relatório de suas atividades.
[53] Artigo 70 da Constituição Federal.

Já no que se refere ao combate à corrupção e desvios de conduta, os tribunais de conta e controladoria possuem papel relevante, pois um "conjunto de ações de enfrentamento à fraude, ao fortalecimento da gestão ética e conduta da alta administração tem sido implementado com vistas à promoção da transparência e prestação de contas de suas atividades".[54]

Logo, a atuação do Estado e da sociedade é crucial para a efetivação da transparência e integridade das empresas estatais. O monitoramento dessas importantes instituições no país é fundamental para assegurar uma gestão ética, íntegra, eficiente e com uma boa administração dos recursos.

Ante o exposto, compartilho as considerações finais sobre o tema.

3 Considerações finais

A Lei de Responsabilidade das Estatais tem um papel fundamental na gestão das estatais no Brasil. A lei foi um marco na implementação da governança corporativa, passando a exigir gestão de riscos, controles internos, *compliance*, auditoria interna e acompanhamento dos comitês e conselho de administração de forma mais próxima e efetiva, auxiliando na concretização de uma gestão mais transparente e íntegra.

Enfatiza-se, assim, o papel do ESG, que cada dia mais tem alcançado espaço no mercado global como fundamental às diretrizes dos negócios. Nessa esfera, as empresas estatais também se encontram enquadradas, visto que algumas, na caracterização de economia mista, possuem ações no mercado e, de acordo com a atuação, são acompanhadas de perto pelos investidores.

Diante disso, faz-se relevante compreender que a Lei de Responsabilidade das Estatais desempenha um novo papel, inclusive na concepção da ordem econômica. Ademais, a normativa tem sido um importante instrumento de mitigação dos riscos de corrupção e fraude, proporcionando uma gestão melhor, com mais eficiência e transparência.

Outro avanço fundamental passou a ser o reforço à importância da fiscalização do Estado através dos órgãos de controle, que acompanham de perto a gestão administrativa e financeira dessas organizações.

---

[54] INSTITUTO BRASILEIRO DE GOVERNANÇA CORPORATIVA. *Boas práticas de governança corporativa para empresas estatais*. São Paulo: IBGC, 2020. p. 56.

Por fim, enfatiza-se a participação da sociedade, a real detentora das organizações no Brasil.

Referências

BERTONCINI, Mateus Eduardo Siqueira Nunes; CORRÊA, Felippe Abu-Jamra. *Responsabilidade social da empresa e as ações afirmativas*: implicações do estatuto da igualdade racial. 1. ed. Curitiba: JM, 2012.

CLARK, Giovani. Política Econômica e Estado. *Revista da Faculdade de Direito UFMG*, Belo Horizonte, n. 53, p. 103-118, jul./dez. 2008.

GRAU, Eros. *A Ordem Econômica na Constituição de 1988*. 16. ed. revista e atualizada. São Paulo: Malheiros

INSTITUTO BRASILEIRO DE GOVERNANÇA CORPORATIVA. *Boas práticas de governança corporativa para empresas estatais*. São Paulo: IBGC, 2020.

INSTITUTO BRASILEIRO DE GOVERNANÇA CORPORATIVA. *Código das melhores práticas de governança corporativa*. 5. ed. São Paulo: IBGC, 2015.

INSTITUTO BRASILEIRO DE GOVERNANÇA CORPORATIVA. *Compliance à luz da governança corporativa*. São Paulo: IBGC, 2017.

MALISKA, Marcos Augusto. *Fundamentos da Constituição*: abertura, cooperação, integração. Curitiba: Juruá, 2013.

MARQUES, Maria da Conceição da Costa. Aplicação dos princípios da governança corporativa ao sector público. *Rev. adm. contemp.*, Curitiba, v. 11, n. 2, p. 11-26, jun. 2007. Disponível em: http://www.scielo.br/scielo.php?script=sci_arttext&pid=S1415-65552007000200002&lng=en&nrm=iso. DOI: http://dx.doi.org/10.1590/S1415-65552007000200002. Acesso em: 05 mar. 2017.

NASCIMENTO, Juliana Oliveira. *ESG*: cisne verde e o capitalismo de *stakeholder*: a tríade regenerativa do futuro global. São Paulo: Revista dos Tribunais, 2021.

ZANZANELLI, Nelson Freitas. A função social da empresa. *Revista do Curso de Direito da Faculdade de Humanidades e Direito*, v. 6, n. 6, 2009.

Informação bibliográfica deste texto, conforme a NBR 6023:2018 da Associação Brasileira de Normas Técnicas (ABNT):

NASCIMENTO, Juliana Oliveira. ESG na perspectiva da Lei de Responsabilidade das Estatais. *In*: SEVERINO, Débora Pinto; CAMATA, Edmar Moreira; FERRAZ, Leonardo de Araújo; THOMÉ, Marcela Oliveira (Coord.). *Mulheres no controle*: tópicos de controle interno sob o olhar das mulheres. Belo Horizonte: Fórum, 2023. p. 47-69. ISBN 978-65-5518-540-9.

GOVERNANÇA HUMANIZADA: A CONTRIBUIÇÃO DAS MULHERES NAS INSTÂNCIAS DE CONTROLE DA ADMINISTRAÇÃO PÚBLICA

CRISTIANE NARDES
DANILA DUARTE
LUANA LOURENÇO

1 Introdução

As constantes mudanças socioeconômicas exigem profundas transformações na forma de atuação da Administração Pública, principalmente no tocante à governança humanizada, que tem como fatores primordiais a priorização das necessidades individuais, a liderança, a cultura consciente, a igualdade de gênero, a presença de mulheres em cargos de liderança, entre outros.

Para a Administração Pública, o assunto governança humanizada ainda é novo, e o que se observa são apenas indícios de humanização ou ações pontuais e isoladas, normalmente realizadas no mês de março, mês em que se comemora o dia da mulher.

Entretanto, apesar de representar 51,8% da população brasileira (IBGE, 2022), no setor público o número de mulheres ainda é menor do que a presença masculina. Na Esplanada dos Ministérios, por exemplo, as mulheres correspondem somente a 43,3%. Do outro lado, 128.584

cadeiras são ocupadas por homens, o equivalente a 56,7% do total.[1] Outro dado importante é que, em âmbito político, o Brasil teve somente uma mulher como presidente do país.

Sabe-se que, historicamente, as mulheres vivenciam e enfrentam diversas barreiras para a sua ascensão profissional e reconhecimento no ambiente de trabalho, pois, além das atribuições diárias comuns com o cuidado com a casa, família, filhos, entre outros, ainda enfrentam diariamente no ambiente de trabalho situações como machismo, assédio, preconceito de gênero e discriminação, associando-se a isso a sub-representação feminina e posição de liderança nas organizações.

Tais temas, à luz da governança humanizada, devem ser tratados de forma consistente, com ações sistêmicas, periódicas e efetivas, no sentido de aumentar o número de mulheres na liderança, além de combater a desigualdade de gênero e a sub-representação feminina nas instâncias de controle da Administração Pública.

Em relação à sub-representação feminina, foi demonstrado pelo estudo *Board Index Brasil*, de 2021, que as mulheres representaram no ano de 2021 somente 14,3% do total de conselheiros no Brasil, um dos mais baixos entre os 20 países comparados, em que a média internacional é 27,1%. Países como Noruega e França apresentam os maiores percentuais, com 44,2% e 44,6%, respectivamente. Na França, o resultado de 44,6% de mulheres pode ser atribuído pela lei francesa *Copé-Zimmermann*, criada em 2011, que estabeleceu uma cota mínima de 40% de mulheres nos conselhos de administração (CARNEIRO; CARVALHO; AGUIAR, 2021).

Quanto à desigualdade de gênero, o relatório *Global Gender Gap Report*, de 2022, feito pelo Fórum Econômico Mundial, demonstrou que o Brasil está na 94ª posição no índice de desigualdade de gênero (IDG), na comparação entre 146 países, ficando bem atrás de países como Moçambique (34ª) e Bolívia (51ª) (WEF, 2022).

Entretanto, nas instâncias de controle da Administração Pública, devido à falta de um estudo específico, os dados podem demonstrar números ainda mais baixos, uma vez que, no Brasil, não existem políticas públicas sobre o tema e as ações existentes ainda são isoladas.

Apesar disso, observam-se algumas iniciativas voltadas para a igualdade de gênero, como a Agenda 2030 de Desenvolvimento

---

[1] Disponível em: https://www.metropoles.com/brasil/politica-brasil/apesar-de-maioria-no-pais-mulheres-sao-433-nos-22-ministerios.

Sustentável, composta por 17 objetivos globais (ONU, 2015). Dentre esses objetivos, o OD nº 5 – alcançar a igualdade de gênero e empoderar todas as mulheres e meninas – possui como meta: garantir a participação plena e efetiva das mulheres e a igualdade de oportunidades para a liderança em todos os níveis de tomada de decisão na vida política, econômica e pública. Assim, cabe ao poder público priorizar ações no sentido de cumprir com a referida meta mundial, inclusive no âmbito das instâncias de controle da Administração Pública.

Naturalmente, as mulheres possuem características essenciais que contribuem para o resultado de sustentabilidade das organizações, porque, quando assumem a posição de liderança, geralmente colocam maior ênfase na construção da comunidade, o que ajuda a conduzirem suas paixões pelo meio ambiente e o comportamento ético da responsabilidade social (GLASS; COOK; INGERSOLL, 2016).

Dessa forma, este artigo propõe demonstrar a importância da presença feminina para uma governança humanizada nas instâncias de controle da Administração Pública.

2 Desenvolvimento

2.1 Instâncias de controle da Administração Pública

O principal objetivo da Administração Pública é o atendimento das expectativas da sociedade, sendo o interesse público o norteador de todas as ações governamentais, e o controle é o processo que busca garantir o alcance eficaz e eficiente da missão e dos objetivos de cada organização.

Sua função na Administração Pública é assegurar que o poder de gestão do Estado atue em conformidade com os princípios que lhe são impostos, como os da legalidade, impessoalidade, moralidade, publicidade e eficiência.

Controle pode ser definido como o processo de "monitoração, fiscalização ou exame minucioso, que obedece a determinadas expectativas, normas, convenções etc." (DICIONÁRIO ELETRÔNICO HOUAISS DA LÍNGUA PORTUGUESA, 2022).

A Constituição Federal de 1988 prevê os seguintes tipos de controle sobre a Administração Pública: 1) controle interno (realizado pela própria Administração sobre seus órgãos ou entidades); 2) controle externo (exercido pelo Poder Legislativo com o auxílio do Tribunal de Contas); e 3) controle social (exercido pela sociedade).

Para Arruda e Teles (2010), *controle interno* é aquele exercido por órgão da própria Administração. Ele deve auxiliar o controle externo e atuar como articulador entre as ações administrativas e a análise da legalidade; sobretudo, deve assegurar a observância da legislação e dos programas de governo, avaliar a atuação dos órgãos supervisionados e fiscalizar as aplicações dos recursos públicos. Nesse contexto, em relação às instâncias de controle interno, estão inseridas as controladorias, as secretarias de controle interno e/ou ainda as unidades de auditorias internas.

Já o *controle externo* é aquele realizado por órgão estranho à Administração responsável pelo ato controlado e visa comprovar a probidade da Administração e a regularidade da guarda e do emprego de bens, valores, dinheiros públicos, bem como a fiel execução do orçamento (MEIRELLES, 1997). Para Lima (2007), o objeto do controle externo são os atos administrativos em todos os Poderes constituídos, nas três esferas de governo, e atos de gestão de bens e valores públicos. No âmbito federal, a Câmara dos Deputados e o Senado Federal estão inseridos como as instâncias de controle externo e, no âmbito estadual, as assembleias legislativas. Esse controle, exercido pelo Poder Legislativo, é realizado com o auxílio técnico do Tribunal de Contas da União, no caso federal e, nos estados e municípios, com auxílio técnico do Tribunal de Contas dos Estados.

E o *controle social* é aquele que a sociedade exerce sobre a execução orçamentária e financeira dos recursos e políticas públicas, podendo ser exercido diretamente pelos cidadãos, de forma isolada ou por meio das organizações não governamentais (ONGs), compostas por voluntários e profissionais das mais diversas áreas. Como instâncias, encontram-se os conselhos locais ou conselhos de políticas públicas, os observatórios, institutos, entre outros.

2.2 Governança humanizada

> Só o amor é capaz de unir seres vivos de modo a completá-los e satisfazê-los, pois somente ele os toma e os une pelo que há de mais profundo em si mesmos.
> (Pierre Teilhard de Chardin)

Prefere-se definir governança humanizada como o sistema de governança que coloca as pessoas no centro da tomada de decisão. Significa dizer que, em todas as instâncias de decisões da organização, o fator humano é prioritário, e isso deve ser refletido nos mais diversos processos, na cultura organizacional, nos processos de recrutamento e seleção, nos treinamentos e educação corporativa, no planejamento estratégico, na experiência do cliente, no atendimento humanizado, no canal ético e de denúncias, nos documentos, etc.

Assim, a organização que adota o sistema humanizado de governança busca permanecer atenta em relação à cultura que é praticada e a cultura pretendida a fim de perceber se existem incongruências e também identificar possível entropia cultural.

Os ritos e procedimentos merecem um cuidado especial, visto que eles ajudam a sedimentar a cultura humanizada, bem como a comunicação e os treinamentos que devem ser adaptados. Trata-se de uma coconstrução, que é iniciada no nível estratégico pela alta administração e permeia toda a organização. Prefere-se o tipo de liderança engajada e engajadora, que conduz com maestria suas relações nos mais diversos níveis hierárquicos e que interaja bem com todos os *stakeholders*.

Vale frisar que a governança humanizada está alicerçada nos princípios do capitalismo consciente, a saber:

i. propósito maior;
ii. liderança consciente;
iii. cultura consciente; e
iv. orientação aos *stakeholders*.

Propósito maior é a bússola norteadora da organização como unidade que traz luz à sua razão de existir, ou seja, a dor que ela pretende curar no planeta, e esse propósito está a serviço de algo maior que a mera persecução de lucro aos acionistas. A identidade organizacional (visão, missão e valores) é construída a partir de seu propósito maior declarado. O propósito revela o impacto de alto valor das organizações; por exemplo, na Nike, o propósito declarado consiste em "trazer inspiração e inovação a todo atleta do mundo"; na Zappos, "entregar felicidade"; na Whole Foods Market, "nutrir as pessoas e o planeta"; e no TED, "espalhar ideias".

A *liderança consciente e humanizada* faz parte de um planejamento estratégico com base em seu propósito maior, em que o líder também se coloca a serviço do outro, do servir, e está comprometido em se dedicar ao desenvolvimento humano em prol do bem-estar de todos, da prosperidade sustentável da organização a fim de assegurar sua longevidade para que siga no cumprimento de sua função social. Assim, o líder bem-sucedido é aquele que tem um grupo incrível de pessoas e é capaz de reconhecê-las por seus talentos e pontos fortes em vez de ressaltar suas fraquezas.

A *cultura consciente* corresponde aos artefatos, valores e pressupostos básicos vigentes na organização que estejam em consonância com seu propósito maior de servir. Revela-se na diversidade (racial, gênero, faixa etária, PcD), na equidade, na presença de mulheres nos conselhos e na alta liderança, no atendimento ao cliente, na pesquisa de clima e de engajamento, no processo demissional, no *onboarding*, nos *feedbacks*, no gerenciamento de riscos e crises, entre outras formas.

Já a *orientação aos stakeholders* está baseada em como a organização interage com suas partes interessadas (comunidade local, governo, clientes, fornecedores, meio ambiente, comunidade acadêmica, etc.) e que essa interação seja congruente com seu propósito maior.

Nesse contexto, cabe trazer à baila a teoria dos metacapitais, desenvolvida por Esbjörn-Hargens (2011), que visa ao aumento do bem-estar das pessoas e comunidades por meio de novas abordagens e estratégias de desenvolvimento das organizações para resolver problemas antigos. Essa teoria sustenta a ideia de criar uma economia sustentável, regenerativa e integrativa a partir de uma abordagem integral nas organizações.

Segundo Esbjörn-Hargens (2011), são *10 os metacapitais* que devem ser considerados nos negócios conscientes:

1. capital do conhecimento;
2. capital psicológico;
3. capital espiritual;
4. capital de saúde;
5. capital humano;
6. capital manufaturado;
7. capital financeiro;
8. capital natural;
9. capital cultural;
10. capital social.

Ainda, os 10 metacapitais estão subdivididos em quatro categorias:

i. pessoas: compreende as questões relacionadas aos seres humanos (capital do conhecimento, capital psicológico, capital espiritual, capital de saúde e capital humano);
ii. lucro: relativo à vida em sociedade e às questões naturais (capital de saúde, capital humano, capital manufaturado, capital financeiro e capital natural);
iii. planeta: refere-se ao planeta em nível social, econômico e natural; e
iv. propósito: reúne questões mais subjetivas, ligadas ao indivíduo e ao planeta (capital cultural, capital social, capital do conhecimento, capital psicológico e capital espiritual).

A partir do mapeamento e gerenciamento dos metacapitais, a organização poderá planejar diversas ações rumo à execução de seus objetivos estratégicos de forma integral, sistêmica e humanizada. O somatório dessas ações resultará em maior alcance dos resultados no curto, médio e longo prazo e contribuirá com a prosperidade sustentável da marca.

A governança humanizada considera importante a mensuração da felicidade interna bruta (FIB) no âmbito das organizações. Os indicadores poderão trazer insumos necessários para elevar a satisfação com o trabalho e com a vida dos trabalhadores, bem como melhorar o engajamento, entre outros benefícios.

São nove os indicadores do FIB. Veja:

Felicidade Interna Bruta - FIB

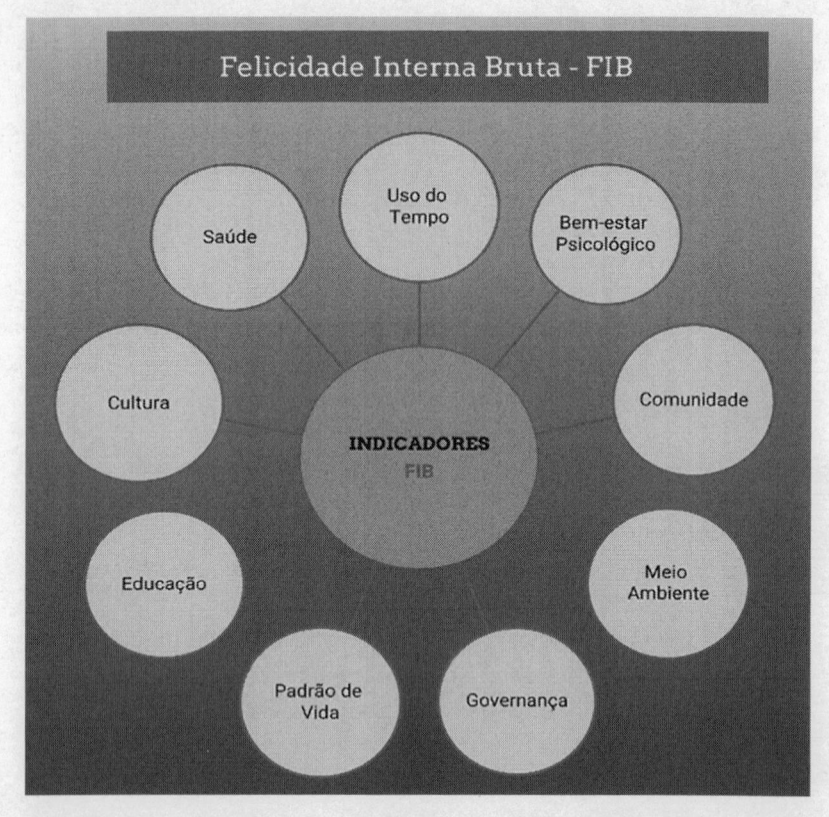

Indicadores FIB:
- Saúde
- Uso do Tempo
- Bem-estar Psicológico
- Cultura
- Comunidade
- Educação
- Meio Ambiente
- Padrão de Vida
- Governança

Fonte: Elaboração própria.

Vale ressaltar a importância do reporte anual dos resultados aos *stakeholders* para que percebam o quanto a organização está comprometida com a evolução contínua, sobretudo no cuidado com o fator humano. Também, no reporte anual, são inseridas as boas práticas de governança da instituição, os 17 Objetivos de Desenvolvimento Sustentável do Pacto Global da ONU, os fatores ESG, além dos resultados financeiros.

A comunicação e os treinamentos sofrem profundas alterações quando a empresa passa a adotar o sistema de governança humanizada. Exige um olhar mais profundo acerca das palavras, da simbologia utilizada, do que se espera alcançar como resultado, do impacto positivo em relação às pessoas, de gerar emoções positivas e promover a aprendizagem sobre empatia assertiva, compaixão, comunicação não violenta (CNV), resiliência e outras temáticas dedicadas ao desenvolvimento das habilidades socioemocionais.

A abordagem humanística nas organizações possibilita uma visão sistêmica e integrativa da governança com impacto positivo na vida humana e no meio ambiente. Ainda, permite que o Brasil avance enquanto nação rumo ao desenvolvimento sustentável, visto que leva em consideração os múltiplos interesses e necessidades sociais e das partes interessadas à luz do capitalismo de *stakeholders*.

Atualmente, a Administração Pública também caminha rumo à disseminação da governança humanizada, conforme orienta o Código de Boas Práticas em Governança Pública,[2] elaborado pela Rede Governança Brasil (RGB) em parceria com o Instituto Latino-Americano de Governança e *Compliance* Público (IGCP) e a Escola Nacional de Administração Pública (ENAP), publicado em dezembro de 2021 pela Editora Mente Aberta.

Percebe-se, portanto, que humanizar as organizações é uma possibilidade em que todos ganham, as pessoas são mais felizes, as instituições e o país prosperam, e o bem-estar social é favorecido. O setor público caminha a passos largos em direção à incorporação de mecanismos que tragam maior significado em relação ao trabalho desenvolvido pelos servidores, seja por conta da preocupação com a redução do absenteísmo ou até mesmo com os avanços do combate à corrupção e fraudes. As lideranças femininas têm um papel relevante nesse sentido para tornar as instituições públicas mais conscientes e humanizadas.

2.3 A contribuição das mulheres nas instâncias de controle da Administração Pública

Apesar dos avanços, a desigualdade entre mulheres e homens ainda é uma realidade no Brasil, o que ocasionou uma inserção tardia da mulher no mercado de trabalho e a busca por ascensão em nível de equidade profissional com os homens.

Entretanto, a temática é objeto de grandes discussões, e o que se pretende apresentar neste estudo é uma análise de como as mulheres

---

[2] Disponível em: https://08f4af24-661e-42cd-bea1-76b941e30c5a.filesusr.com/ugd/5a9d77_181c0326ae21443288c4b6a329063312.pdf.

mudaram a realidade das instâncias de controle da Administração Pública no Brasil.

Fatos históricos demonstram que as mulheres ingressaram em cargos públicos juntamente com as transformações ocorridas na sociedade. Um desses fatos que marcaram a história foi a posse em concurso de Maria José de Castro Rebello Mendes, sendo ela a primeira mulher a assumir o posto de diplomata no Brasil. Na época, a notícia gerou grandes polêmicas nas páginas dos jornais, em especial o *Jornal do Commercio*, do Rio de Janeiro, em agosto de 1918.[3]

A Constituição de 1934[4] também apresentou alguns avanços com relação às leis trabalhistas brasileiras. O documento proibiu a diferença dos salários para uma mesma função por razões de estado civil, nacionalidade, sexo e idade.[5]

No entanto, em meio aos desafios do mercado de trabalho, as mulheres trouxeram competências, habilidades e comportamentos diferenciados dos homens, favorecendo a gestão de pessoas "humanizada", promovendo resultados transformadores nas organizações.

Na obra *Gestão pública inovadora: um guia para inovação no setor público*, Isodro (2018) fala sobre valores que motivam e direcionam o agir do ser humano ao longo da vida. Nesse sentido, compreendem-se como valores o amor, a felicidade, a esperança, o trabalho e a doação, características que fazem parte do dia a dia de muitas mulheres, as quais conseguem aplicar dentro da vida pessoal e profissional "valores maternais". O amor, primeiro valor descrito por Isodro, acaba desencadeando outros tipos de comportamentos que ajudam na inovação de uma gestão pública, por exemplo. A ideia de amor aqui colocada é representação de três comportamentos tangíveis em busca do outro: empatia, escolha e entrega. A empatia permite o encontro com o outro, gerando conexão, facilitando o engajamento de equipes. E a empatia, saber ser conduzida com maestria por lideranças femininas nas organizações.

Em 2018, um estudo da Universidade de Cambridge, na Inglaterra, publicado na revista acadêmica *Proceedings of National Academy of Sciences*, mostrou que as mulheres são mais empáticas, e os homens, mais racionais. Essa análise também é compartilhada por Daniel Goleman (2015):

---

[3] Disponível em: https://apd.org.br/a-primeira-mulher-no-servico-publico-brasileiro-100-anos/.

[4] Disponível em: https://www2.senado.leg.br/bdsf/bitstream/handle/id/137602/Constituicoes_Brasileiras_v3_1934.pdf?sequence=10.

[5] Disponível em: https://mundoeducacao.uol.com.br/historiadobrasil/constituicao-1934.htm.

Globalização é outro motivo da importância crescente da empatia para líderes empresariais. O diálogo intercultural pode facilmente levar a erros de comunicação e mal-entendidos. A empatia é um antídoto. As pessoas que possuem estão sintonizadas com as sutilezas da linguagem corporal. Elas conseguem ouvir a mensagem sob as palavras sendo proferidas. Além disso, possuem uma profunda compreensão tanto da existência como da importância das diferenças culturais e éticas (GOLEMAN, 2015, p. 21).

Em outro trecho da obra, Goleman (2015) destaca perfis de líderes. Dentre os estilos autoritário, *coaching*, democrático, marcador de ritmo e coercivo, está o afiliativo. Essa forma de liderança gira em torno do tratamento com as pessoas. Conforme o autor, equipes geridas dessa forma tendem a interagir, conversar, compartilhar ideias e inspiração, permitindo assim maior inovação e gestão de riscos, minimizando erros e criando um ambiente mais humanizado por meio da alta promoção da comunicação.

Vale ressaltar que o estilo autoritário, em contraponto ao afiliativo, por incrível que pareça, funciona bem em algumas situações, principalmente com mulheres na liderança, pois elas têm o ponto de equilíbrio perfeito. Goleman traz que "líderes autoritários dão às pessoas liberdade de inovarem, experimentarem e correrem riscos calculados".

Pode-se fazer uma reflexão sobre esse aspecto de autoritarismo ser associado ao controle. Determinadas mulheres conseguem equilibrar perfeitamente a governança humanizada, porém, com uma "pitada saudável" de gestão controladora, perfil dominante. Como dito anteriormente, esse comportamento impulsiona o cumprimento de metas e resultados, mecanismos usados pela governança – liderança, estratégia e controle.

Três pontos são intrínsecos às mulheres, justamente pelo espírito maternal, planejador (sempre pensando em tudo), cuidadoso e multifocal, no sentido de cuidar e zelar pelas pessoas. Independentemente de profissão, essas características são percebidas tanto na família, na governança familiar, como em cargos de liderança, os quais elas dirigem com maestria.

Exemplos de lideranças nas instâncias de controle da Administração Pública não faltam. No controle externo, referencia-se o trabalho da ex-ministra do Tribunal de Contas da União (TCU) Ana Arraes, que foi a segunda mulher a ocupar a presidência do TCU em mais de 130 anos de história, sendo a primeira no século XXI.[6] Um dos desafios de sua gestão foi em meio à pandemia de COVID-19, em que o órgão de controle teve que atuar remotamente, introduzindo repentinamente o *home office*, buscando inovações tecnológicas e de segurança da informação.

Já no controle interno, as ações da auditora Rossana Guerra,[7] que esteve à frente da elaboração do Manual de Metodologia de Avaliação de Risco da Segurança Orgânica, no Tribunal de Justiça da Paraíba (TJPB), são de grande relevância.

No controle social, menciona-se o trabalho de Nicole Verillo,[8] gerente e fundadora da Transparência Internacional. A entidade, em parceria com as Escolas de Direito da Fundação Getulio Vargas (FGV), liderou o processo de construção coletiva do maior pacote anticorrupção do mundo, as Novas Medidas contra a Corrupção, segundo o *site* Imparcial.

Assim, ao iniciarmos este artigo, citamos dados da pequena porcentagem de mulheres que conseguem assumir cargos de chefia. Os desafios são inúmeros, dentre eles: machismo arraigado na sociedade, falta de valorização no mercado de trabalho, ausência de empoderamento focado no espírito de lideranças femininas, dupla jornada (ambiente profissional e familiar).

Goleman (2002), em sua obra *O poder da inteligência emocional: primal leadership*, afirma que somente 2% da população mundial de fato produzem mudanças; 13% veem as mudanças acontecerem e, às vezes, até apoiam e auxiliam; e 85% da massa mundial não percebem o que está acontecendo e vão seguindo o rebanho.

Esses números evidenciam o quão imenso é o desafio a ser enfrentado pelas mulheres para que elas estejam em posição de liderança, pois, segundo os dados apresentados, somente 2% da população mundial têm espírito de liderança. A reflexão é: destes 2%, quantas dessas pessoas são mulheres? Certamente são a minoria. O desafio é mudar esses números.

---

[6] Disponível em: https://g1.globo.com/economia/noticia/2022/07/20/ana-arraes-participa-de-ultima-sessao-como-presidente-e-ministra-do-tribunal-de-contas-da-uniao.ghtml.

[7] Disponível em: https://www.tjpb.jus.br/noticia/rossana-guerra-continuara-responsavel-pelo-controle-interno-do-tjpb-na-proxima-gestao.

[8] Disponível em: https://www.imparcial.com.br/noticias/-a-sociedade-e-peca-principal-no-combate-a-corrupcao-pois-ela-e-a-primeira-a-sentir,26884.

As mulheres estão assumindo o protagonismo nos cargos de liderança, e nada impedirá que isso ocorra, justamente pelos motivos já expostos aqui sobre perfil e comportamento, mesmo diante de todos os desafios enfrentados, como, por exemplo, assédios no ambiente de trabalho.

As mulheres no "controle" evidenciam em seu arcabouço as boas práticas de gestão, apontando para um caminho inovador e transformador. Muitas já lideram utilizando os mecanismos básicos de governança pública: liderança, estratégia e controle.

Liderar com governança é uma tendência mundial e, no Brasil, esse movimento está acontecendo com muita força. Órgãos internacionais, como a Organização para a Cooperação e Desenvolvimento Econômico (OCDE), por exemplo, têm exigido essas práticas nos dias de hoje, juntamente com os valores que fazem parte da integridade: ética, transparência e *accountability*. Órgãos como a Controladoria-Geral da União (CGU) estão coordenando essas ações, segundo o portal de notícias da instituição.[9]

No Brasil, a negociação desse modelo de governança ganhou força por meio do Decreto nº 9.203/2017, que lançou a Política de Governança Pública no âmbito federal, e do Projeto de Lei nº 9.163/2017, que pode estender essa política a todos os Poderes, estados e municípios.

A sociedade está caminhando para uma grande transformação, e as mulheres estão conquistando seu espaço. Na governança, a pauta ESG (*environmental, social and governance*) – ambiental, social e governança –, por exemplo, já traz esse viés fortemente para as instituições, nas quais a responsabilidade social e a equidade são premissas básicas e, nelas, estão inseridas a questão da diversidade e a necessidade de compromisso social.

Com essas habilidades e características relacionadas a valores e comportamentos únicos, muitas mulheres estão conseguindo derrubar as barreiras da sociedade, colocando em prática uma governança inovadora e humanizada, principalmente nas instâncias de controle da Administração Pública, que, por sua natureza, possuem características naturais de um ambiente com maior rigidez.

---

[9] Disponível em: https://www.gov.br/cgu/pt-br/assuntos/noticias/2021/12/ocde-apresenta-relatorio-sobre-integridade-publica-em-reuniao-do-sipef.

3 Considerações finais

Independentemente das instâncias (controle externo, interno ou social), as características femininas são atributos importantes para um ambiente de controle mais humanizado.

O artigo demonstrou que as mulheres simbolizam a liderança consciente e humanizada, que propicia o bom funcionamento do sistema de governança humanizada à luz das boas práticas do mercado no tocante ao fator humano e à cultura do cuidado com o outro, da empatia, da bondade e da generosidade.

O desenvolvimento organizacional em relação à humanização deve também fazer parte do setor público, como ocorre na iniciativa privada e no terceiro setor. As assimetrias em relação aos avanços da governança no contexto das grandes corporações *versus* o caminho percorrido pela Administração Pública podem ser corrigidas e adaptadas às especificidades das instituições públicas.

Melhorar a integração entre os *stakeholders* favorece a troca de boas práticas de governança entre os diversos setores e a criação de novos modelos que atendam aos clamores sociais. O ser humano passa a ser o centro das tomadas de decisão; para tanto, deve haver espaço adequado e equilíbrio entre lideranças femininas e masculinas também na Administração Pública, em especial em suas instâncias de controle.

Referências

ALEXANDRINO, Marcelo; PAULO, Vicente. *Direito Administrativo*. 11. ed. Rio de Janeiro: Ímpetos, 2006.

ARRUDA, A. F.; TELES, J. S. A importância do controle social na fiscalização dos gastos públicos. *Revista Razão Contábil e Finanças*, v. 1, n. 1, 2010. Disponível em: http://institutoateneu.com.br/ojs/index.php/RRCF/article/view/3/5. Acesso em: 22 abr. 2015.

BARRETT, Richard. *A organização dirigida por valores*. São Paulo: Campus, 2014.

BECK, D.; COWAN, C. *Spiral Dynamics*: Mastering Values, Leadership and Change – Exploring the New Science of Memetics. Cambridge/Mass: Blackwell Business, 1996.

BRASIL. *Constituição da República Federativa*: Promulgada em 05.10.1988. Coleção Saraiva de legislação. 39 ed. São Paulo: Saraiva 2010.

CARNEIRO, F.; CARVALHO, H.; AGUIAR, O. Brasil board index 2021, *Spencer Stuart. 2021*. Disponível em: https://movimentomulher360.com.br/wp-content/uploads/2021/09/Board-Index-Brazil-2021-Spencer-Stuart.pdf. Acesso em: 01 set. 2022.

EDMONDSON, A. C. *A Organização sem Medo*: criando segurança psicológica no local de trabalho para aprendizado, inovação e crescimento. Trad. Thais Cots. Rio de Janeiro: Alta Books, 2020.

ESBJÖRN-HARGENS, Sean. *Integral ecology*: uniting multiple perspectives on natural word / Sean Esbjörn-Hargens, and Michael Zimmerman; with case studies by Gail Hochachka, Brian Tissot, and Darcy Riddell; foreword by Marc Bekoff – ist ed. 2011.

FRAGOSO, Rosa. Os efeitos da liderança feminina na Administração Pública, no Tribunal de Contas de Alagoas. *Rev. Mult. Psic.* v. 12, n. 41, p. 892-910, 2018.

GOLEMAN, Daniel. *Liderança*. 1. ed. Rio de Janeiro: Objetiva, 2015.

GOLEMAN, Daniel. *O poder da inteligência emocional*: como liderar com sensibilidade e eficiência. 1. ed. Rio de Janeiro: Objetiva, 2018.

GLASS, C.; COOK, A.; INGERSOLL, A. R. Do women leaders promoter Sustainability? Analyzing the effect of corporate governance composition on environmental performance. *Bus. Strat. Env.*, v. 25, 2016. p. 495-511. Disponível em: https://www.deepdyve.com/lp/wiley/do-women-leaders-promote-sustainability-analyzing-the-effect-of-9OxKnkp8Lo?. Acesso em: 01 set. 2022.

IBGE – INSTITUTO BRASILEIRO DE GEOGRAFIA E ESTATÍSTICA. *PNAD contínua*: pesquisa nacional por amostra de domicílios contínua, principais resultados. jul. 2022. Disponível em: https://painel.ibge.gov.br/pnadc/. Acesso em: 01 set. 2022.

ISIDRO, Antônio. *Gestão Pública Inovadora*: um guia para a inovação no Setor Público. Curitiba: CRV, 2018.

LALOUX, F. *Reinventando as Organizações*: um guia para criar organizações inspiradas no próximo estágio da consciência humana. Trad. Isabella Bertelli. Curitiba: Voo, 2017.

LIMA, Luiz Henrique. *Controle Externo*: teoria, jurisprudência e mais de 400 questões. Rio de Janeiro: Campus, 2007.

MACKEY, John; MCINTOSH, Steve; PHIPPS, Carter. *Liderança Consciente*: Inspirando a humanidade através dos negócios. 1. ed. Editora Alta Books, 2021. E-book. 9786555205169. Acesso em: 10 ago. 2022.

MARINELA, Fernanda. *Direito administrativo*. 4. ed. Niterói: Impetus, 2010.

MEIRELLES, Hely Lopes. *Direito Administrativo Brasileiro*. 17. ed. São Paulo: Malheiros, 1990.

MONTEIRO, Ana Maria M.; ARREPIA, Renata F. *A ciência da felicidade na liderança positiva*. Editora Saraiva, 2021. E-book. 9786587958187. Acesso em: 19 ago. 2022.

OCDE – ORGANIZAÇÃO PARA A COOPERAÇÃO E DESENVOLVIMENTO ECONÔMICO. *Comitê de Política Regulatória*. Recomendação do conselho sobre política regulatória e governança, 2012. Disponível em: https://www.oecd.org/gov/regulatory-policy/Recommendation%20PR%20with%20cover.pdf. Acesso em: 01 set. 2022.

OCDE – ORGANIZAÇÃO PARA A COOPERAÇÃO E DESENVOLVIMENTO ECONÔMICO. *La búsqueda de la igualdad de género*: una batalla cuesta arriba, 2017. Disponível em: https://www.oecd.org/centrodemexico/publicaciones/Busqueda%20 igualdad%20de%20genero-RESUMEN.pdf. Acesso em: 01 set. 2022.

ONU – ORGANIZAÇÃO DAS NAÇÕES UNIDAS. *Plataforma casa ONU Brasil*. Brasília: ONU, 2015. Disponível em: https://brasil.un.org/pt-br/91863-agenda-2030-para-o-desenvolvimento-sustentavel. Acesso em: 01 set. 2022.

ONU – ORGANIZAÇÃO DAS NAÇÕES UNIDAS. *Objetivos de desenvolvimento do milênio*. Disponível em: https://brasil.un.org/pt-br/66851-os-objetivos-de-desenvolvimento-do-milenio. Acesso em: 01 set. 2022.

ONU – ORGANIZAÇÃO DAS NAÇÕES UNIDAS. *Transformando nosso mundo*: a agenda 2030 para o desenvolvimento sustentável. 2016. Disponível em: https://brasil.un.org/sites/default/files/2020-09/agenda2030-pt-br.pdf. Acesso em: 01 set. 2022.

ONU BR – ORGANIZAÇÃO DAS NAÇÕES UNIDAS – BRASIL. *Sobre o nosso trabalho para alcançar os objetivos de desenvolvimento sustentável no Brasil*, 2022. Disponível em: https://brasil.un.org/pt-br/sdgs. Acesso em: 01 set. 2022.

REDE GOVERNANÇA BRASIL. *Código de boas práticas em governança pública*. Salvador, BA; Brasília, DF: Editora Mente Aberta; Rede Governança Brasil, 17 dez. 2021.

SCHARMER, O. C. *Teoria U*: como liderar pela percepção e realização do futuro emergente. Trad. Edson Furmankiewicz. Revisão técnica: Jaime Saponara. Rio de Janeiro: Alta Books, 2019.

SCHEIN, Edgar H. *Organizational culture and leadership*. 3. ed. p. cm. - (The Jossey-Bass business & management series).

SELIGMAN, M. *Felicidade Autêntica*: use a psicologia positiva para alcançar todo o seu potencial. Trad. Neuza Capelo. 2. ed. Rio de Janeiro: Objetiva, 2019.

SELIGMAN, M. *Florescer*: uma nova compreensão da felicidade e do bem-estar. Trad. Cristina Paixão Lopes. Rio de Janeiro: Objetiva, 2019.

SISODIA, Raj; GELB, Michael J. *Empresas que curam*. Editora Alta Books, 2020. E-book. 9788550816821. Acesso em: 19 ago. 2022.

SISODIA, Raj; WOLFE David B; JAG Sheth. *Empresas humanizadas*: Pessoas, propósitos, performance. Ebook kindle. 1. ed. Editora Alta Books, 2020.

WEF – WORLD ECONOMIC FORUM. Committed to Improving The State of The World. *Global Gender Gap Report 2022*: Insight Report. WEF, jul. 2022. Disponível em: https://www3.weforum.org/docs/WEF_GGGR_2022.pdf. Acesso em: 01 set. 2022.

WILBER, K.; PATTEN, T.; LEONARD, A.; MORELLI, M. *Prática da vida integral*: um guia do século XXI para saúde física, equilíbrio emocional, clareza mental e despertar espiritual. São Paulo: Cultrix, 2011.

Informação bibliográfica deste texto, conforme a NBR 6023:2018 da Associação Brasileira de Normas Técnicas (ABNT):

NARDES, Cristiane; DUARTE, Danila; LOURENÇO, Luana. Governança humanizada: a contribuição das mulheres nas instâncias de controle da Administração Pública. *In*: SEVERINO, Débora Pinto; CAMATA, Edmar Moreira; FERRAZ, Leonardo de Araújo; THOMÉ, Marcela Oliveira (Coord.). *Mulheres no controle*: tópicos de controle interno sob o olhar das mulheres. Belo Horizonte: Fórum, 2023. p. 71-87. ISBN 978-65-5518-540-9.

DANDO VOZ AO CONTROLE INTERNO DE PEQUENOS MUNICÍPIOS: REALIDADES DE SEU FUNCIONAMENTO E DE SUA RELAÇÃO COM O TRIBUNAL DE CONTAS

GIOVANNA BONFANTE

1 Introdução

A efetividade do controle das atividades estatais é um dos atributos essenciais para que reste soberana a vontade do povo. A busca pelo constante aprimoramento de tal atributo mostra-se, assim, relevante, principalmente quando, além de se estar inserido em um mundo globalizado que atravessa crises de naturezas diversas, se está no Brasil, onde diariamente é noticiado o mau uso do erário e que possui uma economia que há muito demonstra sinais de falência, com a escassez de recursos disponíveis ao Estado para prover melhores condições à já empobrecida população.

Nesse sentido, este trabalho busca investigar realidades dos controles internos de pequenos municípios e de sua relação com o controle externo, mais especificamente com o Tribunal de Contas. Para isso, foram tomadas como objeto de pesquisa controladorias internas de municípios (CIms) mineiros com população inferior a dez mil habitantes e o Tribunal de Contas do Estado de Minas Gerais (TCEMG), tendo sido adotada uma abordagem qualitativa, com coleta de dados por meio de entrevistas, por si só muito reveladoras.

É escancarando realidades e construindo uma consciência crítica que se inicia o enfrentamento de dificuldades existentes na busca da mencionada efetividade do controle, o que pode contribuir para que os referidos entes federativos utilizem de forma adequada e legítima os recursos públicos e alcancem resultados preestabelecidos em prol da sociedade.

Conforme se infere da teoria clássica da administração, o controle, quando bem realizado, previne surpresas desastrosas, auxilia a direção da organização e proporciona informações indispensáveis, não alcançáveis por outras vias (FAYOL, 1990, p. 132).

O controle interno, uma de suas facetas, cujo exercício é atribuído a órgão da própria instituição e que, assim, se encontra posicionado mais próximo da gestão, constitui a primeira e mais relevante barreira para brecar a corrupção e o desperdício (COELHO, 2019, p. 79).

Diante de tal importância, verifica-se um movimento das organizações do campo do controle para promover o fortalecimento dos controles internos municipais e buscar maior aproximação.

Especificamente no que toca à relação colaborativa entre controles interno e externo, deve-se destacar as palavras de Elias, Oliveira e Monteiro (2017, p. 128):

> A integração entre controle interno e externo é acolhida pela Constituição da República de 1988 e pelas normas de auditoria da Intosai, constituindo um sistema composto por partes distintas entre si, porém integradas e complementares. No art. 74, IV, da CR/88, é estabelecido que o sistema de controle interno tem a finalidade de apoiar o controle externo no exercício de sua missão institucional.

Entretanto, apesar dos benefícios que envolvem a função administrativa sob exame, tem-se que o controle interno dos municípios brasileiros, principalmente dos de menor porte, é, em sua maioria, ineficiente e que sua relação com o controle externo é ainda pouco explorada.

Diante desse contexto e tendo em vista que, aproximadamente, 44% do total de municípios brasileiros – ou seja, quase metade dos 5.572 municípios existentes no Brasil – possuem população menor do que dez mil habitantes,[1] surgem questões que merecem ser aprofundadas: como funcionaria o controle interno desses municípios e como seria,

---

[1] Disponível em: https://www.ibge.gov.br/estatisticas/sociais/populacao/9103-estimativas-de-populacao.html?=&t=downloads.

na prática, a relação de suas controladorias com o controle externo, em especial, o Tribunal de Contas, diante das características, atribuições e responsabilidades próprias desses órgãos?

Para respondê-las, formulou-se a seguinte hipótese de pesquisa: a relação entre o controle interno de pequenos municípios e o Tribunal de Contas é ainda incipiente diante da realidade de funcionamento das controladorias locais e do distanciamento existente entre essa realidade e as exigências fixadas pelo ordenamento jurídico e pelas organizações do campo do controle.

Assim, realizada esta breve introdução, passa-se a cuidar, nas próximas seções, dos fundamentos teóricos tomados para trazer luz à pesquisa, com destaque para a teoria das capacidades estatais; dos procedimentos metodológicos percorridos para a realização do trabalho; dos resultados, com a apresentação e análise dos dados obtidos, bem como com as conclusões alcançadas quanto à hipótese levantada; e as considerações finais.

2 Fundamentos teóricos

2.1 Função de controle na Administração Pública brasileira

Na teoria clássica da Administração, presente na obra de Henri Fayol publicada em 1916, o controle se apresenta como uma das funções essenciais das denominadas "operações administrativas", que, juntamente com outros cinco grupos de operações (técnicas, comerciais, financeiras, de segurança e de contabilidade), estão presentes em qualquer organização. Para o referido autor, administrar consistiria em prever, organizar, comandar, coordenar e controlar, vale dizer, *velar para que tudo corra de acordo com as regras estabelecidas e as ordens dadas* (FAYOL, 1990, p. 26). Ainda conforme os ensinamentos de Fayol (1990, p. 132), o controle, quando bem realizado, poderia prevenir surpresas desastrosas, representando um precioso auxiliar da direção da organização e proporcionando informações indispensáveis, muitas vezes inalcançáveis por outras vias. Ademais, segundo o autor, o controle poderia estender-se sobre tudo, a depender da direção e eficácia de seu funcionamento.

Referida teoria clássica mantém-se atual. Conforme salienta Mota (2018), o exercício do controle pelas organizações propicia, entre outros, o alcance de informações atualizadas e relevantes para as tomadas de decisão no âmbito organizacional; a observância de normas; bem como o fornecimento de elementos aos órgãos de controle interno e externo, indispensáveis para o alcance de suas finalidades. Nesse sentido, tem-se que a ação ou função administrativa de controle, bem como as funções de planejamento, organização e direção, são essenciais para as organizações, sejam públicas ou privadas, vez que, em última análise, propiciam o alcance de resultados estabelecidos e a utilização adequada de recursos.

O controle, da mesma forma que as demais funções administrativas, está em constante desenvolvimento, sendo necessário maiores estudos, inclusive para contribuir com sua evolução.

No Brasil, a Lei nº 4.320, de 1964, foi a precursora ao utilizar as terminologias controle externo e controle interno e a dar-lhes definições. Já a CRFB/88 instituiu o controle com caráter impositivo. No mesmo sentido, normas infraconstitucionais, como a Lei Complementar nº 101, de 2000, criaram um novo olhar para a coisa pública, um sentimento do dever de cuidado, que impõe aos agentes públicos novos comportamentos (MOTA, 2018).

O controle é gênero do qual, de acordo com a classificação escolhida, podem derivar várias espécies (GUERRA, 2002, p. 2). Nesse sentido, o controle na Administração Pública, tomado o critério de quem o executa, é comumente classificado como (i) externo, quando efetuado fora da estrutura do ente controlado ou possuir "componente político que envolve a harmonia e os pesos e contrapesos nas relações entre os poderes"; ou (ii) interno, quando efetuado dentro da estrutura do ente controlado, vale dizer, mais próximo da execução das ações, possuindo aspecto educativo junto à administração e à sociedade (RIBEIRO *et al.*, 2016).

Destarte, o controle externo é aquele exercido por um poder ou órgão distinto do controlado, tendo-se como exemplos de controle externo, *lato sensu*, o desempenhado pelo Poder Judiciário sobre os demais poderes e, *stricto sensu*, o exercido pelo Poder Legislativo, diretamente ou por meio do Tribunal de Contas, sobre os que lidam com valores públicos (GUERRA, 2002, p. 2).

O controle interno, por sua vez, é decorrente do poder de autotutela, reconhecido pelo Poder Judiciário, conforme se infere da Súmula nº 473 do Supremo Tribunal Federal, e envolve a fiscalização e o controle exercido pela própria Administração Pública sobre seus atos, podendo ser definido como o conjunto de procedimentos interligados que visa assegurar o alcance dos objetivos da Administração Pública, de forma regular e com a observância das normas, evidenciando e superando eventuais desvios (GUERRA, 2002, p. 2).

2.1.1 Controle externo exercido pelo Tribunal de Contas

O Tribunal de Contas destaca-se como órgão de controle externo voltado, em síntese, para a fiscalização e apreciação de contas de responsáveis por dinheiros, bens e valores públicos. Na CRFB/88, estão estabelecidas as competências do Tribunal de Contas da União (TCU), que é órgão de controle externo do governo federal e que auxilia o Congresso Nacional em sua missão de acompanhar a execução orçamentária e financeira do país e contribuir com o aperfeiçoamento da Administração Pública, sendo responsável por fiscalizar a utilização dos recursos públicos federais. Referidas competências também são replicadas para os tribunais de contas dos estados e municípios, cada um com sua jurisdição.

Além do Tribunal de Contas, há outras organizações, nacionais e internacionais, ligadas ao controle externo que possuem destacada relevância para o referido campo, influenciando em sua conformação, a exemplo da Associação dos Membros de Tribunais de Contas do Brasil (Atricon); da Organização Internacional de Entidades Fiscalizadoras Superiores (INTOSAI); e do *The Committee of Sponsoring Organizations of the Treadway Commission* (COSO).

No presente trabalho, foi tomado como objeto de estudo o TCEMG, sendo relevante cuidar aqui da Decisão Normativa nº 02/2016 (DN nº 02/2016), por ele emanada, que traz "Orientações sobre Controle Interno", importante referencial desse órgão para orientação de suas próprias ações de controle externo, como também para orientação da organização e do funcionamento dos sistemas de controle interno dos poderes do Estado e dos municípios mineiros.

Infere-se do artigo 2º da referida DN que caberá ao TCEMG avaliar, por meio de auditorias e outras ações, se o sistema de controle interno (SCI) do jurisdicionado foi implantado e se está atuando de maneira efetiva e com estrutura adequada, cumprindo destacar aspectos sobre os quais deverão incidir primordialmente as ações de controle externo, conforme quadro 1 abaixo:

Quadro 1 – Resumo dos aspectos a serem verificados pelo TCEMG

Aspectos referentes à formalização, regulamentação, funcionamento e estrutura do SCI
1. Se o SCI do Poder encontra-se implantado e regulamentado em ato normativo próprio (inciso I).
2. Se rotinas de trabalho e os procedimentos de controle interno das unidades executoras do SCI estão registrados em manuais, em instruções normativas ou em fluxogramas (inciso II).
3. Se unidade central do SCI atua na organização dos controles internos das unidades executoras, se realiza auditorias periódicas e se emite relatórios sobre as auditorias realizadas (inciso III).
4. Se gestor de determinada unidade ou a autoridade máxima do Poder utilizam os relatórios de auditoria emitidos pela unidade central do SCI como subsídio para a tomada de decisão gerencial/preventiva ou corretiva (inciso IV).
5. Se componentes da unidade central do SCI, com exceção do responsável pela unidade, são servidores titulares de cargo efetivo, designados, em caráter exclusivo, para o exercício das atividades de controle interno, e se participam de treinamento ou curso de capacitação específicos (inciso V).
6. Se autoridade máxima do Poder assegura aos componentes da unidade central do SCI estrutura de trabalho adequada, bem como as prerrogativas necessárias ao exercício das suas atividades (inciso VI).
7. Se unidade central do SCI elabora plano de trabalho para exercer suas atividades e se esse plano de trabalho abrange todas as áreas administrativas do Poder (inciso VII).
8. Se unidade central do SCI dispõe de espaço no portal eletrônico do Poder para divulgar suas atribuições e ações, o nome dos servidores que a compõem, bem como a forma de acesso à unidade pelos servidores e pela sociedade (inciso VIII).
9. Se apuração das irregularidades pela unidade central do SCI foi precedida de contraditório e de ampla defesa; comunicada ao gestor da unidade auditada ou à autoridade máxima do Poder para serem sanadas; e comunicada ao Tribunal, caso não tenham sido sanadas no âmbito do Poder (inciso IX).

Fonte: Elaborado pela autora, conforme parágrafo único do artigo 2º da DN nº 02/2016.

Cumpre destacar que a DN nº 02/2016 foi elaborada com fundamento, entre outros, na Resolução nº 4, de 2014, editada pela Atricon, que, por sua vez, constitui referencial para que os tribunais de contas aprimorem seus regulamentos, procedimentos e práticas de controle externo relativos ao SCI dos jurisdicionados, constando dela recomendação para adoção de normas da INTOSAI como referência para estruturação e funcionamento do referido sistema, bem como os princípios associados aos componentes do controle interno do COSO 2013.

Destarte, já se vê que, na DN nº 02/2016, foram tomados modelos e princípios de organizações internacionais, sem considerar peculiaridades encontradas nos entes municipais brasileiros, principalmente naqueles de pequeno porte.

2.1.2 Controle interno municipal

Diferentemente do que acontece com o Tribunal de Contas, que tem seus contornos, quanto às suas competências e à sua estrutura, bem definidos na Constituição, no que se refere ao controle interno, verifica-se que há uma ausência de definições pertinente às suas unidades centrais, tendo a CRFB/88 apresentado, tão somente, um desenho relativo à atividade de controle interno (FUSCO; FERRAZ, 2021, p. 60). Diante da autonomia que é conferida pela CRFB/88 aos entes federativos para se organizarem, nota-se o surgimento de unidades centrais sem um padrão ou modelo definido, conforme destacado por Fusco e Ferraz (2021, p. 63):

> Por esse motivo é que se verifica, de fato, que cada unidade federativa instituiu seu órgão central sem parâmetros ou referenciais customizados às suas necessidades, o que leva a uma premente necessidade de maiores estudos sobre a realidade municipal nessa temática.

Lado outro, verifica-se certo desconhecimento, muitas vezes por parte dos próprios controladores, acerca do denominado "sistema de controle interno" (SCI), mencionado na CRFB/88, que também não possui modelo predeterminado no texto constitucional.

Assim, deve-se diferenciar a unidade de controle interno – órgão específico da própria estrutura administrativa do ente, geralmente denominado "controladoria", destacado para coordenar e responder pelo funcionamento do controle interno – do "sistema de controle interno" (SCI) – que, conforme Anexo da Resolução nº 4/2014 da Atricon, é um processo conduzido pela supramencionada estrutura e executado por todo o corpo funcional da administração.

O SCI é integrado ao processo de gestão em todas as áreas e níveis de órgãos, e construído para enfrentar riscos e fornecer razoável segurança de que, na consecução da missão, dos objetivos e das metas institucionais, serão obedecidos princípios constitucionais da Administração Pública, assim como atendidos objetivos gerais de controle. Trata-se de conjunto de procedimentos de controle que envolve atividades de todas as unidades da organização a ser elaborado conforme suas especificidades e instituído por instrumento normativo próprio.

Destarte, o controle interno de um pequeno município não é – ou não deveria ser – exercido de forma isolada por unidade formalmente estabelecida ou por servidor especialmente designado como controlador, mas, sim, por todos que executam atos dentro da estrutura administrativa. Todos são responsáveis pelo controle interno, cada um em sua área de atuação (GLOCK, 2015).

2.1.3 O que prevê a CRFB/88 quanto à relação entre controle externo e interno

A CRFB/88 prevê a atuação concomitante do controle interno, existente no âmbito da própria estrutura administrativa do Estado, e do controle externo, a cargo do Poder Legislativo, com o auxílio dos tribunais de contas. Prevê, também, que cada Poder deverá manter, de forma integrada, SCI com a finalidade, entre outras, de apoiar o controle externo em sua missão institucional (inciso IV do art. 74 da CRFB/88). Ademais, estabelece que os responsáveis pelo controle interno, quando tomarem conhecimento de irregularidade ou ilegalidade, darão ciência ao Tribunal de Contas, sob pena de responder de forma solidária (§1º do art. 74 da CRFB/88).

Desse modo, verifica-se que resta estipulada no texto constitucional uma atuação colaborativa do controle interno com o controle externo.

Entretanto, não obstante a CRFB/88 trazer as previsões mencionadas, não tratou de detalhar como se dá referido apoio e também não confiou a competência quanto a essa regulamentação à União ou aos Estados. E, mesmo já tendo decorrido muitos anos desde a promulgação da CRFB/88 e, assim, da previsão de um modelo novo de interação entre os controles interno e externo, ainda não foram estabelecidos mecanismos institucionais com vistas a garantir que essa interação ocorra de forma efetiva (LIMA, 2007).

Assim, no caso dos entes municipais, diante da autonomia que lhes é assegurada, cabe ao legislador local dispor tanto sobre o funcionamento do SCI quanto sobre a maneira como prestará referido apoio ao controle externo (GLOCK, 2015).

Segundo Guerra (2005a), a relação de colaboração deve ser recíproca. O órgão de controle externo deve agir de maneira pedagógica, orientando quanto à implantação e desenvolvimento do controle interno, de modo que ele possa ser efetivamente realizado e, por seu turno, municiar o controle externo, sendo certo que, apesar de tal relação, o controle interno também será objeto de fiscalização por parte do controle externo, já que é parte da estrutura administrativa do ente.

Esse é outro ponto pertinente à relação entre controles interno e externo que merece atenção, vez que se infere do ordenamento jurídico que sobre o controlador interno incidem diversos aspectos, às vezes controversos, que podem vir a prejudicar, ao final, a efetividade do controle.

É que o mencionado responsável faz parte da organização que ajuda a controlar; é, em muitas das vezes, indicado pelo gestor principal; e deve, entre outros, gerenciar o SCI junto às demais unidades da administração, fiscalizar seu funcionamento, realizar auditorias e fornecer ao mencionado gestor as informações de toda ordem para tomadas de decisão.

Assim, para o bom andamento dessas atividades, mostra-se essencial a existência de uma relação de confiança com o gestor principal e com os demais integrantes da organização.

Entretanto, também cabem a ele a realização de atividades e a adoção de medidas que possam mitigar essa relevante relação de confiança. Como dito acima, ele deve cuidar das questões pertinentes ao necessário apoio ao órgão de controle externo, que também o controla e pode sancioná-lo diretamente. Ademais, quando é verificada a prática de ato irregular, ele deve realizar o apontamento ao responsável direto e ao gestor principal e, não sendo a irregularidade sanada, cabe a ele dar ciência ao controle externo, sob pena de responder solidariamente.

Nesse sentido, verifica-se que, para cumprir o estabelecido pela CRFB/88, o responsável pelo órgão de controle interno tem que equilibrar todos esses aspectos ligados, de um lado, ao viés de assessoramento do gestor principal e impulsionador do SCI e, de outro, ao papel de fiscal interno, que também colabora com o controlador externo. Tarefas nada fáceis.

Diante de todas essas nuances, com mais força de razão deve-se ter um olhar crítico e aprofundar os estudos quanto a essa interação entre os controles interno e externo. Dentro desse contexto, Guerra (2005a) defende uma maior integração entre os sistemas de controle da Administração, com ampliação da coordenação entre as espécies de controle, em atendimento do prescrito na CRFB/88. Defende também que o controle externo deve auxiliar, principalmente, os pequenos municípios na implementação de estruturas de controle interno, deixando de lado, no cumprimento dessa missão, seu cunho punitivo:

Nessa trilha, urge que os Tribunais de Contas do Brasil, dentro da função pedagógica que os marca, desenvolvam atividades voltadas para a orientação, implantação e desenvolvimento dos sistemas de controle interno, na busca da efetivação dos mandamentos constitucionais (p. 13).

Para iluminar as discussões sobre todos esses pontos, tomou-se a teoria das capacidades estatais, que será tratada na próxima seção.

2.2 Teoria das capacidades estatais

As capacidades estatais referem-se às aptidões, qualidades, competências ou habilidades que deve possuir o Estado para promover dinâmicas de desenvolvimento econômico e social em um conjunto de dimensões e setores considerados estratégicos (GOMIDE, 2016, p. 15).

Gomide, Pereira e Machado (2017), em estudo sobre o conceito de capacidade estatal e a pesquisa científica, destacam que inexiste consenso sobre sua definição e que as análises que se utilizam do conceito são questionadas por fornecerem explicações circulares. Eles destacam que há uma gama de termos para designação, definições e categorias que, ao final, dizem respeito à mesma questão teórica – o poder de produção de políticas públicas pelas burocracias do Estado.

Assim, o conceito de capacidades estatais remonta à ideia de autonomia do Estado, que, por contar com quadro administrativo próprio (burocracia), teria condições de atuar de forma independente da sociedade (insulada) e perseguir seus próprios objetivos (SKOCPOL, 1979 *apud* GOMIDE, 2016, p. 21).

Tal conceito foi evoluindo com o passar do tempo, absorvendo novas nuances ligadas aos objetivos democráticos e ao novo significado de desenvolvimento, não mais limitado a questões econômicas (GOMIDE, 2016, p. 42).

Nesse sentido, conforme resume Gomide (2016, p. 22), quando se fala no presente século em capacidades estatais, estamos nos referindo (i) à qualidade da burocracia pública e, também, (ii) à existência de efetivos canais, conectando essa burocracia à sociedade civil, de modo a atribuir às ações estatais legitimidade e eficácia, aumentando, assim, o poder do Estado de mobilização dos atores sociais em prol de um plano de desenvolvimento.

Gomide, Pereira e Machado (2017) destacam dois modelos para verificação acerca da existência e do nível (alto ou baixo) da capacidade estatal fundada no sentido da causalidade: o reflexivo, focado nos resultados e entregas à população; e o formativo, baseado nos recursos disponíveis dentro do aparelho administrativo.

Na esteira do que explica Gomide (2016, p. 22), o conceito de capacidades estatais pode ser, também, estabelecido conforme variáveis ligadas às atividades estatais.

Especificamente sobre as capacidades estatais dos entes municipais brasileiros, Silva, Silvestre e Embalo (2020) pontuam que, desde o movimento de descentralização, elas já eram questionadas, principalmente quanto à prestação dos serviços necessários à população, vez que a maioria apresenta baixa capacidade financeira, resultante de sua pequena dimensão.

Coelho, Guth e Loureiro (2020, p. 780), em seu estudo acerca das capacidades governamentais locais e desenvolvimento humano, afirmam que, na esteira da CRFB/88, os municípios constituem as "unidades de governo" com maior proximidade aos cidadãos e que, assim, possuem diversas competências próprias pertinentes às políticas públicas e de planejamento governamental, que, muitas das vezes, são orquestradas ou desenhadas pela esfera federal. Ademais, referidos autores entendem as capacidades municipais como "habilidades dos governos locais de planejar, implementar e manter políticas sociais, o que envolve múltiplos atores e interesses", dividindo tal conceito em duas dimensões, cada uma com indicadores diversos, conforme o quadro 2 abaixo:

Quadro 2 – Resumo dos componentes das capacidades municipais

Capacidades municipais	
Dimensões	Indicadores
Técnico-administrativa (capacidade ligada à eficiência e eficácia)	- Recursos humanos. - Recursos financeiros. - Instrumentos de planejamento e gestão. - Estruturas de gestão.
Político-relacional (capacidade ligada à legitimidade e inovação)	- Arranjos interfederativos e/ou inter e intramunicipais. - Mecanismos de interação da burocracia do executivo com atores do sistema político representativo. - Canais institucionais de participação. - Mecanismos de controle interno e externo.

Fonte: Elaborado pela autora, conforme Coelho, Guth e Loureiro (2020, p. 786).

Destarte, tomando-se o modelo formativo (baseado na verificação de recursos disponíveis dentro da Administração Pública) e com inspiração na pesquisa de Coelho, Guth e Loureiro (2020, p. 786), buscou-se verificar a dimensão técnico-administrativa dos pequenos municípios mineiros quanto à instituição e funcionamento do controle interno, comparando com as exigências constantes na DN nº 02/2016 resumidas acima (Quadro 1).

3 Procedimentos metodológicos

Visando revelar realidades e ter um olhar crítico quanto ao funcionamento do controle interno de pequenos municípios e sua relação com o Tribunal de Contas, pretendeu-se, primordialmente, dar voz aos controladores locais, adotando-se uma abordagem qualitativa, por meio da qual foi possível aprofundar e compartilhar o ponto de vista dos atores envolvidos, muitas vezes subestimado ou até negligenciado pelo meio acadêmico e pelas demais organizações do Estado.

Os métodos qualitativos têm o potencial de injetar novos *insights* e também profundidade de entendimento às questões (NOWELL; ALBRECHT, 2019), estando prontos para dar uma contribuição maior na formação de nossa compreensão da gestão pública.

A pesquisa foi realizada entre 2021 e 2022. Após revisão da literatura, para fins de contextualização, e análise normativa, a exemplo da DN nº 02/2016, foram efetuadas entrevistas semiestruturadas com responsáveis pelo controle interno de seis pequenos municípios mineiros (CIm1 a CIm6), selecionados aleatoriamente dentre aqueles existentes em Minas Gerais com população menor que dez mil habitantes, abarcando diversificadas regiões do estado, conforme localizações geográficas aproximadas constantes da Figura 1:

Figura 1 – Mapa de Minas Gerais com localização aproximada dos elementos da amostra

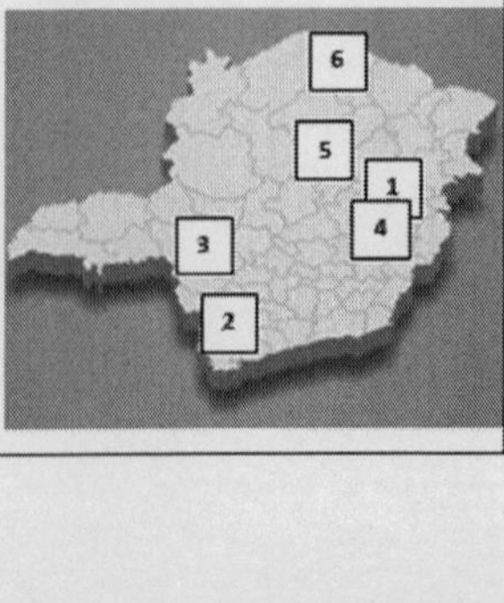

CIms entrevistados:	População aproximada do ente:
CIm1:	4.500
CIm2:	4.100
CIm3:	7.000
CIm4:	4.700
CIm5:	5.400
CIm6:	5.100

Para definição do número final de municípios da amostra, seguiu-se a metodologia de amostragem por saturação (FALQUETO *et al.*, 2018) e acessibilidade. A análise foi sendo realizada até que se encontrou um ponto de equilíbrio, no qual não há mais informação relevante para ser coletada, tendo em vista que os dados começam a se repetir (FALQUETO *et al.*, 2018, p. 42).

Antes da realização das entrevistas, foi preparado roteiro semiestruturado, com base no referencial teórico, que serviu como guia para obtenção dos dados, tendo sido oportunizada aos entrevistados a formulação de suas respostas pessoais com liberdade e, ao entrevistador, a reformulação de perguntas para aprofundamento nas questões (LAVILLE; DIONNE, 1999, p. 187).

As entrevistas foram realizadas em plataforma virtual, tiveram duração aproximada de noventa minutos e foram gravadas e transcritas. Conseguiu-se estabelecer o necessário *rapport* (GASKELL, 2002, p. 73), e os entrevistados sentiram-se à vontade e expansivos para refletirem e falarem sobre as questões além do nível da superficialidade.

Utilizou-se a técnica da análise qualitativa de conteúdo, pela qual se faz estudo minucioso acerca do conteúdo dos dados obtidos, das palavras e frases que os constituem, desmontando-lhes a estrutura e os elementos, procurando sentidos, captando intenções, comparando, avaliando, reconhecendo o essencial e extraindo sua significação (LAVILLE; DIONNE, 1999, p. 214).

Apesar de se cuidar de estudo de caso, o conhecimento produzido neste trabalho, guiado pela busca de profundidade e de compreensão das questões postas, não exclui a possibilidade de generalização, pois se teve o cuidado de se considerarem todos os aspectos pertinentes, e não os que poderiam atender a expectativas subjetivas, tendo sido escolhido caso particular representativo, que pode ser extravasado para o geral (LAVILLE; DIONNE, 1999, p. 157).

4 Resultados

Do conjunto de dados obtidos na presente pesquisa, é possível confirmar a hipótese suscitada segundo a qual a relação entre o controle interno de pequenos municípios e o Tribunal de Contas é ainda incipiente, diante da realidade de funcionamento das controladorias locais e do distanciamento existente entre essa realidade e as exigências fixadas pelo ordenamento jurídico e pelas organizações do campo do controle.

Referido resultado foi alcançado por meio da análise, à luz dos fundamentos teóricos acima postos, dos seguintes pontos derivados da supramencionada hipótese: (i) como funcionariam, de fato, as controladorias de pequenos municípios; (ii) se a realidade encontrada estaria muito dissociada das exigências fixadas pelo ordenamento jurídico e pelas organizações do campo do controle; (iii) se a relação entre o Tribunal de Contas e o controle interno de pequenos municípios seria mesmo incipiente; e, em caso afirmativo, (iv) quais seriam os motivos dessa condição.

Assim, passa-se a tratar de tais pontos, transcrevendo-se trechos das entrevistas realizadas, que, muito mais do que qualquer análise de conteúdo que se possa realizar, têm o potencial de escancarar as realidades perseguidas neste trabalho.

Pois bem. Quanto ao (i) real funcionamento das controladorias de pequenos municípios e (ii) sua dissociação das exigências fixadas pelo ordenamento jurídico e pelas organizações do campo do controle, extrai-se que a maioria dos CIms é composta por apenas um integrante (CIm1, CIm2, CIm3, CIm4 e CIm6), alguns deles concursados em cargo específico de controlador interno (CIm1, CIm2 e CIm3), outros concursados em outros cargos efetivos do ente e nomeados controladores (CIm4 e CIm6), não havendo falar na existência de uma unidade, propriamente dita, específica para o controle, cumprindo destacar as falas abaixo:

> Sim, tem um cargo, (...) somente eu de controlador interno. Então, não tem cargo de controlador geral (...) É um controlador interno no município todo que sou eu. (CIm1)
> Na verdade, existe a norma que rege a controladoria, mas é um cargo só. É tudo uma coisa só. Para cá é um cargo, entendeu? Tem todo o sentido de "Ah, a controladoria..." Só que aqui só tem um cargo de controle interno, entendeu? (CIm2)
> A equipe é eu. "Euquipe" (...) A dificuldade maior é justamente essa. Existe o SCI, foi criada uma lei (...) que criou o controlador interno e fala na lei sim, que deveria ter uma equipe mínima de 3 pessoas. Só que por ser município pequeno, e cada um já tem a sua função, é praticamente difícil de acontecer isso. (...) Mas por questão de município pequeno a gente entende até essa dificuldade né? (CIm4)
> Assim, como funcionária do controle só eu (...) Tem uma portaria e (...) sou efetiva em outro cargo e fui nomeada pelo prefeito (...) como controladora interna. (CIm6)

Verifica-se, ademais, que os responsáveis estão nos cargos por períodos variados; que geralmente não possuem experiência prévia na área; que já realizaram treinamentos; que não há incentivo para que tais controladores realizem esses treinamentos; e que eles mesmos, para fins de atualização e diante das responsabilidades do cargo, é que buscam esses cursos:

> Sobre os eventos do TCEMG, alguns no início eu fiquei sabendo. Os que eu tive vontade de participar eram em outras cidades. Então, o gasto era muito grande, a Prefeitura não quis ajudar, nem ninguém, nem com transporte, nem com nada, (...) se tiver falando de evento gratuito sobre capacitação do tribunal, eu já participei de um só. (CIm1)
> Eu sempre participo de cursos na AMM. (...) Não existe incentivo. (...) Mas fiz todos que eu solicitei até hoje. Tudo que tem vindo, de curso e de treinamento, eu faço através da prefeitura. (...) a gente tem que saber o que está acontecendo, das cobranças. (CIm3)

Perguntados sobre a necessidade e a possibilidade de aumentarem o quantitativo de servidores para trabalhar no controle interno municipal, os entrevistados disseram que, na visão deles, seria uma boa medida para auxiliar nos trabalhos, mas também destacaram que, pelo tamanho do município e da própria Administração Pública local, bem como da vontade dos gestores, isso não foi ainda possível ou não constitui uma medida a ser priorizada. Além disso, que as prefeituras dos pequenos municípios, diante das remunerações praticadas, têm dificuldade em conseguir mão de obra tecnicamente qualificada, conforme abaixo:

> Nós temos uma dificuldade grande em relação à defasagem salarial (...) às vezes, implica (...) na insatisfação (...) de servidor. (...) cria um certo desconforto. (...) é um dos nossos objetivos principais hoje é fazer o plano de carreira (...) Porque, como nós sabemos, o controle interno ele exige um conhecimento técnico. (CIm4)
> Na verdade, é mais por falta de estrutura, principalmente pessoal. Que de certa forma por ser um município pequeno e a região também, né, muito carente desses profissionais, acaba que não tem. Então, a gente tem que se, se for pra colocar pra funcionar como deveria, como tem que ser, a gente tem que acabar de trazer profissionais de fora, eles são profissionais caros e o município acaba que não tem recurso disponível para investir nisso, mas é um ponto que precisa investir, mas hoje infelizmente ainda tem essa falha. (CIm5)

Outro ponto importante é que, conforme informações obtidas, na maioria dos municípios entrevistados não há SCI implantado (CIm1, CIm2, CIm3, CIm4, CIm5 e CIm6) ou regulamentado (à exceção de CIm3 e CIm4), fato que, segundo relato de CIm3, se repete em muitos outros municípios pequenos.

Também não se verificou a existência de manuais ou outros normativos contendo procedimentos de controle interno das unidades executoras do SCI. O que se observa é que, na maioria dos municípios entrevistados, há norma criando o cargo de controlador ou criando a controladoria e há o controlador empossado, de modo a cumprir o mínimo exigido pelo ordenamento jurídico. Esse controlador, geralmente sem equipe, realiza, por esforço pessoal e na medida do possível, atos de controle interno de forma direta, sem implantar um SCI que envolva todas as unidades da administração (CIm1, CIm2, CIm3, CIm4, CIm5 e CIm6).

Relacionado a esse ponto, foram detectados os seguintes fatores: desconhecimento quanto ao que seja SCI (às vezes pelo próprio controlador) e, assim, quanto à necessidade da participação de todas as unidades; falta de consciência dos demais servidores acerca da importância do controle interno; e, ainda, ausência de diretriz por parte da gestão, conforme falas abaixo:

> (...) eu não saberia nem como começar um processo desses, pra implementar em cada secretaria? (...) Conscientizar as pessoas, precisa de funcionário (..) Nem sei se eu teria compreensão. (...) Eles não têm consciência sobre questões de controle. Nenhum secretário tem. Nem o prefeito (...) Se não (...) fosse obrigatório, acho que eles nem me chamariam do concurso (...) Se olhar só da parte do que eu faço, não é um controle efetivo (...) (CIm1)
> Eu acho que eles não têm nem muita ciência do que é o controle, pra falar na verdade, né? (...)Tipo assim, eles têm ciência de que é um cargo importante no caso, ele é fundamental na prefeitura, mas não se aprofundam muito não (...) (CIm2)
> (...) a lei que criou aqui o controle interno é de 2011, até hoje ainda não foi implantado. O que eu faço aqui (...) é o acompanhamento (...) e a notificação, quando eu vejo que está começando a dar uma complicadinha (...) E aqui foi criada a lei, com todos os agentes de controle, que seria um em cada secretaria, para só passar depois para o controlador geral que, no caso, seria eu, só que já mastigado, só pra fazer o trabalho da gente mesmo. Só que tem isso não. Nem condição, eu falo de pessoal, para fazer isso aqui não tem (....). (CIm3)

Verifica-se, no geral, que não é assegurada aos controladores, pelo gestor municipal, uma estrutura de trabalho adequada. Além da mencionada falta de equipe, muitos deles estão subordinados a outras secretarias, e há aqueles que dividem sala com outras unidades:

> É junto com o tesoureiro, basicamente a mesma sala (...) tem uma mesinha e um computador, e só sou eu de controlador interno, não tenho cargo de controlador interno geral (...) Aí, eu tô lotado na Secretaria de Administração (...) Não tenho *status* nem salário de secretário (...) Eu diria que sou subordinado ao secretário de administração. (CIm1)

Quanto às prerrogativas para exercício das atividades, a maioria dos entrevistados disse possuí-las, tendo livre acesso às unidades da administração e abertura para nelas atuarem.

Ademais, dos dados obtidos, infere-se que os CIms estudados, por se ocuparem com a realização de controle de atos diretamente, por não terem equipe, bem como pelas características próprias quanto à proximidade entre as unidades administrativas, não executam plenamente as atividades típicas de controle. A maioria dos entrevistados declarou que não realiza auditorias periódicas nem seus respectivos relatórios, conforme se vê abaixo:

> Não faço auditoria. (...) Não existe controle nas secretarias (...) no dia a dia, eu cuido mais da parte de análise dos empenhos. Os empenhos todos vêm na minha mão, eu analiso primeiro, a questão de frotas, a questão de gasto, com peça de veículo, ou parecer de controle nas licitações onde tem verba da União. Os relatórios mensais que a gente tem que fazer e o acompanhamento dos índices, reunião com o pessoal (...) para explicar alguma coisa em relação ao controle, é mais desorganizado mesmo. Não tem muita rotina. (CIm1)
>
> Mas como o município é muito pequeno, até a maioria das auditorias que eu faço não são tão formais, vamos dizer assim, entendeu? Porque, por exemplo, está detectando um problema na educação, não é uma coisa muito difícil pra eu conversar com responsável, então acaba que as auditorias que deveriam ser coisas mais formais, chegam a ser mais uma conversa, vamos dizer assim, entendeu? (CIm2)
>
> Olha, eu posso dizer por experiência do nosso município aqui, por ser um município pequeno. Se a gente tivesse profissionais aptos para isso, seria possível. No entanto, é complicado, a região não tem, sabe? Porque, pra ter isso aí, a gente teria que ter realmente uma estrutura, um departamento de controle interno, com profissionais, né, talvez aí um contador ou até mesmo um advogado pra estar acompanhando e os

colaboradores. Mas na região a gente não tem esse tipo de profissional (...) Então, assim, acho que o ponto principal é a falta de profissional qualificado para isso. (CIm5)

Os entrevistados afirmaram que fazem recomendações ou notificações às unidades, às vezes informalmente; poucos relataram a realização de apuração de irregularidades com todas as formalidades (contraditório; ampla defesa; comunicação ao gestor da unidade auditada ou à autoridade máxima do Poder para saneamento; e comunicação ao TCEMG, caso não tenham sido sanadas no âmbito do Poder); e nenhum informou já ter enviado representação ao TCEMG, cumprindo destacar as seguintes falas:

> Já fiz recomendação, principalmente solicitação de diária e reembolso. Que estava muito fora de controle. (...) Aí a gente tem que ficar brigando lá, sendo inconveniente pra eles. (...) Para o TCEMG não, nunca tive que informar. (CIm1)
> Não, porque toda vez que a gente conseguiu detectar aqui alguma falha e tal, todas elas foram passíveis de correção, entendeu? Não teve nenhuma falha grave que não teve ou uma correção ou uma justificativa, entendeu? (CIm2)
> (...) quase tive um problema aqui, mas não chegou a ser um processo (...) dei ultimato: "Se não estiver funcionando quando eu voltar de férias, já está prontinho o ofício para a câmara e pro Ministério Público". (...) Quando voltei de férias, começou a funcionar (...) quando você verifica que começou a ter um problema e você faz a notificação e dá tempo deles consertarem (...) Deixo bem claro nas notificações: "(...) a próxima já vai ser para o Tribunal de Contas, Câmara e Ministério Público. Não quero problema pra mim". (CIm3)

Verifica-se, assim, que é reduzido, quanto aos pequenos municípios, o quantitativo de irregularidades constatadas, de procedimentos instaurados para tratá-las e de representações enviadas por controladores ao TCEMG. Observam-se, das respostas obtidas, sentimentos, entre outros, de desconforto, medo e tensão por parte dos controladores internos para lidarem, de forma concomitante, com todas as responsabilidades e forças – oriundas, entre outros, do prefeito, dos colegas, das próprias normas ou do Tribunal de Contas – que recaem sobre sua figura. E isso mesmo considerando aqueles que ocupam cargos efetivos, conforme abaixo:

O controlador fica no meio do Prefeito, do Tribunal, dos colegas. Eu sinto como se fosse um dilema de fidelidade. E olha que sou servidor efetivo. (...) Apesar de ser controlador interno, a gente não tem controle. E falar a verdade, denunciar alguém me dá muito medo. A gente fica tenso o tempo todo, porque os prefeitos fazem algo ilegal e você não sabe, não chega ao seu conhecimento, você vai ser responsabilizado por isso do mesmo jeito. (...) Se fosse uma pessoa que pudesse atuar tranquilo seria melhor. (CIm1)
Às vezes as falhas não são por má fé, mas por outros motivos. A pressão é grande. Tudo que eu faço, coloco lá o recebido do Prefeito (...) Fora assim a pressão e a responsabilidade que a gente tem, o que pode ser cobrado do Tribunal de Contas, a gente tem plena consciência disso (...) Eu sou cargo efetivo e não importo muito com o que o Prefeito está falando, se está achando ruim ou não, só falo assim, "oh, tem que me engolir". (CIm3)
Amizade é uma coisa e profissional é outra (...) converso primeiro, tem a parte preventiva, de auxiliar o prefeito (...) Se acontecer de eu ver que está extravasando os limites, faço comunicado oficial, o prefeito dá ciência (...) se existisse direcionamento político, eu não aceitaria ou estaria fora. Essa questão de ter outro cargo efetivo dá uma segurança, né? (...) Então, eu acho que é muito a questão de confiança entre o controlador e o gestor que se você ver que não está de acordo então é melhor você parar. (CIm4)

Ademais, ainda a aumentar a complexidade do ponto aqui tratado, deve-se levar em conta que, nos pequenos municípios, conforme amplamente trazido pelos entrevistados, há a peculiaridade de que autoridades públicas, servidores e cidadãos, em geral, se conhecem e se relacionam com grande frequência:

Só que assim, como a cidade é pequena, é tudo muito acessível. Qualquer um pode entrar aqui e pedir pra falar com o prefeito e vai esperar 10, 20 minutinhos, e vai conversar com o prefeito, entendeu? (CIm2)
Liga direto no celular dele. Tem ouvidoria, não funciona, não tem demanda. Porque a pessoa já vai direto já. Às vezes, nem bater na porta do gabinete não bate, já entra e senta. É assim que funciona aqui. (...) Aqui, a prefeitura não tem secretária, todo mundo já entra e já senta na sala. (CIm3)

Todas essas nuances, de certa forma, podem explicar o fenômeno aqui estudado. Em outros termos: a dificuldade demonstrada pelos controladores para equilibrar esses aspectos ligados aos papéis que deles se esperam – assessoramento do gestor principal; coordenador do SCI dentro de toda a Administração; e, ainda, fiscal, que tem a obrigação de denunciar irregularidades, quando verificadas, tanto no âmbito interno quanto externamente, sob pena de ser penalizado – ao final pode estar refletindo diretamente no baixo quantitativo supramencionado.

Perguntado aos entrevistados sobre a visão que possuem acerca do TCEMG e do apoio que têm que prestar a ele, percebeu-se que os CIms, em sua maioria, destacaram que acham o referido órgão de controle externo distante dos pequenos municípios, muitas vezes inacessível. Destacaram, igualmente, que, ao que parece, o TCEMG desconhece a realidade desses pequenos municípios e que desconhecem as ações daquele órgão focadas no desenvolvimento do controle interno municipal. Quando se enumeravam referidas ações do TCEMG, os entrevistados demonstravam contentamento e interesse, podendo-se inferir que existe uma predisposição por parte deles para realização de aproximação com o referido órgão, não obstante alguns o enxergarem mais como "fiscal" do que o seu papel pedagógico, conforme depoimentos abaixo:

> Quanto ao tribunal de contas, acho que ele poderia ajudar mais, ser mais presente com o controlador interno. Sinto muita distância do Tribunal. É meio que inacessível em alguns momentos. Não sei se é porque o município é pequeno e que nunca teve problemas muito graves. O lado pedagógico, eu acho que está bem aquém. Vejo como um órgão de fiscalização forte, tem até um receio. Mas sinto que eu sou um apoio muito maior ao prefeito da gestão, do que ao TC. Mas querendo ou não, meu papel está ajudando o TC a ter o trabalho dele certo e efetivo, né? (CIm2)
> Vejo o papel pedagógico do TCEMG, em partes. Vejo mais como opressor. Acho afastado dos municípios menores. A realidade da gente é diferente. E a exigência é a mesma para todos de MG. Você é obrigado a cumprir. Se o TC conhecesse mais os municípios menores poderia ser um benefício. Como que faz a mesma exigência para BH e para um município com 7 mil habitantes? O TC deveria aproximar-se mais. (CIm3)
> Acho o TCEMG um pouco distante dos controladores. (...) No curso, eles causam muito terror no controlador. Muitas pessoas falam "não quero isso pra mim não". Deveria ter uma forma de a gente conversar mais com o TC, ele é meio distante ainda. É tudo muito tenso, muito seco. Tem que passar por todo um processo para conversar com o TC. Deveria ter uma ouvidoria mais próxima do controlador até mesmo para tirar dúvidas. (CIm4)

Nesse sentido, verifica-se que, de fato, a (iii) relação entre o controle interno de pequenos municípios e o Tribunal de Contas ainda se mostra incipiente, tendo sido constatados os seguintes (iv) motivos para essa condição: a dificuldade de serem compatibilizadas todas as atribuições do controle interno, fixadas pelo ordenamento jurídico e pelas organizações do campo do controle, principalmente diante das forças e responsabilidades que recaem sobre a figura do controlador e das peculiaridades da realidade local, o que acaba por prejudicar, ao final, o efetivo controle dos atos administrativos.

5 Considerações finais

Ao ser dada voz aos responsáveis por órgãos de controle interno de municípios mineiros com menos de dez mil habitantes, população-alvo desta pesquisa, foi possível verificar, a fundo, as capacidades estatais desses entes federativos, bem como o real funcionamento dos referidos órgãos, escancarando realidades que precisam ser enfrentadas em prol do aprimoramento da efetividade do controle das atividades estatais, tão essencial para a soberania da vontade do povo.

Nesse sentido, constatou-se que os entes estudados não possuem capacidade estatal suficiente para atender às exigências que lhes são impostas, com destaque para a baixa capacidade de equipar o controle interno municipal com mão de obra tecnicamente qualificada.

Lado outro, verificou-se que essas deficiências de capacidade são desconsideradas pelo ordenamento jurídico vigente e pelas organizações influentes do campo do controle, que acabam por fixar exigências impossíveis de serem cumpridas pelos referidos entes federativos, o que contribui para que reste incipiente a relação entre controle interno e externo.

Assim, sugere-se, em prol da eficiência do controle, que as organizações influentes do campo busquem conhecer a realidade dos pequenos municípios e tentem rever as normas e exigências atualmente impostas, propondo as mudanças necessárias, de modo que se levem em consideração as capacidades estatais desses entes. Ademais, sugere-se que sejam criadas mais oportunidades de diálogo, menos burocráticas, que deixem os representantes dos entes municipais à vontade para que sejam discutidos, juntamente com outras organizações do campo do controle, melhores modelos ou formas de funcionamento dos órgãos de controle interno, mais adequados à realidade, buscando alternativas e atualização das normas que hoje orientam esses órgãos.

Outro ponto relevante que foi exposto neste trabalho e que merece especial atenção é pertinente às dificuldades encontradas pelo controlador interno de pequeno município para compatibilizar todas as suas atribuições, principalmente diante das forças e responsabilidades que recaem sobre a sua figura. Tal fato acaba por repercutir, entre outros, em diminuto quantitativo de procedimentos administrativos para apuração de irregularidades e de comunicação dessas falhas ao Tribunal de Contas, devendo ser encontradas alternativas, talvez até com a alteração das normas atualmente vigentes, de modo que o controlador interno tenha condições de realizar seu trabalho com mais tranquilidade e autonomia, o que, acredita-se, poderia levar a uma maior eficiência no controle.

Sugere-se, finalmente, que o meio científico realize mais estudos acerca dos CIms e de sua relação com o controle externo, expondo realidades e construindo uma visão crítica, mormente diante da importância dessa função administrativa para o bom funcionamento do Estado.

Até porque o controle, seja interno ou externo, não se encontra pronto nem acabado. Ele está em desenvolvimento e deve ser atualizado constantemente, cabendo recorrer, mais uma vez, aos ensinamentos de Fayol (1990, p. 132):

> É conveniente poder sempre responder, a propósito de não importar qual seja a operação, à seguinte pergunta: "Como se faz o controle?". Aplicando-o às operações de qualquer natureza e aos agentes de todos os níveis, o controle exerce-se de mil maneiras diferentes. Como os outros elementos de administração – previsão, organização, comando e coordenação –, ele exige sempre uma contínua atenção e, quase sempre, muita arte.

Referências

ATRICON – ASSOCIAÇÃO DOS MEMBROS DOS TRIBUNAIS DE CONTAS DO BRASIL. *Resolução nº 04/2014, de 6 ago. 2014*. Aprova as Diretrizes de Controle Externo Atricon nº 3.302/2014, relacionadas à temática "Controle interno: instrumento de eficiência dos Tribunais de Contas".

BRASIL. *Constituição da República Federativa do Brasil de 1988*. Promulgada em 5 de outubro de 1988 e atualizada até a Emenda Constitucional nº 114/2021. Brasília, DF: Senado Federal, 2021.

COELHO, Jerri Eddie Xavier. O controle interno na perspectiva constitucional. *In*: BLIACHERIENE, Ana Clara; BRAGA, Marcus Vinicius de Azevedo; RIBEIRO, Renato Jorge Brown (Coord.). *Controladoria no setor público*. 2. ed. Belo Horizonte: Fórum, 2019. p. 67-79.

COELHO, Rony; GUTH, Felipe; LOUREIRO, Miguel. Capacidades governamentais municipais e desenvolvimento humano local no Brasil. *Revista do Serviço Público*, Brasília, v. 71, n. 4, p. 778-808, 2020.

ELIAS, G. T.; OLIVEIRA, W. M.; MONTEIRO, M. V. M. Controle interno dos municípios do estado de Minas Gerais: uma proposta de diagnóstico de sua efetividade. *Revista do TCEMG*, Belo Horizonte, v. 35, p 124-139, jan/jun. 2017.

FUSCO, Cláudia Costa de Araújo; FERRAZ, Leonardo de Araújo. Apontamentos sobre as unidades centrais de controle interno e seu mosaico estrutural no Brasil: a experiência da Controladoria-Geral do Município de Belo Horizonte. *In*: FERRAZ, Leonardo de Araújo; LOBO, Luciana Mendes; MIRANDA, Rodrigo Fontenelle de (Coord.). *Controle Interno Contemporâneo*. Belo Horizonte: Fórum, 2021. p. 51-74.

GASKELL, George. Entrevistas individuais e grupais. *In*: BAUER, M.; GASKELL, G. *Pesquisa Qualitativa com Texto, Imagem e Som*. 2002.

GLOCK, José Osvaldo. *Sistema de Controle Interno na Administração Pública*. 2. ed. Curitiba: Juruá, 2015.

GOMIDE, Alexandre de Ávila. Capacidades estatais para políticas públicas em países emergentes: (des)vantagens comparativas do Brasil. *In*: GOMIDE, Alexandre de Ávila; BOSCHI, Renato Raul (Orgs.). *Capacidades estatais em países emergentes*: o Brasil em perspectiva comparada. Rio de Janeiro: Instituto de Pesquisa Econômica Aplicada, 2016.

GOMIDE, Alexandre de Ávila; PEREIRA, Ana Karine; MACHADO, Raphael. Apresentação - O conceito de capacidade estatal e a pesquisa científica. *Sociedade e Cultura*, [S. l.], v. 20, n. 1, 2017.

GUERRA, Evandro Martins. Aspectos jurídicos do controle interno. *Fórum de Contratação e Gestão Pública – FCGP*, Biblioteca Digital Fórum de Direito Público, Belo Horizonte, ano 1, n. 11, nov. 2002.

GUERRA, Evandro Martins. Controle interno: reflexões acerca das dificuldades na implantação e efetivação de seus mecanismos. *Fórum de Contratação e Gestão Pública – FCGP*, Biblioteca Digital Fórum de Direito Público, Belo Horizonte, ano 4, n. 39, mar. 2005a.

GUERRA, Evandro Martins. Estruturação do sistema de controle interno: unidade administrativa independente. *Fórum de Contratação e Gestão Pública – FCGP*, Biblioteca Digital Fórum de Direito Público, Belo Horizonte, ano 4, n. 48, dez. 2005b.

FAYOL, Henri. *Administração industrial e geral*: previsão, organização, comando, coordenação, controle. 10. ed. São Paulo: Atlas, 1990.

LAVILLE, Christian; DIONNE, Jean. *A construção do saber*: manual de metodologia da pesquisa em ciências humanas. Tradução: Heloísa Monteiro e Francisco Settineri. Porto Alegre: Artmed; Belo Horizonte: Editora UFMG. 1999.

LIMA, Ivonete Dionizio de. *A interação entre os controles interno e externo*: um estudo no âmbito estadual da administração pública brasileira. Dissertação (Mestrado em Administração) - Escola de Administração, Universidade Federal da Bahia, Salvador, 2007.

MINAS GERAIS. Tribunal de Contas. *Decisão Normativa n. 02 de 26 de outubro de 2016.* Aprova as "Orientações sobre Controle Interno", aplicáveis aos sistemas de controle interno de cada um dos Poderes do Estado de Minas Gerais e dos seus Municípios e dá outras providências. Belo Horizonte: TC, 2016.

MOTA, G. B. A. C. A obrigatoriedade do controle interno na administração pública brasileira. *Revista Controle*, Fortaleza, v. 16, n. 1. 2018, p. 459-485. Disponível em: https://dialnet.unirioja.es/servlet/articulo?codigo=6558129. Acesso em: 12 dez. 2021.

NOWELL, B.; ALBRECHT, K. A Reviewer's Guide to Qualitative Rigor. *Journal of Public Administration Research and Theory*, 2019, p. 348-363. Disponível em: https://doi.org/10.1093/jopart/muy052. Acesso em: 10 dez. 2021.

RIBEIRO, Renato Jorge Brown; BLIACHERIENE, Ana Carla; SANTANA, José Lima. Considerações sobre formas, processos e isoformismo nas estruturas de controle interno da federação brasileira. *In*: BLIACHERIENE, Ana Clara; BRAGA, Marcus Vinicius de Azevedo; RIBEIRO, Renato Jorge Brown (Coord.). *Controladoria no setor público*. 2. ed. Belo Horizonte. Fórum, 2016. p. 27-40.

SILVA, D. P. da; SILVESTRE, H. C.; EMBALO, A. A. A cooperação intermunicipal no Brasil: o caso dos consórcios de resíduos sólidos. *Revista de Administração Pública*, Rio de Janeiro, RJ, Brasil. v. 54, n. 5, p. 1.239-1.259, set./out. 2020.

Informação bibliográfica deste texto, conforme a NBR 6023:2018 da Associação Brasileira de Normas Técnicas (ABNT):

BONFANTE, Giovanna. Dando voz ao controle interno de pequenos municípios: realidades de seu funcionamento e de sua relação com o Tribunal de Contas. *In*: SEVERINO, Débora Pinto; CAMATA, Edmar Moreira; FERRAZ, Leonardo de Araújo; THOMÉ, Marcela Oliveira (Coord.). *Mulheres no controle*: tópicos de controle interno sob o olhar das mulheres. Belo Horizonte: Fórum, 2023. p. 89-112. ISBN 978-65-5518-540-9.

A SUB-REPRESENTAÇÃO DAS MULHERES NA LIDERANÇA DOS ÓRGÃOS CENTRAIS DE CONTROLE INTERNO

CLÁUDIA FUSCO
MARISA ZIKAN

1 Introdução

A busca pela igualdade de oportunidades para todas as pessoas – independentemente de sexo, cor, etnia, idade, orientação sexual, origem social, capacidade física ou mental – é um dos temas constantes nas pautas nacionais e internacionais. Nesse contexto, entende-se necessário olhar para as mulheres como um grupo específico, visto que, em um ambiente de desigualdade social, econômica e política, a desigualdade de gêneros é uma realidade atual e histórica, que resulta em diversas formas de violência, opressão, discriminação e desvantagens em face das mulheres em razão de seu gênero.

Ao longo do tempo, a participação da mulher na sociedade e nas organizações de trabalho sofreu significativas modificações, mas, de acordo com o Fórum Econômico Mundial, estima-se que, no ritmo atual de progresso, será necessário 132 anos para que a igualdade de gênero seja alcançada no mundo (WORLD ECONOMIC FORUM, 2022).

A Agenda 2030 para o Desenvolvimento Sustentável da ONU traça diretrizes para os próximos 15 anos para que todas as nações atuem de forma coletiva para erradicar a pobreza extrema, combater a desigualdade e a injustiça e proteger o planeta. No âmago da Agenda

2030 estão os 17 Objetivos de Desenvolvimento Sustentável (ODS), que definem claramente como alcançar um mundo mais igualitário. A importância fundamental de se alcançar a igualdade de gênero e empoderar todas as mulheres e meninas é sustentada de forma clara no ODS nº 5 e é um componente essencial para realização dos 17 ODS.

Mais empregos, e de qualidade, para as mulheres, proteção social universal e medidas que reconheçam, reduzam e redistribuam o trabalho dos cuidados não remunerado e as tarefas domésticas são indispensáveis para apoiar a agenda transformadora de desenvolvimento sustentável, que visa erradicar a pobreza (ODS nº 1) e as desigualdades (ODS nº 10) para alcançar a igualdade de gênero (ODS nº 5) e para promover o crescimento econômico, inclusivo e sustentável, o emprego pleno e produtivo e o trabalho digno para todas as pessoas (ODS nº 8) (OIT, 2016).

Além disso, o tema da igualdade de gênero destaca-se em outros importantes arcabouços internacionais, como a Convenção sobre a Eliminação de Todas as Formas de Discriminação contra as Mulheres, a Declaração e a Plataforma de Ação de Pequim, a Iniciativa Mulheres no Trabalho, da Organização Internacional do Trabalho (OIT), e a Nova Agenda Urbana, que envolve o Banco de Desenvolvimento da América Latina (CAF), o Banco Interamericano de Desenvolvimento (BID) e o ONU-Habitat.

Tal tema também encontra respaldo no âmbito do controle interno nacional, uma vez que o Conselho Nacional de Controle Interno (Conaci) incluiu o tema da igualdade de gênero em seu planejamento estratégico, disposto no Objetivo nº 7, qual seja: "Estabelecer ações voltadas à ampliação da participação feminina". Referido objetivo conta com as seguintes ações para sua consecução: a) realizar diagnóstico acerca da participação feminina nos cargos de liderança dos órgãos centrais de controle interno; e b) promover estratégias de comunicação para fortalecimento da visibilidade da mulher nos espaços de poder de atuação do Conaci (CONACI, 2022).

Notável, então, que a busca pela equidade de gênero se mostra cada vez mais urgente, justificando análises históricas e estatísticas sobre a participação das mulheres no mercado de trabalho e, especialmente, nos cargos de liderança. O presente estudo insere-se nesse contexto e tem como objetivo abordar as divergências e desequilíbrios das participações femininas nos cargos de liderança dos órgãos centrais de controle interno dos membros do Conaci, apresentando dados e buscando identificar os possíveis motivos dessa sub-representação das mulheres.

2 Referencial teórico

2.1 Contextualização sobre igualdade de gênero

Imperioso iniciar conceituando-se gênero e, após, ampliando os conceitos para equidade, igualdade e empoderamento das mulheres. De acordo com a ONU:

> Gênero refere-se a papéis, comportamentos, atividades e atributos que uma dada sociedade em um dado momento considera apropriado para homens e mulheres. Além dos atributos sociais e oportunidades associadas com ser homem ou mulher e as relações entre mulheres e homens, meninas e meninos, o gênero também se refere às relações entre mulheres e aquelas entre os homens. Estes atributos, oportunidades e relações são socialmente construídas e são aprendidas por meio de processos de socialização. Elas são específicas a um contexto e a um tempo, bem como são mutáveis. O gênero determina o que é esperado, permitido e valorizado em uma mulher ou em um homem em um determinado contexto (ONU, 2016).

A equidade de gênero é o processo de ser justo com mulheres e homens, de acordo com as respectivas necessidades e privilégios. Para garantir a justiça, estratégias e medidas devem estar frequentemente disponíveis para compensar as desvantagens históricas e sociais das mulheres que impedem que elas e os homens operem em igualdade de condições. A equidade leva à igualdade (UNPF, 2022).

Sobre igualdade de gênero, refere-se à igualdade de direitos, responsabilidades e oportunidades para mulheres e homens, bem como para meninas e meninos. Não significa dizer que são iguais, mas que os direitos, responsabilidades e oportunidades dos homens e mulheres não devem depender do sexo biológico. É, então, uma questão de direitos humanos, levando em consideração os interesses, necessidades e prioridades de homens e mulheres, reconhecendo a diversidade dos diferentes grupos femininos e masculinos (ONU, 2016).

Um aspecto determinante da promoção da igualdade de gênero é o empoderamento, com foco em identificar e corrigir desequilíbrios de poder e dar às mulheres mais autonomia para gerenciar suas próprias vidas (UNPF, 2022).

> O empoderamento das mulheres (...) consiste em realçar a importância de que as mulheres adquiram o controle sobre o seu desenvolvimento, devendo o governo e a sociedade criar as condições para tanto e apoiá-las nesse processo, de forma a lhes garantir a possibilidade de realizarem todo o seu potencial na sociedade, e a construírem suas vidas de acordo com suas próprias aspirações. O empoderamento inclui para as mulheres o direito à liberdade de consciência, religião e crença; sua total participação, em base de igualdade, em todos os campos sociais, incluindo a participação no processo decisório e o acesso ao poder; o reconhecimento explícito e a reafirmação do direito de todas as mulheres a acessarem e de controlarem todos os aspectos de sua saúde; o acesso das mulheres, em condições de igualdade, aos recursos econômicos, incluindo terra, crédito, ciência e tecnologia, treinamento vocacional, informação, comunicação e mercados; a eliminação de todas as formas de discriminação e violência contra as mulheres e meninas; e o direito à educação e formação profissional e acesso às mesmas. Para fomentar o empoderamento das mulheres é essencial elaborar, implementar e monitorar a plena participação das mulheres em políticas e programas eficientes e eficazes de reforço mútuo com a perspectiva de gênero, inclusive políticas e programas de desenvolvimento em todos os níveis (ONU, 2016).

Consubstanciando a igualdade de gênero e o empoderamento de todas as mulheres e meninas, dentre os 17 ODS da ONU, destaca-se o ODS nº 5, qual seja:

> *Objetivo 5. Alcançar a igualdade de gênero e empoderar todas as mulheres e meninas*
> 5.1 Acabar com todas as formas de discriminação contra todas as mulheres e meninas em toda parte
> 5.2 Eliminar todas as formas de violência contra todas as mulheres e meninas nas esferas públicas e privadas, incluindo o tráfico e exploração sexual e de outros tipos
> 5.3 Eliminar todas as práticas nocivas, como os casamentos prematuros, forçados e de crianças e mutilações genitais femininas
> 5.4 Reconhecer e valorizar o trabalho de assistência e doméstico não remunerado, por meio da disponibilização de serviços públicos, infraestrutura e políticas de proteção social, bem como a promoção da responsabilidade compartilhada dentro do lar e da família, conforme os contextos nacionais

5.5 Garantir a participação plena e efetiva das mulheres e a igualdade de oportunidades para a liderança em todos os níveis de tomada de decisão na vida política, econômica e pública

5.6 Assegurar o acesso universal à saúde sexual e reprodutiva e os direitos reprodutivos, como acordado em conformidade com o Programa de Ação da Conferência Internacional sobre População e Desenvolvimento e com a Plataforma de Ação de Pequim e os documentos resultantes de suas conferências de revisão

5.a Realizar reformas para dar às mulheres direitos iguais aos recursos econômicos, bem como o acesso à propriedade e controle sobre a terra e outras formas de propriedade, serviços financeiros, herança e os recursos naturais, de acordo com as leis nacionais

5.b Aumentar o uso de tecnologias de base, em particular as tecnologias de informação e comunicação, para promover o empoderamento das mulheres

5.c Adotar e fortalecer políticas sólidas e legislação aplicável para a promoção da igualdade de gênero e o empoderamento de todas as mulheres e meninas em todos os níveis (ONU, 2012)

O ODS nº 5, instituído pela ONU em 2012, deixa claro que ainda há muito por ser feito para que os maiores desafios nos tempos atuais sejam superados, mesmo que tantos avanços em relação à igualdade de gênero tenham sido galgados desde o século XIX.

Ainda longe da igualdade, hoje parece haver um consenso de que o lugar das mulheres não é restrito ao ambiente doméstico, já que o mundo as aceita e espera em outros lugares, embora o trabalho das mulheres ainda não tenha o mesmo valor, e a carga mental continue sendo majoritariamente feminina (SZCYGLAK, 2022).

As sequelas deixadas pela divisão entre as esferas pública e privada, na origem da democracia ocidental, é uma das formas mais persistentes de opressão sofrida pelas mulheres e explicam por que ainda hoje as mulheres hesitam em se expor e se colocar em evidência, e temem as críticas e as avaliações tanto da forma do seu corpo quanto do seu intelecto. Avançar no espaço público exige um esforço para sentir-se à vontade em uma atmosfera que não foi criada para e pelas mulheres (SZCYGLAK, 2022).

Quanto ao impedimento da acessibilidade política das mulheres, identificam-se duas causas fundamentais: de um lado, os valores patriarcais internalizados nas normas e padrões tradicionais de gênero levam à discriminação e tendem a confinar as mulheres à esfera privada e impedi-las de participar da esfera pública; de outro, esses valores e normas também são institucionalizados em estruturas sociais, que geralmente se manifestam na forma da pobreza baseada no gênero, trabalho de cuidado não remunerado, controle limitado das mulheres sobre bens, menos oportunidades, menos reconhecimento na participação pública e nas decisões, e barreiras à informação, educação, emprego, moradia e serviços básicos. Para combater isso, a participação significativa e a inclusão são cruciais (CAF; BID; ONU-HABITAT, 2020).

O acesso adequado à informação, conhecimento e educação cumpre um papel transformador em termos do empoderamento das mulheres. Esse acesso estabelece a base para a participação pública das mulheres, desenvolve a capacidade de envolvimento econômico, melhora a empregabilidade das mulheres e, por extensão, ajuda a combater a pobreza baseada no gênero (CAF; BID; ONU-HABITAT, 2020). O acesso igualitário à informação, tecnologias de comunicação e educação está destacado no ODS nº 5, meta 5.b, citada anteriormente.

Além das diferenças de gênero na educação, discriminação e normas sociais moldam a participação feminina na força de trabalho. As mulheres são menos propensas do que os homens a ingressar na força de trabalho. Quando o fazem, são mais propensas a trabalhar por tempo parcial no setor informal ou em ocupações que tenham remuneração inferior (BANCO MUNDIAL, 2020).

Assim, para além da evolução histórica vivenciada, as mulheres ainda precisam ultrapassar diversas barreiras impostas para conseguirem alcançar a posição social, profissional e política almejada e necessária para uma sociedade mais justa e igualitária. De fato, estudos mostram que o avanço do empoderamento econômico das mulheres poderia adicionar até US$172 trilhões à economia mundial, apenas reduzindo as disparidades de renda entre o trabalho realizado por homens e mulheres ao longo de suas vidas (BANCO MUNDIAL, 2020). Importante detalhar a seguir como se dá a participação das mulheres no mercado de trabalho e a sua presença nos cargos de gestão e liderança.

2.2 As mulheres no mercado de trabalho

A Revolução Industrial entre os séculos XVIII e XIX é um marco importante no processo de inserção feminina no mercado de trabalho, embora as condições fossem precárias, sobretudo para mulheres e crianças. No entanto, foi a partir do século XX que se iniciaram as reivindicações de posições na esfera política, organizacional e educacional. No pós-guerra, as conquistas femininas no mercado de trabalho ganharam maior evidência, trazendo à tona a questão da divisão sexual do trabalho como tema relevante a ser estudado pela academia e pelo mercado (MILTERSTEINER *et al.*, 2020).

No Brasil, a participação da mulher como ser atuante na sociedade aparece apenas na Constituição de 1934, quando legalmente elas passaram a exercer o direito de voto, fator importante na conjectura política do país.

Relatórios convergem na descrição de um panorama problemático: apesar dos avanços na legislação e nas políticas de gênero nos últimos 15 anos, na prática, a mudança da situação das mulheres no mercado de trabalho foi muito reduzida (OIT, 2018).

As mulheres ainda costumam ser consideradas inferiores na vida pública e menos capazes nos campos profissionais em muitas sociedades. Esses traços culturais, que são heranças históricas, ainda limitam as mulheres no que diz respeito à plena participação pública e à autorrealização no ambiente profissional (CAF; BID; ONU-HABITAT, 2020).

Apesar dos avanços ocorridos nos últimos 50 anos, as taxas de participação feminina na força de trabalho permanecem inferiores às taxas de participação masculina na maioria dos países. Em 2017, a taxa média de participação de mulheres com mais de 15 anos em todo o mundo foi de 49%, bem abaixo dos 75% dos homens (CAF; BID; ONU-HABITAT, 2020).

Além da questão quantitativa da participação feminina, são significativas as diferenças de gênero na experiência efetiva de trabalho, já que as mulheres têm maior probabilidade que os homens de trabalhar meio período, de interromper a carreira devido à maternidade e de trabalhar na economia informal. Tendem também a ser empregadas em ocupações de baixa remuneração (CAF; BID; ONU-HABITAT, 2020).

O relatório *Human Development Report*, do Programa das Nações Unidas para o Desenvolvimento (PNUD), contendo dados de 189 países, confirmou que as mulheres possuem média maior de anos de estudo (8,1 anos contra 7,6 anos dos homens); porém, esse investimento maior em educação não se reflete na remuneração, visto que possuem renda 41,5% inferior que a dos homens (IATA, 2020).

Essas disparidades nas remunerações estão relacionadas com a subavaliação do trabalho que é realizado pelas mulheres e das competências exigidas nos setores ou profissões de predominância feminina, práticas discriminatórias e a necessidade de as mulheres fazerem pausas na carreira para poderem assegurar as responsabilidades adicionais, por exemplo, cuidados com os filhos (OIT, 2016).

No Brasil, em relação aos rendimentos médios do trabalho, as mulheres continuam recebendo cerca de 3/4 dos rendimentos dos homens. Tal situação decorre da própria natureza dos postos de trabalho ocupados pelas mulheres, em que se destaca a maior proporção dedicada ao trabalho em tempo parcial – por óbvio, menos remunerado (IBGE, 2018). No setor público, regra geral, os salários são iguais, mas as funções gratificadas são majoritariamente ocupadas por homens (MILTERSTEINER *et al.*, 2020).

O relatório *Perspectivas sociais e de emprego no mundo: progresso global nas tendências de emprego feminino*, elaborado pela OIT, demonstra que as desigualdades de gênero também são visíveis quando se analisam os cargos de gestão, refletindo que as mulheres continuam a enfrentar barreiras do mercado de trabalho para acessá-los (OIT, 2018).

Independentemente do setor, tipo ou forma de trabalho, a ampliação geral da força de trabalho feminina ao longo dos anos se deu por alguns fatores importantes, com destaque para o controle da natalidade, avanços médicos que reduziram a incidência de invalidez pós-natal, substitutos da lactação materna, progresso tecnológico nos domicílios e maior disponibilidade de creches, que reduziu a necessidade de mão de obra na vida doméstica (CAF; BID; ONU-HABITAT, 2020).

Outras conquistas foram importantes. De acordo com o relatório *Women, Business and Law 2021*, há 50 anos mulheres do mundo inteiro tinham menos da metade dos direitos dos homens. Desde então, mais de 1.500 reformas foram implementadas, aumentando seu poder econômico (BANCO MUNDIAL, 2021).

Vale observar que, no Brasil, diversas conquistas das mulheres são recentes. Em 1970, as mulheres usufruíam de apenas 1/3 dos direitos legais dos homens nas áreas medidas pelo estudo. Desde então, o Brasil realizou reformas positivas. Entretanto, há muito a avançar. A legislação brasileira ainda não exige remuneração igual por trabalho de igual valor, por exemplo (BANCO MUNDIAL, 2021).

Uma série de estudos demonstra o impacto positivo que a presença das mulheres no mercado de trabalho e na alta liderança pode gerar nos negócios, visando à criação de ambientes de trabalho inclusivos para homens e mulheres. O estudo *Mulheres importam: um motor de desempenho corporativo*, citado na cartilha *Princípios de empoderamento das mulheres*, da ONU Mulheres e Pacto Global (2017), indica a competitividade que a empresa ganha em diferentes áreas ao promover a igualdade de gênero.

Na sequência, serão apresentados aspectos relacionados à liderança feminina.

2.3 Liderança feminina e representatividade

Uma maior igualdade de gênero em cargos de liderança nas organizações continua a ser um grande desafio, apesar das importantes conquistas recentemente obtidas pelas mulheres na educação e no mercado de trabalho, já apresentadas nos tópicos anteriores.

Inicia-se apresentando duas teorias que abordam a liderança feminina: do papel social e da congruência.

A teoria do papel social, de Alice Eagly, introduz a ideia de que diferenças sexuais são resultados dos papéis sociais que regulam o comportamento das pessoas. Assim, espera-se que as mulheres se comportem de maneira coerente com os papéis de gênero aceitos pela sociedade. Com base nessa teoria, as mulheres são percebidas como tendo características associadas ao papel doméstico, e os homens são considerados como tendo as características de um provedor (IATA, 2020).

A teoria da congruência, por sua vez, no estudo de Alice Eagly e Steven Karau, demonstra que as mulheres enfrentam desvantagens como líderes, decorrentes de normas relativas aos papéis de gênero. Assim, as mulheres que ocupam uma posição formal de liderança, especialmente em ambientes masculinizados, podem ser vistas como contrárias a tais normas, enquanto mulheres em posições hierárquicas inferiores (subordinadas) podem ter medo de assumir posição superior (IATA, 2020).

A teoria do papel social enfoca os estereótipos relacionados aos papéis masculinos e femininos e como seus comportamentos diferem, enquanto a teoria da congruência dos papéis foca no preconceito contra as mulheres em posições de liderança, nas quais elas são vistas como detentoras de menor potencial do que os homens (IATA, 2020).

Assim, as duas teorias explicam os motivos pelos quais a liderança está associada às características masculinas, havendo um descompasso entre os estereótipos atribuídos às mulheres e as características definidas para os líderes, associando-se as características do líder mais aos homens do que às mulheres (IATA, 2020).

Tais teorias parecem explicar, em partes, a realidade das informações e estatísticas que se apresentam a seguir sobre o panorama da liderança feminina, tanto nas empresas e organizações quanto na política.

As mulheres devem ter oportunidades e, efetivamente, participar da vida pública, em seus campos cívico e político, assumindo posições de liderança tanto no setor público quanto no setor privado. O Conjunto Mínimo de Indicadores de Gênero (CMIG), organizado pela Comissão de Estatística das Nações Unidas, é utilizado para basear os indicadores nacionais que o IBGE acompanha, tendo como uma das metas assegurar às mulheres igualdade de acesso aos processos de tomada de decisão (IBGE, 2018). Nesse contexto, o indicador "participação das mulheres nos cargos gerenciais" aborda a inserção das mulheres em posições de liderança tanto no setor público quanto no setor privado.

No Brasil, segundo o Relatório de Estatística de Gênero do IBGE, somente 39,1% dos cargos gerenciais (públicos e privados) eram ocupados por mulheres em 2016, em todas as faixas etárias, tornando-se mais díspares nas faixas etárias mais elevadas. Assim, apesar de as mulheres serem mais da metade da população brasileira (51,03%), o fato de estarem sub-representadas em tantas esferas da vida pública no país reforça a necessidade de políticas voltadas para a redução das desigualdades de gênero (IBGE, 2018).

A Pesquisa Nacional por Amostra de Domicílio (PNAD) do IBGE indica que as mulheres estudam mais do que os homens (9,3 anos para mulheres e 8,9 anos para homens). Por estudarem mais, acredita-se que as mulheres possuam maior conhecimento técnico para o exercício de cargos de direção e de gerência. A Administração Pública, nesse sentido, deveria reproduzir melhor esse fato, já que a admissão se dá por concurso, mas os homens continuam a ocupar a maioria dos cargos de direção, em que pese o conhecimento técnico seja percebido pelas mulheres gestoras como um aliado no alcance de cargos de alto escalão (MILTERSTEINER *et al.*, 2020).

Embora os setores privado e público demonstrem esforços para alcançar a paridade, o ritmo do progresso coletivo ainda é lento. Pesquisa da Bain & Company para o LinkedIn em 2019 apontou que apenas 3% dos presidentes e 5% dos presidentes de conselho das 250 maiores empresas brasileiras são do sexo feminino (BAIN & COMPANY; LINKEDIN, 2019).

A pesquisa ainda mostra que o nível de aspiração e a confiança das mulheres não são as causas principais da baixa representação feminina em cargos de liderança. Os principais fatores que podem minar a aspiração e a confiança diferem entre os gêneros. O aumento salarial abaixo do esperado é o fator que mais impacta a aspiração para os homens. Já para as mulheres, é a falta de liderança inspiradora (BAIN & COMPANY; LINKEDIN, 2019).

Com relação à confiança, a falta de oportunidade para participar e ter sucesso em tarefas desafiantes impacta mais a confiança das mulheres do que a dos homens. Entre profissionais júnior, a confiança das mulheres é mais impactada pela crença de não possuir as habilidades requeridas para o cargo; já quando passam a ocupar posições de liderança, as redes de apoio pessoais e profissionais são mais relevantes para manter a confiança elevada (BAIN & COMPANY; LINKEDIN, 2019).

A sétima edição do estudo global da Deloitte *Mulheres no conselho*, de 2022, inclui atualizações de 51 países, dentre eles o Brasil, sobre diversidade de gênero em seus conselhos e explora *insights* sobre as tendências políticas, sociais e legislativas por trás desses números. O estudo aponta que, se a taxa de crescimento da quantidade de assentos das mulheres em conselhos se mantiver no patamar atual, a paridade de gênero só ocorrerá em 2045. Uma média global de apenas 19,7% dos assentos nos conselhos são ocupados por mulheres (DELOITTE, 2022).

Embora a porcentagem de mulheres nos conselhos tenha se aproximado de 20%, ainda há poucas mulheres na presidência do conselho (6,7% em 2022). Globalmente, apenas 5% das CEOs são mulheres. Empresas com CEOs mulheres têm, em média, conselhos significativamente mais equilibrados em termos de gênero do que aquelas lideradas por homens. Assim, uma maior participação nos conselhos é apenas o primeiro passo para alcançar cargos de poder executivo e liderança do conselho (DELOITTE, 2022).

No Brasil, não há cotas para mulheres em conselhos. Dois projetos de lei prevendo cota para mulheres foram apresentados no Congresso Nacional nos últimos anos, PL nº 7.179/17 e PL nº 785/21, ambos prevendo cota de 30% de diretoras em empresas públicas, empresas mistas privadas e estatais e outras empresas nas quais o governo, direta ou indiretamente, detenha a maioria das ações. O primeiro PL foi retirado e, para o segundo PL, não há previsão de votação (DELOITTE, 2022).

De acordo com o relatório *Women in Business 2020: do plano de ação à prática*, da Grant Thornton, o percentual de mulheres em cargos de liderança nas organizações em 2019 foi de 29%, o maior percentual já registrado. Em mais de 15 anos, a proporção de mulheres em cargos de liderança aumentou 10 pontos percentuais. Isso indica que mais mulheres estão conseguindo ocupar essas posições de liderança; ao mesmo tempo, revela que a desigualdade de gênero ainda permeia o meio empresarial e que há diversas barreiras que as mulheres precisam enfrentar para serem promovidas.

O relatório apresenta ainda que o maior obstáculo que as mulheres enfrentam para a liderança está na fase inicial de suas carreiras, até o nível de gerência. Para cada 100 homens promovidos e contratados como gerentes, apenas 72 mulheres são promovidas e contratadas. Como consequência, os homens acabam ocupando 62%, enquanto as mulheres ocupam apenas 38%, o que torna quase impossível para as empresas estabelecerem uma base para ascensão feminina aos níveis de liderança mais altos (GRANT THORNTON, 2020).

Tal fato parece refletido em dados apresentados pela OIT que mostram que poucas mulheres conseguiram alcançar o topo do mundo empresarial: dos diretores-executivos das empresas incluídas na lista da Fortune 500, apenas 32 são mulheres (OIT, 2018).

Uma pesquisa da Forbes (2022) analisou as 500 maiores empresas norte-americanas de capital aberto por receita e constatou que, nesse grupo, há 43 mulheres CEOs, representando menos de 10%, e 78 CFOs, sendo 16% do total. No entanto, apenas três empresas possuem equipes com mulheres nesses dois cargos de forma simultânea, sendo que esse número era de apenas um em 2017. São 382 empresas com equipes de CEO-CFO formadas apenas por homens.

Recente pesquisa da empresa de consultoria organizacional Korn Ferry sobre liderança feminina apontou que mulheres de alto desempenho não procuram cargos de alto escalão com frequência, e a falta de representação foi a principal causa identificada (FORBES, 2022).

Ao investigar as barreiras que as mulheres enfrentam na ocupação de posições de liderança em cargos de níveis mais estratégicos, a clássica metáfora do "teto de vidro", muito empregada no meio acadêmico, agrega-se agora a outras, como a metáfora do "labirinto de liderança" (MILTERSTEINER *et al.*, 2020).

Enquanto a metáfora do "teto de vidro" diz haver um limite superior invisível acima do qual é difícil ou impossível para as mulheres subirem na hierarquia das organizações, a metáfora do "labirinto de liderança", apresentada por Alice Eagly e Linda Carli, afirma que as mulheres chegam aos cargos de liderança, todavia percorrendo um caminho mais árduo e sinuoso, como um labirinto. Dentre as barreiras desse labirinto, as cinco principais são: preconceito, resistência à liderança feminina, estilo de liderança (estereótipo), demandas da vida familiar e desinvestimento em capital social (*networking*) (MILTERSTEINER *et al*., 2020).

Importante citar ainda as barreiras da vida prática, que limitam a ocupação de cargos em posições mais estratégicas, constantes do relatório *Mulheres no trabalho*, da OIT (2016):

> Os estereótipos de gênero em relação às mulheres e as expectativas da sociedade de que elas assumirão maiores responsabilidades nos cuidados, a falta de modelos como exemplo a seguir, uma cultura de trabalho que supõe muitas horas de trabalho, a subavaliação das tradicionais competências femininas e as insuficientes medidas de conciliação trabalho-família, limitam as possibilidades para as mulheres de superar a segregação e de participar em pé de igualdade na vida política, social e econômica e na tomada de decisões e de alcançarem posições de topo (OIT, 2016).

A baixa representatividade feminina está também na esfera política. Em nível global, segundo a União Interparlamentar (UIP), a média mundial atual é de 26,4% de assentos nos parlamentos nacionais, frente a 11,7% em 1997. Embora isso represente um aumento significativo, as mulheres ainda são menos de 1/4 dos parlamentares (CAF; BID; ONU-HABITAT, 2020).

O Brasil, em que pese existirem cotas para as candidaturas, ocupa o 146º lugar na participação de mulheres no Legislativo, mesmo com o incremento nas últimas eleições de outubro de 2022, em que houve aumento na bancada feminina na Câmara dos Deputados brasileira. São agora 91 mulheres – dentre elas, duas trans –, dentre os 513 deputados eleitos, o que corresponde a 18% do total. É o maior número de deputadas eleitas na história do país, indicando um crescimento de 18% em relação às 77 eleitas em 2018. Para se alcançar a média mundial, seria necessária a eleição de 135 deputadas, 46 a mais do que o resultado das urnas em 2022 (CONGRESSO EM FOCO, 2022).

No Senado, apenas 4 (quatro) dos 27 eleitos são mulheres, fazendo com que a bancada feminina ocupe somente 10 das 81 cadeiras a partir de 2023. Uma redução, se comparado com as 12 senadoras no início da atual legislatura (CONGRESSO EM FOCO, 2022).

A pouca representação em esferas de poder político parece, de certo modo, contraditória quando se constata que as mulheres representam 52,65% das pessoas aptas a votar, segundo o Tribunal Superior Eleitoral (2022).

Empoderar as mulheres para que participem de todos os setores da economia e em todos os níveis de atividade econômica, especialmente no campo da tomada de decisão pública, é essencial para construir economias fortes, estabelecer sociedades mais estáveis e justas, atingir os objetivos de desenvolvimento, sustentabilidade e direitos humanos internacionalmente reconhecidos e melhorar a qualidade de vida para as mulheres, homens e famílias (ONU MULHERES; PACTO GLOBAL, 2017).

Participar dos assuntos da vida pública é um direito humano e compreende o direito de votar e de ser elegível em todas as eleições; de ser parte na formulação das políticas públicas e na sua execução; de ocupar cargos e empregos públicos em todos os níveis do governo; de participar das organizações e associações não governamentais que se ocupem da vida pública e política do país (ONU, 2016).

Para reduzir a sub-representatividade feminina em cargos de liderança, faz-se necessária a implantação de medidas capazes de promover maior igualdade de oportunidades para homens e mulheres, tais como a flexibilização dos horários de trabalho, a adoção do modelo de *home office*, entre outras. É ainda imperativo superar os estereótipos vigentes, adotando uma visão andrógina no âmbito do trabalho, que pressupõe cada indivíduo como detentor de características tanto masculinas quanto femininas e, portanto, livre dos papéis restringentes de gênero e apto a liderar (CERIBELI *et al.*, 2021).

Na busca para a identificação e implementação das medidas para a igualdade, verifica-se que a discussão sobre as diferenças de gênero nas organizações continua atual e necessária, na medida em que, quanto mais as organizações aprendem sobre tais diferenças, mais elas podem ampliar sua *performance*. Ressalta-se que a preocupação das organizações no que diz respeito à diversidade e inclusão também deve se sustentar no seu teor ético e moralmente justo, indispensável à função social das organizações (MILTERSTEINER *et al.*, 2020).

Assim, a participação igualitária das mulheres nas tomadas de decisão, seja na iniciativa privada ou pública, é condição para que os interesses das mulheres sejam levados em consideração, além de ser também uma questão de justiça social e afirmação da democracia.

Nesse sentido, a iniciativa do Conaci de inserir no seu planejamento estratégico um objetivo que estabeleça ações voltadas à ampliação da participação feminina está alinhada com o movimento que se observa no contexto internacional e interno. Estudar sobre esse tema no cenário dos órgãos centrais de controle interno do país visa contribuir para a ampliação do olhar sobre igualdade de gêneros na Administração Pública brasileira.

Na próxima seção, será apresentado o delineamento metodológico que direcionou o presente trabalho.

3 Delineamento metodológico

Buscando compreender o objeto do presente trabalho, optou-se por realizar estudo de caso por meio de uma pesquisa de natureza predominantemente quantitativa. Estudo de caso é uma metodologia utilizada para compreender processos na complexidade social na qual estes se manifestam (MARTINS, 2008).

O embasamento teórico foi realizado a partir de revisão da literatura sobre igualdade de gênero e liderança. Nesse sentido, foi necessária a adoção da técnica de análise documental, que "consiste em analisar informações existentes sobre uma política pública e que é registrada em materiais formais" (IVÀLUA, 2011, p. 43). Para complementar a análise documental, aplicou-se a técnica de questionário, que consiste num "instrumento de coleta constituído por uma série ordenada de perguntas que devem ser respondidas por escrito pelo informante, sem a presença do pesquisador" (BEUREN, 2012, p. 130), por meio da ferramenta Google Forms.

O estudo de caso foi realizado no âmbito do Conaci, uma vez que a organização concentra os mais relevantes órgãos centrais de controle interno do país, incluindo a Controladoria-Geral da União, as controladorias dos maiores estados brasileiros e das maiores capitais, além de outros municípios. Atualmente, a organização conta com 64 membros associados. Em que pese o número de entidades respondentes do formulário aplicado (27) representar um pequeno percentual da população (órgãos centrais de controle interno de todo o país), uma das maiores potencialidades dessa abordagem metodológica consiste em possíveis generalizações (YIN, 2010), uma vez que a avaliação de elementos que materialmente são mais relevantes pode ser indicativo sobre o estado dos demais componentes populacionais.

Os dados e informações coletados foram interpretados pelo método da análise de conteúdo, nos termos de Mendes e Miskulin (2017), como já havia sido feito na interpretação dos documentos.

4 Análise dos resultados

O questionário elaborado foi encaminhado para todos os 64 órgãos membros do Conaci. 27 órgãos responderam. Dos órgãos respondentes, 17 são municipais, e 10, estaduais.

Questionou-se quantos servidores atuam no órgão central de controle interno, incluindo servidores efetivos, comissionados e cedidos. As respostas variaram de 4 (quatro) a 200 servidores, sendo que os órgãos com menor número de servidores são os municipais.

Sobre o quantitativo total de mulheres – e as que assim se declaram – que atuam no órgão, verificou-se a seguinte proporção:

Tabela 1 – Percentual de mulheres em relação ao número de servidores que atuam nos órgãos centrais de controle interno

Órgãos centrais de controle interno	Número de servidores que atuam nos órgãos (efetivos, comissionados e cedidos)	Número total de mulheres – e as que assim se declaram – que atuam nos órgãos	Percentual de mulheres que atuam nos órgãos
Órgãos estaduais	1.106	537	48,55%
Órgãos municipais	726	425	58,53%
Órgãos estaduais + municipais	1.832	962	52,51%

Verifica-se que, nos órgãos de controle interno, há mais mulheres que homens exercendo suas atividades, especialmente nos órgãos municipais.

Junto ao conselho, levantou-se o número de 18 controladoras-gerais/secretárias mulheres no contexto de 64 órgãos, o que representa 28,12% de órgãos associados ao Conaci que possuem mulheres na liderança geral dos órgãos.

Na pesquisa realizada, verificou-se que, entre os órgãos respondentes, 9 (nove) são liderados por mulheres, o que representa 33,3%. Na esfera estadual, dentre os 10 órgãos respondentes, apenas 1 (um)

é dirigido por mulher. Esse aspecto chama a atenção. Os cargos de controlador-geral ou equivalente são cargos de alto escalão, na maioria dos casos, vinculados diretamente ao chefe do Poder Executivo (prefeito ou governador). Verificou-se que, dos 26 estados-membros do Conaci, apenas 2 (dois) (7,69%) possuem mulheres titulares dos órgãos centrais de controle interno. Dentre as 20 capitais filiadas, 7 (sete) (35%) são conduzidas por mulheres. Ressalta-se que, dentre as capitais conduzidas por mulheres, 6 (seis) são localizadas nas regiões Norte e Nordeste, e 1 (uma) é localizada na região Centro-Oeste, fato que também chama a atenção. As 3 (três) capitais do país filiadas ao Conaci com maior PIB *per capita* (São Paulo, Rio de Janeiro e Belo Horizonte) são todas dirigidas por homens. As outras 10 mulheres dirigentes de órgãos centrais de controle interno são dirigentes de municípios de médio ou pequeno porte ou de órgãos de controle interno de poderes legislativos filiados ao Conaci. Esses dados levam a algumas reflexões. Por que há essa divergência significativa na proporção de mulheres titulares de cargos de controladora-geral/secretária nos estados, nas capitais e nos demais municípios? Por que nas capitais das regiões Sudeste e Sul não há mulheres dirigindo os órgãos de controle interno?

Questionou-se, também, se o cargo de controlador-geral adjunto/secretário adjunto é ocupado por mulher. Dos órgãos respondentes, 7 (sete) não possuem o cargo de adjunto, e 11 órgãos responderam que o cargo de adjunto é ocupado por mulher, o que corresponde a 40,7% dos respondentes e 55% dos órgãos respondentes que possuem o cargo de adjunto. Ressalta-se que, dos 9 (nove) órgãos respondentes dirigidos por mulheres, 7 (sete) possuem o cargo de adjunto. Desses 7 (sete) órgãos, 5 (cinco) possuem controladoras adjuntas ou equivalentes (71,42%).

Também foi questionado quantos cargos de gestão/liderança possuem os órgãos, incluindo controlador/secretário, adjunto, subcontrolador/subsecretário, diretor, gerente, coordenador, chefia ou cargos correlatos. As respostas variaram de 1 (um) a 55, o que demonstra a grande variação estrutural entre os órgãos centrais de controle interno.

Questionou-se o número de cargos de diretor, gerente, coordenador ou equivalente, bem como o número desses cargos ocupados por mulheres. A partir das respostas, chegou-se aos seguintes valores:

Tabela 2 – Percentual de cargos de gestão/
liderança ocupados por mulheres

Órgãos centrais de controle interno	Número de cargos de diretor, gerente, coordenador ou equivalente nos órgãos	Número de mulheres ocupantes dos cargos de diretor, gerente, coordenador ou equivalentes nos órgãos	Percentual de cargos de diretor, gerente, coordenador ou equivalente ocupados por mulheres
Órgãos estaduais	172	71	41,27%
Órgãos municipais	376	118	31,38%
Órgãos estaduais + municipais	548	189	34,48%

Também se questionou o número de cargos de assessoria (assessoria técnica, assessoria de gabinete, assistentes em geral e equivalentes) do órgão, bem como o número desses cargos ocupados por mulheres. A partir das respostas, chegou-se aos seguintes valores:

Tabela 3 – Percentual dos cargos de
assessoria ocupados por mulheres

Órgãos centrais de controle interno	Número de cargos de assessoria (assessoria técnica, assessoria de gabinete, assistentes em geral e equivalentes) nos órgãos	Número de mulheres ocupantes dos cargos de assessoria (assessoria técnica, assessoria de gabinete, assistentes em geral e equivalentes) nos órgãos	Percentual de cargos de assessoria nos órgãos ocupados por mulheres
Órgãos estaduais	162	93	57,40%
Órgãos municipais	108	72	66,66%
Órgãos estaduais + municipais	270	165	61%

Verifica-se que a ocupação de cargos de assessoria por mulheres alcança a casa dos 60%, sendo significativamente superior à ocupação dos cargos de direção, que fica próximo de 35%.

A partir desses dados, buscou-se analisar, dentre os órgãos que possuem como titulares mulheres, a proporção de ocupantes dos cargos de direção e assessoria e equivalentes:

Tabela 4 – Percentual de cargos de gestão/liderança ocupados por mulheres em órgãos dirigidos por mulheres

Órgão central de controle interno dirigido por mulher	Número de cargos de diretor, gerente, coordenador ou equivalente nos órgãos	Número de mulheres ocupantes dos cargos de diretor, gerente, coordenador ou equivalente nos órgãos	Percentual de cargos de diretor, gerente, coordenador ou equivalente ocupados por mulheres
Órgãos estaduais	5	3	60%
Órgãos municipais	47	33	70%
Órgãos estaduais + municipais	52	36	69,23%

Tabela 5 – Percentual de cargos de assessoria ocupados por mulheres em órgãos dirigidos por mulheres

Órgãos centrais de controle interno dirigidos por mulheres	Número de cargos de assessoria (assessoria técnica, assessoria de gabinete, assistentes em geral e equivalentes) nos órgãos	Número de mulheres ocupantes dos cargos de assessoria (assessoria técnica, assessoria de gabinete, assistentes em geral e equivalentes) nos órgãos	Percentual de cargos de assessoria ocupados por mulheres nos órgãos dirigidos por mulheres
Órgãos estaduais	5	5	100%
Órgãos municipais	26	20	76,9%
Órgãos estaduais + municipais	31	25	80%

Os dados chamam a atenção. Os órgãos que possuem mulheres como dirigente máximo apresentam quase 70% de mulheres ocupantes de cargos de direção ou equivalentes e 80% de mulheres ocupantes dos cargos de assessoria. Verifica-se um aumento significativo de mulheres ocupando cargos de gestão/liderança.

Também se solicitou que fosse indicado o número de mulheres em cargos de gestão/liderança (diretora, gerente, coordenadora, chefe ou cargos correlatos) por áreas de atuação dos órgãos de controle:

Tabela 6 – Número de mulheres ocupantes de cargos de gestão/liderança por área de atuação

Órgão central de controle interno	Auditoria	Ouvidoria	Transparência	Corregedoria	Integridade	Controle interno	Gestão estratégica	Inteligência	Consultoria jurídica	Outra área
Órgãos estaduais	19	6	6	14	7	32	2	2	5	20
Órgãos municipais	29	31	12	30	19	39	6	5	12	3
Órgãos estaduais + municipais	48	37	18	44	26	71	8	7	17	23

Verificou-se que há uma predominância de atuação de mulheres ocupando cargos nas áreas de auditoria e controle interno, seguidas pelas áreas de ouvidoria e corregedoria. Sabe-se que, geralmente, as áreas de auditoria interna e controle interno são as que possuem uma estrutura mais robusta e um maior número de servidores. Não foi possível avaliar neste estudo se a ocupação desses cargos tem relação com o perfil de atividades desenvolvidas, uma vez que não foi questionado quantos homens ocupam cargos de gestão nessas áreas.

Na próxima seção, serão apresentadas as considerações finais do estudo a partir da análise dos dados colhidos, dos documentos analisados e do referencial teórico apresentado.

5 Considerações finais

Os dados levantados no estudo de caso realizado junto aos órgãos membros do Conaci indicam que suas composições refletem a realidade apresentada no referencial teórico deste trabalho. O número de servidoras nos órgãos pesquisados supera o número de servidores. Contudo, conforme apontam Miltersteiner *et al.* (2020), as funções de gestão e liderança são majoritariamente ocupadas por homens.

No contexto de 64 órgãos membros do conselho, 18 possuem mulheres controladoras-gerais, secretárias ou equivalentes, o que representa 28,12%. Dos 26 estados-membros do Conaci, apenas 2 (dois) (7,69%) possuem mulheres titulares dos órgãos centrais de controle interno. Dentre as 20 capitais filiadas, 7 (sete) (35%) são conduzidas por mulheres.

Os cargos de controlador-geral ou equivalente são de alto escalão, na maioria dos casos, vinculados diretamente ao chefe do Poder Executivo (prefeito ou governador). A baixa ocupação desses cargos por mulheres, especialmente nos estados e nas capitais com maior renda *per capita*, reflete similitude com os dados apresentados pela OIT, que mostram que poucas mulheres conseguiram alcançar o topo do mundo empresarial: dos diretores-executivos das empresas incluídas na lista da Fortune 500, apenas 32 são mulheres (OIT, 2018).

Conforme explicado por Szcyglak (2022), a divisão histórica da esfera pública e privada deixou sequelas que até hoje deixam as mulheres hesitantes em se expor e colocar em evidência em uma atmosfera que não foi criada para e pelas mulheres. A pesquisa da Bain & Company para o LinkedIn (2019) demonstra que o principal fator que pode minar a aspiração e a confiança das mulheres é a falta de liderança inspiradora. O mesmo estudo demonstra que, quando as mulheres passam a ocupar posições de liderança, as redes de apoio pessoais e profissionais são mais relevantes para manter a confiança elevada.

Conforme apontado no presente trabalho, empresas com CEOs mulheres têm, em média, conselhos significativamente mais equilibrados em termos de gênero do aquelas lideradas por homens (DELOITTE, 2022). O estudo de caso realizado demonstrou que os órgãos de controle interno respondentes que possuem mulheres como dirigentes máximas apresentam quase 70% de mulheres ocupantes de cargos de direção ou equivalentes e 80% de mulheres ocupantes dos cargos de assessoria, apresentando um aumento significativo de mulheres ocupando cargos de gestão/liderança em relação aos liderados por homens.

Diante dos dados levantados e dos documentos analisados, fica clara a necessidade de se fornecerem às mulheres programas de desenvolvimento e oportunidades de liderança que possam ampliar suas habilidades para que possam alcançar cargos altos de liderança, e isso não pode ser diferente nos órgãos centrais de controle interno do país. Os baixos níveis de representação feminina nos cargos públicos de liderança nos órgãos centrais de controle interno precisam ser equalizados. A iniciativa do Conaci em estabelecer ações voltadas à ampliação da participação feminina precisa ser destacada como uma boa prática. Assim como diz o estudo do CAF, BID e ONU-Habitat (2020), para que os governos sejam verdadeiramente representativos do povo e para promover perspectivas e prioridades diferentes nas políticas públicas, promover a liderança pelas mulheres também aborda questões relacionadas aos papéis tradicionais de gênero e empodera as jovens e as mulheres (CAF; BID; ONU-HABITAT, 2020).

As informações apresentadas demonstram que a busca pela igualdade de gênero no trabalho ainda está longe de ser alcançada, embora muitos avanços tenham acontecido. Diversas medidas de inserção e melhoria das condições de trabalho para as mulheres precisam ser implementadas ou melhoradas. Na medida em que as diferenças de oportunidades, salariais ou de comportamento são reforçadas por discriminação ou diferenças de gênero, construídas socialmente, e não como consequência de diferenças biológicas, há espaço para a intervenção, especialmente na forma de normas e políticas públicas. Os conceitos e recomendações abordados em convenções e publicações da OIT, da OCDE e da ONU, por exemplo, deixam claro que, quando um país ou organização promove a diversidade e a igualdade de gênero no trabalho, podem ser obtidos benefícios significativos para a sociedade em geral, uma vez que uma maior igualdade promove a estabilidade social e apoia o desenvolvimento econômico.

A partir deste trabalho, sugere-se que novos estudos continuem analisando a participação das mulheres na liderança dos órgãos centrais de controle interno do país, considerando-se, inclusive, as diferentes realidades encontradas no cenário nacional. Não foi possível aprofundar a atuação das mulheres em cargos de liderança em cada macrofunção de controle neste estudo, sendo esse um tema também relevante e ainda pouco estudado.

Em termos acadêmicos, o presente estudo revela a importância da discussão da temática desigualdade de gênero no contexto do controle interno como abordagem relevante para o aprimoramento da Administração Pública. Em termos sociais, reforça a premência do desenvolvimento de políticas que contribuam efetivamente para o desenvolvimento de mulheres para o exercício da liderança nos órgãos públicos.

Referências

BAIN & COMPANY; LINKEDIN. *Sem atalhos*: transformando o discurso em ações efetivas para promover a liderança feminina. 2019. Disponível em: https://www.bain.com/contentassets/e4fcb1f4478f49658dacdbcfe326b07e/bain_linkedin_liderancafeminina_sematalhos.pdf. Acesso em: 20 out. 2022.

BANCO MUNDIAL. *The Cost of Gender Inequality Notes Series*: How Large Is the Gender Dividend? Measuring Selected Impacts and Costs of Gender Inequality. 2020. Disponível em: https://openknowledge.worldbank.org/bitstream/handle/10986/33396/146622.pdf. Acesso em: 26 set. 2022.

BANCO MUNDIAL. *Women, Business and the Law 2021*. 2021. Disponível em: ttps://openknowledge.worldbank.org/bitstream/handle/10986/35094/9781464816529.pdf. Acesso em: 26 set. 2022.

BEUREN, I. M. *Como elaborar trabalhos monográficos em contabilidade*: teoria e prática. 3. ed. São Paulo: Atlas, 2012.

CAF; BID; ONU-HABITAT. *As desigualdades de gêneros nas cidades*. 2020. Disponível em: https://publications.iadb.org/publications/portuguese/document/As_desigualdades_de_genero_nas_cidades.pdf. Acesso em: 05 out. 2022.

CERIBELI, H. B.; LOPES, K. S. M.; MACIEL, G. N. Liderança Feminina: um movimento em constante evolução. *Revista Interface*, v. 18, n. 1, p. 132-156, 2021.

CONACI. *Revisão do Planejamento Estratégico - Gestão 2022-2023*. 2022.

CONGRESSO EM FOCO. *Bancada feminina tem eleição recorde na Câmara, mas encolhe no Senado*, 2022. Disponível em: https://congressoemfoco.uol.com.br/amp/area/congresso-nacional/bancada-feminina-tem-eleicao-recorde-na-camara-mas-encolhe-no-senado/. Acesso em: 8 out. 2022.

DELOITTE. *Progress at a snail's pace Women in the boardroom*: A global perspective. Deloitte Global Boardroom Program: 2022. Disponível em: https://www2.deloitte.com/global/en/pages/risk/articles/women-in-the-boardroom-seventh-edition.html. Acesso em: 18 set. 2022.

DERKS, B.; LAARB, C. V.; ELLEMERS, N. The queen bee phenomenon: why women leaders distance themselves from junior women. *The Leadership Quarterly*, v. 27, n. 3, p. 456-469, jun. 2016.

FORBES. *Apenas 3 das 500 maiores empresas dos EUA têm mulheres como CEO e CFO*, 2022. Disponível em: https://forbes.com.br/forbes-mulher/2022/10/quantas-duplas-femininas-de-ceo-cfo-lideram-as-maiores-empresas-dos-eua/?utm_campaign=later-linkinbio-forbesmulher&utm_content=later-30384087&utm_medium=social&utm_source=linkin.bio. Acesso em: 20 out. 2022.

GOLDIN, C.; KERR, S. P.; OLIVETTI, C. E.; BARTH, E. The expanding gender earnings gap: evidence from the LEHD-2000 Census. *American Economic Review*, v. 107, n. 5, p. 110-114, 2017.

GRANT THORNTON. *Women in Business 2020*: do plano de ação à prática. 2020. Disponível em: grantthornton.com.br/lp/women-in-business-2020. Acesso em: 16 set. 2022.

KANAN, L. A. Poder e liderança de mulheres nas organizações de trabalho. *Revista Organizações & Sociedade*, v. 17, n. 53, p. 243-257, abr./jun. 2010.

IATA, C. M. *Liderança Feminina*: a experiência de mulheres que se tornaram líderes em empresas de base tecnológica. Tese (doutorado) - Universidade Federal de Santa Catarina, Centro Tecnológico, Programa de Pós-Graduação em Engenharia e Gestão do Conhecimento, Florianópolis, 2020.

IBGE. *Informativo Estatísticas de gênero: indicadores sociais das mulheres no Brasil*. 2018. Disponível em: https://biblioteca.ibge.gov.br/visualizacao/livros/liv101551_informativo.pdf. Acesso em: 16 set. 2022.

IVÀLUA. *Guía práctica 8*: la metodología cualitativa en evaluación de políticas públicas. Barcelona, Iválua, 2011.

MARTINS, Gilberto, A. Estudo de caso: uma reflexão sobre a aplicabilidade em pesquisa no Brasil. *Revista de Contabilidade e Organizações*, v. 2, n. 2, p. 9-18, 2008.

MCKINSEY & CO. *Women in the Workplace 2021*. Disponível em: https://wiw-report.s3.amazonaws.com/Women_in_the_Workplace_2021.pdf. Acesso em: 16 set. 2022.

MENDES, R. M.; MISKULIN, R. A Análise de conteúdo como uma metodologia. *Cadernos de Pesquisa*, v. 47, n. 165, jul./set. 2017.

MILTERSTEINER, R. K.; OLIVEIRA, F. B.; HRYNIEWICZ, L. G. C.; SANT'ANNA, A. S.; MOURA, L. C. Liderança feminina: percepções, reflexões e desafios na administração pública. *Cadernos EBAPE.BR*, v. 18, n. 2, Rio de Janeiro, abr./jun. 2020, p. 406-423.

OKA, M.; LAURENTI, C. Entre sexo e gênero: um estudo bibliográfico-exploratório das ciências da saúde. *Revista Saúde e Sociedade*, v. 27, n. 1, p. 238-251, 2018.

OIT. *Mulheres no Trabalho*: Tendências. OIT, Genebra: 2016. Disponível em: https://www.ilo.org/wcmsp5/groups/public/---dgreports/---dcomm/---publ/documents/publication/wcms_457096.pdf. Acesso em: 05 out. 2022.

OIT. Iniciativa Mulheres no Trabalho. Relatório do Diretor-Geral. *Conferência Internacional do Trabalho. 107ª Sessão*. OIT, Genebra: 2018. Disponível em: https://www.ilo.org/wcmsp5/groups/public/---europe/---ro-geneva/---ilo-lisbon/documents/publication/wcms_715121.pdf. Acesso em: 05 out. 2022.

OIT. *Perspectivas sociales y del empleo en el mundo*: Avance global sobre las tendencias del empleo feminino. 2018. Disponível em: http://www.ilo.org/global/about-the-ilo/newsroom/news/WCMS_619550?lang=es. Acesso em: 28 set. 2022.

OIT. *Women in business and management*: The business case for change, 2019. Disponível em: http://www.ilo.org/global/publications/books/WCMS_700953/lang--en/index.htm. Acesso em: 10 out. 2022.

OIT. *Estudo sobre a diferença salarial entre homens e mulheres em Portugal*. OIT: 2021. Disponível em: https://www.ilo.org/wcmsp5/groups/public/---europe/---ro-geneva/---ilo-lisbon/documents/publication/wcms_836143.pdf. Acesso em: 29 set. 2022.

ONU BRASIL. *Glossário de termos do Objetivo de Desenvolvimento Sustentável 5*: Alcançar a igualdade de gênero e empoderar todas as mulheres e meninas. 2016. Disponível em: http://www.onumulheres.org.br/wp-content/uploads/2017/05/Glossario-ODS-5.pdf. Acesso em: 05 out. 2022.

ONU MULHERES; PACTO GLOBAL. *Cartilha Princípios de Empoderamento das Mulheres*. 2017. Disponível em: https://www.onumulheres.org.br/wp-content/uploads/2016/04/cartilha_ONU_Mulheres_Nov2017_digital.pdf. Acesso em: 20 out. 2022.

SILVA, M. *Mulher e Poder*: Percepções de líderes femininas nas organizações. Universidade Estadual Paulista "Julio de Mesquita Filho" – UNESC CAMPUS BAURU, 2014.

SILVEIRA, A. D. M.; DONNAGGIO, A. R. F.; SICA, L. P.; RAMOS, L. Participação de mulheres em cargos de alta direção. *Relações sociais de gênero, Direito Societário e Governança Corporativa*, Fundação Getúlio Vargas, 2013. Disponível em http:// papers.ssrn.com/sol3/papers.cfm?abstract_id=2508929. Acesso em: 10 out. 2022.

SZCYGLAK, G. *Subversivas*: a arte sutil de nunca fazer o que esperam de nós. 1. ed. São Paulo: Editora Cultrix, 2022.

TSE. *Eleições 2022*: mulheres são a maioria do eleitorado brasileiro, 2022. Disponível em: https://www.tse.jus.br/comunicacao/noticias/2022/Julho/eleicoes-2022-mulheres-sao-a-maioria-do-eleitorado-brasileiro. Acesso em: 8 out. 2022.

UNFPA. *Frequently asked questions about gender equality*. 2005. Disponível em: https://www.unfpa.org/resources/frequently-asked-questions-about-gender-equality. Acesso em: 20 out. 2022.

UNESCO. *Unesco in Action for Gender Equality*. 2022. Disponível em: https://unesdoc.unesco.org/ark:/48223/pf0000380680?posInSet=33&queryId=8df79422-8334-4c4f-b764-45f94983a310. Acesso em: 26 set. 2022.

WORLD ECONOMIC FORUM. *Global Gender Gap Report*. 2022. Disponível em: http://reports.weforum.org/globalgender-gap-report-2022. Acesso em: 26 set. 2022.

YIN, R. K. *Estudo de caso*: planejamento e métodos. São Paulo: Bookman, 2010.

Informação bibliográfica deste texto, conforme a NBR 6023:2018 da Associação Brasileira de Normas Técnicas (ABNT):

FUSCO, Cláudia; ZIKAN, Marisa. A sub-representação das mulheres na liderança dos órgãos centrais de controle interno. *In*: SEVERINO, Débora Pinto; CAMATA, Edmar Moreira; FERRAZ, Leonardo de Araújo; THOMÉ, Marcela Oliveira (Coord.). *Mulheres no controle*: tópicos de controle interno sob o olhar das mulheres. Belo Horizonte: Fórum, 2023. p. 113-137. ISBN 978-65-5518-540-9.

O BENEFÍCIO FEMININO NO CONTROLE INTERNO: UM *CASE* DE SUCESSO

JEFLANUZIA LEITE
MEIRE JANE

1 Introdução

Os desafios trazidos à Administração Pública a partir da introdução do papel da governança no cenário brasileiro coloca os controles internos como processo que proporciona segurança razoável quanto ao alcance dos objetivos da organização, principalmente nas empresas estatais, que se encontram sob a égide da Lei nº 13.306/2016.

Nas empresas estatais, destacam-se ao menos três âmbitos de atuação de controles internos, conforme modelo desenvolvido pelo IIA, intitulado modelo das três linhas, dentre elas a terceira linha, a auditoria interna, que, com sua atuação independente, proporciona à organização avaliação e assessoria para o atingimento dos objetivos.

Tendo em vista os pontos a serem abordados neste artigo, entende-se que o mesmo enfoca o papel das mulheres no aperfeiçoamento do controle interno do Brasil. Tem-se por objetivo apresentar o *case* de uma gerência de auditoria interna de processos de uma empresa estatal, que, diante de mudanças na legislação, com a criação da Lei das Estatais, e de uma reestruturação organizacional baseada em processos, realizou a transição de uma auditoria exclusivamente de conformidade para uma auditoria com foco em processos e riscos. Isso representou uma inovação no processo de trabalho, pois alterou a forma como as auditorias eram realizadas.

2 Contextualização

2.1 Administração Pública x governança

Cada vez mais, a sociedade brasileira necessita da "modernização do setor público", assim como ocorreu na Alemanha há cerca de 28 anos, conforme mencionado por Kissler e Heidemann (2006) em seu artigo *Governança pública: novo modelo regulatório para as relações entre Estado, mercado e sociedade?*. Na Alemanha, existia uma necessidade real de uma administração pública mais empresarial, menos onerosa, mais eficiente, e que se apresentasse mais simpática aos cidadãos. Precisava-se de um modelo de administração pública gerencial, que promovesse a integração entre os órgãos públicos e os cidadãos, e os órgãos públicos e o setor privado, isto é, os três setores da sociedade (figura 1), promovendo, assim, a governança pública.

Figura 1 – Modelo de governança pública

Fonte: Elaboração própria.

Não existe um conceito único de governança pública, mas diversos pontos de partida para uma nova estruturação das relações entre o Estado (federal, estadual e municipal) e as organizações privadas, com e sem fins lucrativos, bem como os "atores" da sociedade civil (coletivos e individuais), conforme Kissler e Heidemann (2006, p. 479).

A entrada dos conceitos de governança pública no Brasil chega com o Decreto Federal nº 9.203/2017,[1] com uma definição sobre a política de governança da Administração Pública federal direta, autárquica e fundacional, a qual dispõe o artigo 2º, inciso I:

> I - governança pública - conjunto de mecanismos de liderança, estratégia e controle postos em prática para avaliar, direcionar e monitorar a gestão, com vistas à condução de políticas públicas e à prestação de serviços de interesse da sociedade (BRASIL, 2017, p. 1).

A partir desse marco, foram criados organismos de controles internos nos diversos estados do Brasil para integrarem esse conjunto de mecanismos que fazem parte das diretrizes da governança.

2.2 Sobre o controle interno

O controle interno é definido da seguinte forma:

> Controle interno é um processo conduzido pela estrutura de governança, administração e outros profissionais da entidade, e desenvolvido para proporcionar segurança razoável com respeito à realização dos objetivos relacionados a operações, divulgação e conformidade (COSO, 2013, p. 6).

Essa definição abrangente é intencional e visa capturar conceitos fundamentais para a forma como as organizações desenvolvem, implementam e conduzem o controle interno dentro de suas atividades, conceitos estes relacionados a:

- processo – tarefas e atividades contínuas;
- objetivos – operacionais, divulgação e conformidade;
- pessoas – diz respeito a pessoas e às ações que elas tomam em cada nível da organização; e
- segurança razoável – não absoluta e adaptável à estrutura da entidade.

---

[1] Decreto Federal nº 9.203, de 22 de novembro de 2017. Dispõe sobre a política de governança da administração pública federal direta, autárquica e fundacional.

Cada organização (IBGC, 2018), de acordo com suas especificidades, possui suas respectivas estruturas de controle interno, da seguinte forma:

a) na gestão operacional, os controles são efetuados pelos executores de acordo com os riscos das suas áreas e controles gerenciais;
b) no gerenciamento de riscos, conformidade e controles internos, consideram-se os controles quanto aos riscos de não aderência às leis, normas e procedimentos; e
c) na auditoria interna, atuando com isenção e independência, avalia tanto as funções quanto os processos relacionados a controles internos, conformidade e gestão de riscos feita pelas outras instâncias, bem como avalia a organização como um todo.

2.2.1 Na Administração Pública do estado da Bahia

No âmbito do estado da Bahia, a Lei Ordinária nº 13.204/2014[2] modificou a estrutura organizacional da Administração Pública do Poder Executivo estadual e criou, dentro da mesma, a estrutura da Coordenação de Controles Internos, com a finalidade de "desempenhar as funções de acompanhamento, controle e fiscalização da execução orçamentária, financeira e patrimonial, em estreita articulação com o órgão estadual de controle interno" (BAHIA, 2014, p. 3).

O Decreto nº 16.059/2015,[3] por sua vez, disciplina as atividades das coordenações de controle interno e estruturas equivalentes, estando sujeitas à orientação técnica da Auditoria Geral do Estado (AGE).

2.2.2 Nas empresas estatais

Dentro dessa estrutura do Poder Executivo, têm-se também as empresas estatais, que incluem as públicas e as sociedades de economia mista, as quais possuem suas unidades de controle interno, que são as unidades de auditoria interna. Pela especificidade de serem empresas, obedecem a mais um ditame legal dentro desse contexto, que é a Lei das

---

[2] Lei Ordinária nº 13.204/2014, de 11 de dezembro de 2014. Modifica a estrutura organizacional da Administração Pública do Poder Executivo estadual e dá outras providências.
[3] Decreto nº 16.059, de 30 de abril de 2015. Disciplina as atividades das Coordenações de Controle Interno e dá outras providências.

Estatais – Lei nº 13.303/2016[4] –, a qual reforçou, no âmbito da empresa pública e das sociedades de economia mista, a relevância das atividades da auditoria e do gerenciamento dos riscos e controles internos.

Através dessa lei, formalizou-se a independência da atividade de auditoria interna ao indicar que ela deve ser vinculada ao Conselho de Administração, diretamente ou por meio de Comitê de Auditoria Estatutário. Ainda atribuiu a responsabilização de aferir a adequação do controle interno, a efetividade do gerenciamento de riscos e a confiabilidade do processo de preparo das demonstrações financeiras, conforme descrito na Lei nº 13.303/2016 em seu art. 9º, §3º:

> §3º A auditoria interna deverá:
> I - ser vinculada ao Conselho de Administração, diretamente ou por meio do Comitê de Auditoria Estatutário;
> II - ser responsável por aferir a adequação do controle interno, a efetividade do gerenciamento dos riscos e dos processos de governança e a confiabilidade do processo de coleta, mensuração, classificação, acumulação, registro e divulgação de eventos e transações, visando ao preparo de demonstrações financeiras (BRASIL, 2016, p. 4).

O controle interno em um ambiente público é um dos mais desafiadores devido à escassez de recursos para a execução dos trabalhos, à falta de treinamento e capacitação dos agentes executores dos trabalhos e, também, pelo fato de as instituições organizacionais não priorizarem a excelência no alcance dos seus objetivos. Trazer novos elementos para esse tipo de cenário, bem como contornar esses obstáculos, passa a ser um ato bastante desafiador.

2.3 Sobre a auditoria interna

2.3.1 Conceituação geral

A auditoria interna desempenha um papel essencial nas organizações, realizando a aferição do desempenho dos seus processos e atividades e contribuindo na geração de valor. Nesse sentido, o Instituto de Auditores Internos do Brasil (IIA Brasil)[5] define a auditoria interna como:

---

[4] Lei nº 13.303, de 30 de junho de 2016. Dispõe sobre o estatuto jurídico da empresa pública, da sociedade de economia mista e de suas subsidiárias, no âmbito da União, dos Estados, do Distrito Federal e dos Municípios.

[5] O IIA Brasil, fundado em 20 de novembro de 1960, é uma associação profissional de fins não econômicos sediada em São Paulo (SP) e que se encontra entre os cinco maiores institutos

Atividade independente e objetiva de avaliação e consultoria, criada para agregar valor e melhorar as operações de uma organização. Ela auxilia a organização a atingir seus objetivos a partir da aplicação de uma abordagem sistemática e disciplinada à avaliação e melhoria da eficácia dos processos de gerenciamento de riscos, controle e governança (IIA BRASIL, 2022).

A missão da auditoria, também explicitada pelo mesmo instituto, é aumentar e proteger o valor organizacional, fornecendo avaliação (*assurance*), assessoria (*advisory*) e conhecimento (*insight*) objetivo baseados em riscos.

De acordo com a Norma Brasileira de Contabilidade – NBC T 01 – Da auditoria Interna, no parágrafo 12.1 – Conceituação e Disposições Gerais, subitem 12.1.1.3:

> A Auditoria Interna compreende os exames, análises, avaliações, levantamentos e comprovações, metodologicamente estruturados para a avaliação da integridade, adequação, eficácia, eficiência e economicidade dos processos, dos sistemas de informações e de controles internos integrados ao ambiente, e de gerenciamento de riscos, com vistas a assistir à administração da entidade no cumprimento de seus objetivos (NBC, 2003).

2.3.2 Auditoria interna nas organizações estatais

A atuação da auditoria interna como uma área independente e objetiva na organização estatal pode ser claramente visualizada por meio do modelo das três linhas do IIA, conforme figura 2.

---

de auditoria interna em atuação no mundo dentre os afiliados do *The IIA – The Institute of Internal Auditors*.

Figura 2 – Modelo das três linhas do IIA

[Figura: Modelo das três linhas do IIA, mostrando Órgão de Governança no topo (Prestação de contas aos stakeholders pela supervisão organizacional; Papéis dos órgãos de governança: integridade, liderança e transparência); abaixo, Gestão (Ações incluindo gerenciar riscos para atingir objetivos organizacionais) e Aud. Interna (Avaliação independente); Papéis da 1ª linha: Provisão de produtos/serviços aos clientes; gerenciar risco; Papéis da 2ª linha: Expertise, apoio, monitoramento e questionamento sobre questões relacionadas a riscos; Papéis da 3ª linha: Avaliação e assessoria independentes e objetivas sobre questões relativas ao atingimento dos objetivos. À direita: Prestadores Externos de Avaliação. Legenda: Prestação de contas, reporte; Delegar, orientar, recursos, supervisão; Alinhamento, comunicação, coordenação, colaboração.]

Fonte: Modelo das três linhas do IIA 2020: uma atualização das três linhas de defesa.

Neste modelo, a 1ª e 2ª linhas cabem a gestão e execução das atividades do negócio da organização (entrega dos produtos/serviços aos clientes) e o gerenciamento dos riscos. A auditoria interna representa, no modelo, a 3ª linha, a quem cabe realizar avaliação e assessoria independente e objetiva sobre as questões relacionadas ao atingimento dos objetivos. Mais especificamente, compete à auditoria interna (IIA, 2020):

- manter a prestação de contas primária perante o órgão de governança e a independência das responsabilidades da gestão;
- realizar a comunicação da avaliação e assessoramento independentes à gestão e ao órgão de governança sobre a adequação e eficácia da governança e do gerenciamento de riscos (incluindo controle interno) para apoiar o atingimento dos objetivos organizacionais e promover e facilitar a melhoria contínua; e
- reportar ao órgão de governança prejuízos à independência e objetividade e implantar salvaguardas conforme necessário.

3 Case

Dentro da empresa estatal onde ocorreu o *case* descrito a seguir, tem-se a auditoria interna como uma unidade organizacional, subdividida em duas gerências setoriais. Tal unidade está administrativamente vinculada à diretoria da presidência, funcionalmente ao Conselho de Administração (CONSAD) e supervisionada pelo Comitê de Auditoria Estatutário (CAE).

Essa unidade de auditoria interna tem como função primordial em seu regimento interno desempenhar as atividades de auditoria referentes aos processos da empresa, aferindo suas adequações aos respectivos objetivos, avaliando quanto aos aspectos de eficiência e eficácia, e reportando os resultados obtidos à governança da empresa.

A figura a seguir, adaptada do modelo das três linhas do IIA, representa a estrutura de governança da instituição objeto do presente estudo.

Figura 3 – Modelo das três linhas personalizadas para a empresa em questão

Fonte: Elaboração própria.

O ponto de partida para esse estudo foi o ano de 2017, que representou o marco para a reestruturação da atividade de auditoria interna da empresa em estudo.

3.1 Aspectos iniciais para as mudanças

Nos anos anteriores a 2017, as atividades da auditoria interna se mantinham num patamar de auditoria "pontual" e "corretiva", assentada na execução de sindicâncias e aferição de conformidades por setor específico, cujo objetivo se resumia a identificar o problema que já tinha ocorrido, desprezando as possíveis causas e impactos que pudessem afetar todo o processo produtivo da empresa. Para esse antigo paradigma, a resposta da auditoria interna era reativa; ou seja, depois do "fato" ter ocorrido, agia-se apenas como observador de planos e planejamento estratégico, e os relatórios eram voltados para os controles funcionais e seus desempenhos específicos.

A empresa em estudo era departamentalizada, dividida em dois grandes blocos, administrativo e operacional, sendo este último subdividido em três grandes regiões de atuação: norte, sul e região metropolitana.

A própria auditoria interna era subdividida em duas gerências setoriais, intituladas genericamente de gerências I e II. As auditorias eram baseadas em três premissas:

1. onde auditar – considerava-se há quanto tempo a auditoria realizou a última visita em determinada unidade de negócio e/ou a distância entre ela e a localização da unidade de auditoria, levando em conta os custos;
2. o que auditar – repetiam-se os mesmos processos em todas as unidades de negócio (auditorias planejadas) ou solicitação específica de diretores ou da ouvidoria (auditorias especiais ou não planejadas); e
3. uso único do tipo de auditoria de conformidade.

Dessa forma, o planejamento anual das auditorias, ou seja, o Plano Anual de Auditoria (PAA), fundamentava-se nessas três premissas indicadas, sendo selecionadas as unidades de negócio que teriam seus processos auditados. Esse tipo de abordagem pontual enfraquecia a tomada de decisão para solução de problemas corporativos. Por não adotar uma visão holística, as resoluções ficavam fragmentadas em cada unidade/setor, que possuía diferentes gestores e diretores.

A utilização apenas do tipo de abordagem de auditoria de conformidade, popularmente conhecida no *case* analisado como auditoria "cara-crachá", não envolvia o auditado na busca pela prevenção do problema, mesmo porque a auditoria era apenas corretiva.

Além das auditorias planejadas, cabe esclarecer que havia as auditorias não planejadas, denominadas auditorias especiais, que eram demandadas pelas diretorias e/ou pela ouvidoria, no decorrer do ano, cujo foco geralmente estava centrado em investigações de denúncias. Esses tipos de auditoria promoviam uma cultura errônea dentro da empresa quanto às funções e objetivos de uma auditoria interna, uma visão de que a sua principal e única função era ser uma "polícia corporativa", cuja atividade era detectar os possíveis erros cometidos pelos colegas, inclusive levando as medidas corretivas para o lado pessoal, como se as recomendações fossem direcionadas para determinada pessoa, e não para o processo de trabalho. Até hoje se constata resistência por parte de alguns colegas em entender a auditoria como um setor que agregará valor ao processo auditado.

3.2 Marcos das mudanças

Três marcos deixaram o terreno fértil para a mudança desse paradigma: primeiro, a desvinculação das funções de sindicância através da criação, em meados do ano de 2015, de uma comissão permanente para apuração de faltas disciplinares na empresa, que retirou da auditoria interna a responsabilidade direta pela apuração de denúncias em desfavor de empregados, embora atualmente exista um membro da auditoria na comissão. Essa modificação ocorreu devido à necessidade de estabelecer procedimentos e sanções próprias para os referidos casos, o que já era uma demanda da auditoria interna, que utilizava parte considerável do seu tempo laboral fazendo auditorias para apuração de denúncias, o que inviabilizava o cumprimento integral do PAA e trazia um conceito distorcido da auditoria ser uma polícia corporativa, como supracitado.

O segundo foi a implementação da Lei das Estatais, a Lei nº 13.303/2016, que, conforme já indicado, chancelou a obrigatoriedade da existência de auditoria interna nas empresas estatais, formalizou a vinculação das auditorias internas das estatais ao Conselho de

Administração no intuito de proporcionar maior independência da atividade de auditoria, bem como atribuiu como uma responsabilidade a aferição da adequação dos controles, do gerenciamento de riscos e da confiabilidade do processo de preparo das demonstrações financeiras.

Nesse contexto, o terceiro marco foi a reestruturação interna promovida pela nova direção-executiva da empresa, com a implementação de uma gestão por processos, voltada para a geração de valor. Com isso, todas as unidades e setores foram agrupados conforme processos, sendo identificados os "donos", os "guardiões", os "executores", entre outros. Nesse sentido, pontua-se que as gerências setoriais da auditoria também passaram a ser subdivididas por processos da empresa, segundo áreas de atuação.

3.3 Ações para as mudanças

Nesse cenário, a auditoria interna empreendeu uma série de ações que propiciaram a geração de conhecimento da sua equipe para compreender o novo contexto que se iniciava. As primeiras ações foram a organização e realização de uma das edições do Encontro Nacional de Auditoria Interna do seu ramo de atuação (2017), cujo tema foi "Governança e auditoria regulatória e estatutária com foco em *compliance* e gestão de riscos". Dentre os temas discutidos, destacaram-se as tendências e desafios para a área de auditoria interna, bem como a Lei das Estatais, que trouxe uma série de obrigatoriedades para as estatais, inclusive quanto à auditoria interna, controles e riscos, entre outras. Esse evento contou com a presença de representantes das auditorias internas de diversas empresas do país desse segmento. Em seguida, foram realizadas capacitações e um *benchmarking* com o executivo da área de auditoria interna de uma companhia de referência nacional, em que foi realizada uma troca de conhecimentos de auditoria baseada em riscos e de auditoria nas demonstrações financeiras.

Outra ação foi a idealização, organização e realização do Primeiro Encontro de Governança Corporativa de Auditoria da Empresa (2019), que teve como público-alvo as comunidades interna e externa. Na ocasião, foram publicizadas as atividades da auditoria, como: cumprimento do Plano Anual de Auditoria Interna da Empresa, metodologia utilizada, resultados alcançados, dificuldades enfrentadas, perspectivas para o próximo ano e impacto da identificação dos riscos e utilização dos controles internos dentro da organização.

3.4 Das mudanças

Os marcos indicados anteriormente desencadearam a necessidade de se realizarem modificações que inovaram o processo de auditoria quanto à estrutura, às atividades e ao engajamento da equipe sob uma liderança feminina.

A primeira grande ação diz respeito à reestruturação interna na empresa, com a adoção da gestão por processos. Essa ação passou a exigir mudanças na execução da atividade de auditoria interna, as quais serão analisadas a seguir.

3.4.1 Quanto à estrutura

As gerências setoriais da auditoria passaram a ser subdivididas por áreas de atuação, mudança que propiciou uma evolução quanto à nomenclatura genérica que havia antes (gerências I e II), atribuindo o pertencimento de cada gerência ao seu objeto de trabalho:

- auditoria de engenharia, com enfoque nos contratos de execução de obras e de manutenção dos sistemas de operação;
- auditoria de processos, com enfoque na dinâmica da execução das atividades da empresa, agora reestruturadas por processos de trabalho, que são objetos deste *case*.

A auditoria de processos, quando comparada com a outra gerência, carece de mais ajustes a serem feitos quanto ao campo de atuação que fora atribuído. Neste ponto, a gerente da área percebeu que se fazia necessário, além da disponibilização de condições estruturais de implementação de novo método de trabalho, explorar novas características de liderança para a condução e engajamento da equipe, dado o tempo e recursos escassos para a implementação das mudanças.

3.4.2 Quanto às atividades de auditoria interna

Passou-se de uma auditoria exclusivamente de conformidade para a inserção de outros tipos de auditoria, como:

- auditoria baseada em riscos (ABR) nos processos da empresa; e
- auditoria contábil continuada devido à obrigatoriedade da Lei das Estatais.

Percebeu-se com isso que poderia ser executada uma diversidade de outras auditorias, como auditorias de sistemas, auditoria operacional, etc.

Essas modificações só foram possíveis devido a dois aspectos essenciais: conhecimento adquirido por toda a equipe, principalmente com o Encontro Nacional das Auditorias Internas em 2017, e ação da gestora em tomar a iniciativa na implementação da atuação da sua gerência de forma diferenciada dentro da empresa.

3.4.3 Quanto ao engajamento da equipe

Percebeu-se que cada equipe de auditoria trabalhava seus projetos de forma individual, sem compartilhamento das informações, nem controle dos relatórios emitidos. Então, por iniciativa da gestora, todas as informações foram direcionadas para um único local na rede, em que todos os auditores pudessem armazenar os projetos de auditoria com seus respectivos relatórios.

Outra mudança identificada, de extremo ganho para o engajamento e comprometimento da equipe e colocada em prática pela gestora, foi a construção participativa do planejamento anual das auditorias, contando com as contribuições da equipe, o que se mostrou fundamental para o cumprimento dele.

3.5 Liderança feminina da gerência de processos

Destaca-se que a mola propulsora para a reestruturação da gerência de auditoria de processos foi a liderança feminina que promoveu o engajamento da equipe envolvida.

Quanto aos aspectos de liderança, podem-se destacar algumas características de ordem comportamental que fizeram todo o diferencial no processo inicial de implementação das novas diretrizes na execução dos trabalhos de auditoria. Esse entendimento é ilustrado na figura 4:

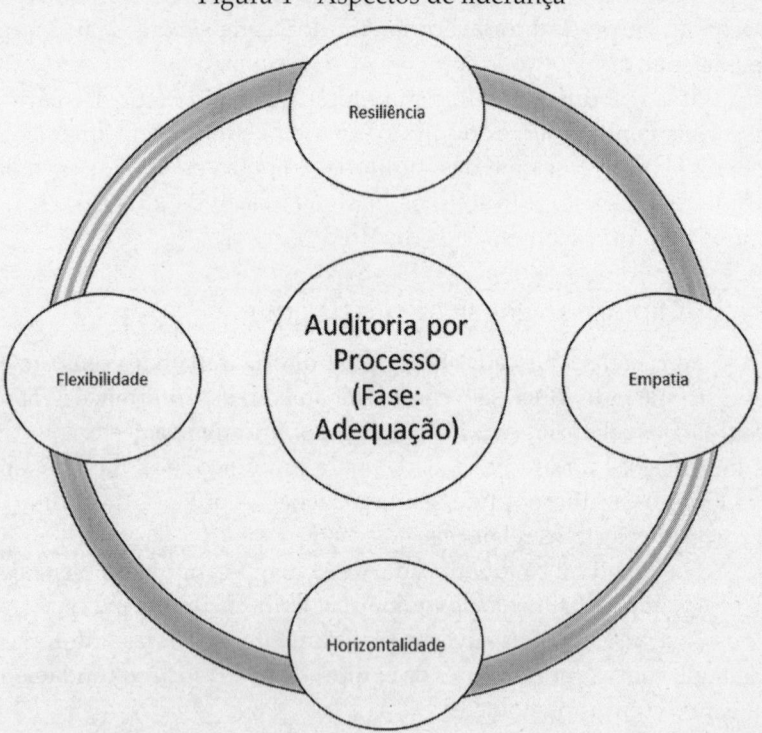

Figura 4 – Aspectos de liderança

- Resiliência
- Flexibilidade
- Auditoria por Processo (Fase: Adequação)
- Empatia
- Horizontalidade

Fonte: Elaboração própria.

3.5.1 Resiliência

No ambiente corporativo, vemos a resiliência sendo tratada como característica definidora dos funcionários que lidam bem com as tensões e pressões do ambiente de trabalho moderno. Trata-se, então, da capacidade de uma pessoa responder às exigências da vida diária. Outras definições incluem conceitos como elasticidade, flexibilidade, durabilidade, força, velocidade de recuperação e adaptabilidade. Resumindo, estamos falando de uma característica humana que afeta nossa capacidade de "se recuperar".

No *case* analisado, havia uma obrigatoriedade legal de adequação, trazendo a ideia de riscos e controles, bem como uma visão por processos implementada pela gestão executiva, um cenário interno ainda em desenvolvimento. O primeiro passo da gestora foi, mesmo diante de um cenário árido, buscar superar esses obstáculos por adaptar o método de trabalho e reorganizar o PAA, inclusive utilizando uma construção participativa. Portanto, manter a resiliência foi a resposta para se obter o resultado almejado, uma vez que os percalços enfrentados no percurso poderiam levar à desistência. Uma etapa não bem compreendida, uma análise que precisaria ser feita ou mesmo um relatório mais robusto poderia ter assustado e retirado a equipe do foco. Nesse momento, a liderança foi essencial para motivá-la no alcance dos objetivos construídos.

3.5.2 Empatia

A busca pelo entendimento das carências da equipe quanto à capacitação levou a liderança a estimular um ambiente de geração de conhecimento por meio de inscrições em cursos gratuitos, criação de grupo de WhatsApp para troca de informações relevantes *just-in-time*, abono de ponto para o funcionário que se inscrevesse em curso de capacitação, compromisso de compartilhar o material de estudo dos treinamentos que o membro da equipe participasse etc.

Dessa forma, fomentou-se um clima organizacional motivador, baseado na integração e compartilhamento das informações para iniciar o processo de autocapacitação.

3.5.3 Horizontalidade

A gestora da área, de forma empírica, utilizou a liderança baseada na horizontalidade da tomada de decisão quanto às ações a serem implementadas. Todos foram envolvidos, convidados e estimulados a participar das soluções. As sugestões foram lançadas e, a partir daí, iniciaram-se as rodadas de aceite ou descarte para implementação das modificações, acréscimos, retiradas de dados, *layouts*, estrutura, sequência etc., ponderando, considerando, discutindo e ajustando todas as informações, independentemente do autor da proposta.

3.5.4 Flexibilidade

Muitas mudanças precisaram ser realizadas ao longo do caminho de atualização do trabalho de auditoria interna na instituição, muitas reanálises, muita releitura dos métodos adotados. Uma postura engessada da equipe, principalmente da liderança, teria inviabilizado totalmente esse novo direcionamento das atividades de controle que foram implementadas e que se encontram em processo de melhoramento e aperfeiçoamento contínuo. Mais uma vez, a gestora demonstrou sua versatilidade por conseguir soluções adaptadas para os obstáculos que apareceram no decorrer do percurso.

4 Conclusão

Os desafios do novo cenário da Administração Pública e as mudanças internas ocorridas na organização, quer ocasionadas por nova gestão organizacional, quer por questão de lei, requereram modificações da metodologia através da implementação de novos métodos, estruturas e direcionamentos na auditoria interna.

Tais alterações na metodologia de trabalho da auditoria interna foram viabilizadas mediante a adoção de novas atitudes, especialmente nas ações de liderança assertiva, as quais conduziram a auditoria de processos a um novo patamar, como conselheira confiável e agente integrada de transformação dentro da organização, agregando valor através da abrangência mais ampla e transversal das recomendações, envolvendo todo o processo de trabalho em vez de sugestão de ações pontuais, estabelecendo uma base confiável para a tomada de decisão e para o planejamento, e melhoria da eficácia e eficiência operacionais, aumentando a resiliência organizacional.

Portanto, ficou demonstrada a atuação das características femininas na condução bem-sucedida da implementação das ações inovadoras do processo que foram capazes de mudar o paradigma anterior para uma versão com maior valor agregado.

Referências

BAHIA. *Decreto nº 16.059 de 30 de abril de 2015*. Disciplina as atividades das Coordenações de Controle Interno e dá outras providências. Palácio do Governo do Estado da Bahia: 30 de abril de 2015. Disponível em: https://www.sefaz.ba.gov.br/administracao/controle_interno/decreto_16059.pdf. Acesso em: 25 out. 2022.

BAHIA. *Lei Ordinária nº 13.204, de 11 de dezembro de 2014*. Modifica a estrutura organizacional da administração pública do poder executivo estadual e dá outras providências. Palácio do Governo do Estado da Bahia: 11 de dezembro de 2014. Disponível em: https://leisestaduais.com.br/ba/lei-ordinaria-n-13204-2014-bahia-modifica-a-estrutura-organizacional-da-administracao-publica-do-poder-executivo-estadual-e-da-outras-providencias. Acesso em: 25 out. 2022.

BRASIL. *Decreto nº 9.203, 22 de novembro de 2017*. Dispõe sobre a política de governança da administração pública federal direta, autárquica e fundacional. DOU de 23.11.2017. Brasília: 22 de novembro de 2017. Disponível em: http://www.planalto.gov.br/ccivil_03/_ato2015-2018/2017/decreto/d9203.htm. Acesso em: 25 out. 2022.

BRASIL. *Lei nº 13.303, de 30 de junho de 2016*. Dispõe sobre o estatuto jurídico da empresa pública, da sociedade de economia mista e de suas subsidiárias, no âmbito da União, dos Estados, do Distrito Federal e dos Municípios. Brasília: 30 de junho de 2016. Disponível em: http://www.planalto.gov.br/ccivil_03/_ato2015-2018/2016/lei/L13303.htm. Acesso em: 25 out. 2022.

BWG. *Liderança feminina*: a importância das mulheres em cargos mais altos. Disponível em: https://www.bwg.com.br/lideranca-feminina-importancia/. Acesso em: 12 set. 2022.

COMMITTEE OF SPONSORING ORGANIZATIONS OF THE TREADWAY COMMISSION – COSO. *Controle Interno – Estrutura Integrada*: Sumário Executivo. 2013. Disponível em: https://auditoria.mpu.mp.br/pgmq/COSOIICIF_2013_Sumario_Executivo.pdf. Acesso em: 10 out. 2022.

CONSELHO FEDERAL DE CONTABILIDADE. *NBC T 01 – Da Auditoria Interna*. Brasília, 2003. Disponível em: https://www1.cfc.org.br/sisweb/SRE/docs/RES_986.pdf. Acesso em: 05 out. 2022.

INSTITUTO BRASILEIRO DE GOVERNANÇA CORPORATIVA. *Auditoria interna*: aspectos essenciais para o conselho de administração. São Paulo, 2018.

INSTITUTO DE AUDITORES INTERNOS DO BRASIL. *Definição de Auditoria Interna, c2022*. Página IPPF. Disponível em: https://iiabrasil.org.br/ippf/definicao-de-auditoria-interna. Acesso em: 17 out. 2022.

KISSLER, L.; HEIDEMANN, F. G. Governança pública: novo modelo regulatório para as relações entre Estado, mercado e sociedade? *RAP*, Rio de Janeiro, maio/jun. 2006.

THE INSTITUTE OF INTERNAL AUDITORS. *Modelo das três linhas do IIA 2020*: uma atualização das três linhas de defesa. Jul. 2020. Disponível em: https://iiabrasil.org.br/korbilload/upl/editorHTML/uploadDireto/20200758glob-th-editorHTML-00000013-20082020141130.pdf. Acesso em: 12 set. 2022.

Informação bibliográfica deste texto, conforme a NBR 6023:2018 da Associação Brasileira de Normas Técnicas (ABNT):

LEITE, Jeflanuzia; JANE, Meire. O benefício feminino no controle interno: um *case* de sucesso. *In*: SEVERINO, Débora Pinto; CAMATA, Edmar Moreira; FERRAZ, Leonardo de Araújo; THOMÉ, Marcela Oliveira (Coord.). *Mulheres no controle*: tópicos de controle interno sob o olhar das mulheres. Belo Horizonte: Fórum, 2023. p. 139-155. ISBN 978-65-5518-540-9.

COPRODUÇÃO DO CONTROLE: O PLANO DE AÇÃO SC GOVERNO ABERTO COMO MECANISMO DE FORTALECIMENTO DOS CONTROLES INTERNO, EXTERNO E SOCIAL

VICTORIA ARAÚJO
CAROLINA SILVA
MONYZE WEBER

1 Introdução

Controle é definido por Henri Fayol (1916), fundador da teoria clássica da administração, como uma das funções básicas ou princípios da administração. No contexto da Administração Pública, Di Pietro (2022, p. 931) atribuiu ao controle "o poder de fiscalização e correção que sobre ela exercem os órgãos do Poder Judiciário, Legislativo e Executivo, com objetivo de garantir a conformidade de sua atuação com os princípios que lhes são impostos pelo ordenamento jurídico".

No Brasil, a promulgação da Constituição Federal de 1988 (CF/88) é um marco no sistema de controle, estabelecendo que o controle da Administração Pública seja exercido pelo Poder Legislativo, com o auxílio do Tribunal de Contas, mediante controle externo, e pelos sistemas de controle interno de cada Poder (BRASIL, 1988). A CF/88, conhecida como Constituição Cidadã, também aproximou o Estado da sociedade ao estabelecer mecanismos de participação e controle social, tais como conselhos de políticas públicas, audiências públicas e ouvidorias (SCHOMMER *et al.*, 2012).

Diante da diversidade de formas de controle que ganham espaço no país, o tema tem sido pauta emergente na atualidade, trazendo consigo debates a respeito da transparência, *accountability* e participação social (AQUINO, 2018; FAVARETTO, 2022; LIMA, 2008; SCHOMMER *et al.*, 2015). Relaciona-se com o tema a agenda de governo aberto, que se intensificou com a criação da *Open Government Partnership* (OGP) em 2011 e a elaboração de planos de governo aberto de seus signatários.

Nesse contexto, o presente trabalho visa explorar e discutir aspectos relacionados à articulação dos controles interno, externo e social exercidos à Administração Pública, com foco no processo de planejamento e execução do 1º Plano de Ação SC Governo Aberto dentro do Poder Executivo do Estado de Santa Catarina, o qual evidenciou a coprodução desses controles.

O trabalho está dividido em seis seções principais, além desta. Inicialmente, é apresentada a estrutura do sistema de controle no Brasil e como é a relação entre as organizações integrantes dos sistemas. Em seguida, o trabalho da OGP e a adesão do estado de Santa Catarina na organização. Por fim, como os compromissos assumidos pelo estado no Plano SC Governo Aberto fortalecem o sistema de controle descrito. Ao final, há as considerações finais desta análise.

2 Sistemas de controle no Brasil

Loureiro e Teixeira (2011, p. 12) definem o sistema de controle como "uma rede de ações e de instituições dedicadas à promoção da transparência e da responsabilização na gestão dos recursos públicos". Os sistemas de controle no Brasil incluem variados mecanismos, dentre eles os de controle interno, externo e social. Tais controles são exercidos pela própria Administração (controle interno), por outros órgãos (controle externo) ou por qualquer cidadão (controle social), com vistas à efetiva correção na conduta dos gestores públicos, com a finalidade de garantir atuação conforme os modelos desejados e planejados (GUERRA, 2019).

2.1 Controle interno

A Secretaria Federal de Controle Interno da Controladoria-Geral da União (CGU) define controle interno como:

> O conjunto de atividades, planos, métodos e procedimentos interligados, utilizado com vistas a assegurar que os objetivos das entidades da administração sejam alcançados, de forma confiável e concreta, evidenciando eventuais desvios ao longo da gestão, até a consecução dos objetivos fixados pelo Poder Público (BRASIL, 2001).

Na Administração Pública brasileira, os procedimentos de controle interno são exigidos legalmente desde a Lei Federal nº 4.320/1964, a qual estabeleceu que a execução orçamentária deve ser objeto de controle internamente, pelo Poder Executivo, e externamente, pelo Poder Legislativo e tribunais de contas (BRASIL, 1964). Nos estados, o surgimento dos órgãos de controle interno seguiu a trajetória do nível federal, inicialmente tendo foco exclusivo nas atividades contábeis de despesa (BALBE, 2016).

Com a promulgação da CF/88, o sistema de controle interno (SCI), composto pelos órgãos de controle interno, ampliou seus objetivos para não somente o controle formal e legalista, mas também o acompanhamento da execução de programas de trabalho de governo e da avaliação dos resultados alcançados (MILESKI, 2003). Segundo a CF/88, em seu art. 74:

> Os Poderes Legislativo, Executivo e Judiciário manterão, de forma integrada, sistema de controle interno com a finalidade de:
> I - avaliar o cumprimento das metas previstas no plano plurianual, a execução dos programas de governo e dos orçamentos da União;
> II - comprovar a legalidade e avaliar os resultados, quanto à eficácia e eficiência, da gestão orçamentária, financeira e patrimonial nos órgãos e entidades da administração federal, bem como da aplicação de recursos públicos por entidades de direito privado;
> III - exercer o controle das operações de crédito, avais e garantias, bem como dos direitos e haveres da União;
> IV - apoiar o controle externo no exercício de sua missão institucional (BRASIL, 1988).

O SCI tem como órgão central uma unidade de controle interno, a exemplo da CGU, a qual reorganizou o controle interno na Administração Pública federal, centralizando-o em um órgão com *status* ministerial, além de incentivar a difusão do modelo para governos subnacionais (LOUREIRO *et al.*, 2012). Desde então, o SCI vem se profissionalizando, fruto da demanda por maior controle da sociedade, dada a percepção de elevados níveis de corrupção (FAVARETTO, 2022).

Em relação à consolidação e profissionalização do controle interno, destaca-se o papel do Conselho Nacional dos Órgãos de Controle Interno dos Estados, do Distrito Federal e dos Municípios das Capitais (Conaci), criado em 2007, o qual tem como propósito fortalecer o controle interno no Brasil por intermédio da representação, integração e assessoramento institucional.

2.2 Controle externo

O controle externo, de acordo com Guerra (2005), é "o controle exercido por um Poder ou órgão distinto, apartado da estrutura do órgão controlado". No tocante à fiscalização contábil, financeira e orçamentária da Administração Pública, o controle externo, conforme definido na CF/88, é exercido pelo Poder Legislativo com auxílio do Tribunal de Contas (BRASIL, 1988).

Costa (2022) explica que, embora a CF/88 mencione que o controle externo está a cargo do Legislativo com o auxílio do Tribunal de Contas, é importante asseverar que essa atuação não se traduz em subordinação entre os órgãos. Nesse sentido:

> O controle externo visa a comprovar a probidade da Administração e a regularidade da guarda e do emprego dos bens e valores e dinheiros públicos, assim como a fiel execução do orçamento. É, por excelência, um controle político de legalidade contábil e financeira, o primeiro aspecto a cargo do Legislativo; o segundo, do Tribunal de Contas (MEIRELLES, 2018, p. 677).

Assim, tem-se que, no Brasil, o controle externo é função exercida por dois órgãos autônomos, o Poder Legislativo e o Tribunal de Contas, com competências constitucionalmente definidas e distintas. O controle externo exercido pelo Poder Legislativo é o controle político, enquanto o exercido pelos órgãos de controle é o técnico (COSTA, 2022).

Em princípio, qualquer ato administrativo está sujeito ao controle externo, que pode examinar qualquer um de seus elementos de formação, como forma, autoridade competente, finalidade, conformidade com a lei e sua economicidade, com poder mandamental para determinar a correção de atos irregulares (OLIVEIRA, 2018).

Lima (2008) expõe que o controle externo objetiva, de forma geral, o cumprimento dos princípios constitucionais da legalidade, impessoalidade, moralidade, publicidade e eficiência. Ademais, os órgãos de controle externo devem estimular didaticamente a participação dos cidadãos para que possam trazer suas expectativas e vigilância (LIMA, 2008).

2.3 Controle social

De acordo com Serra e Carneiro (2012, p. 47), controle social é "a participação da sociedade no acompanhamento das escolhas de interesse público, verificação dos planos orçamentários de governos e das ações da gestão pública, da execução de suas políticas, avaliando atos, cumprimento de objetivos, processos e resultados". Os autores defendem ainda que o conceito de controle social está diretamente ligado à noção de *accountability* democrática, entendida como a responsabilização contínua dos governantes por seus atos e omissões perante os governados (ABRUCIO; LOUREIRO, 2005).

A participação do cidadão no controle da Administração Pública vem sendo experimentada nas últimas décadas, incluindo uma diversidade de mecanismos de transparência e controle social, tais como conselhos de políticas públicas, conferências, audiências públicas, ouvidoria, entre outras inovações legislativas (SCHOMMER *et al.*, 2012). Dentre elas, destaca-se a Lei de Responsabilidade Fiscal – LRF (Lei Complementar nº 101/2000), a Lei de Acesso à Informação – LAI (Lei nº 12.527/2011), a Lei Anticorrupção (Lei nº 12.846/2013) e a Lei nº. 13.460/2017, que instituiu o Código de Defesa do Usuário do Serviço Público.

Em paralelo aos avanços institucionalizados, por meio da criação de leis, iniciativas da própria sociedade fazem avançar o controle social, exercido pelos cidadãos e suas organizações sobre os governantes, durante os mandatos, interagindo e acionando formas institucionalizadas de controle, como, por exemplo, os observatórios sociais (SCHOMMER; MORAES, 2010). Santa Catarina é o primeiro estado do Brasil a instituir um observatório social em âmbito estadual, fruto da articulação dos observatórios municipais que proporcionaram certo nível de maturidade para o controle social.

As condições para o bom desempenho do controle social incluem a possibilidade de se obter e divulgar diversidade de informações públicas, com transparência e fidedignidade; a existência de imprensa livre e de espaços de debate entre cidadãos; regras que incentivem o pluralismo e coíbam privilégios; respeito ao império da lei e aos direitos dos cidadãos; mecanismos institucionalizados que garantam a participação e o controle da sociedade sobre o poder público; e possibilidade de que a sociedade acione instituições de fiscalização, as quais tenham poder de impor sanções (SCHOMMER; MORAES, 2010).

No Brasil, há um movimento crescente de utilização dos instrumentos do controle social como ferramentas de alavancagem dos controles interno e externo da Administração. Ao situar junto aos controles interno e externo da Administração Pública ferramentas para ação do controle social, o Estado instrumentaliza a formação de parcerias entre a sociedade e a Administração, propiciando a participação popular na condução da conformação da ação pública, e reforça os controles interno e externo, que passam a utilizar o controle social como ferramenta para o aprimoramento de suas atividades típicas (SERRA; CARNEIRO, 2012). Essas interações serão discutidas na seção a seguir.

3 Coprodução do controle: articulação entre controles interno, externo e social

Nas palavras de Guerra (2008, p. 5), "o controle da gestão pública possui responsabilidade compartilhada entre as autoridades (instituições) e os atores sociais (cidadãos)". Para que isso aconteça, Loureiro e Teixeira (2011) defendem que "a diversidade e multiplicidade de órgãos e instrumentos de controle é, em princípio, benéfica, no sentido em que mais controles significam, potencialmente, mais promoção da transparência e da responsabilização da ação estatal" (LOUREIRO; TEIXEIRA, 2011, p. 11).

A própria CF/88 cuida de assegurar a conexão entre os diferentes tipos de controle, de forma a favorecer a transparência das ações e robustecer o sistema de fiscalização das ações ocorridas dentro da Administração Pública (SERRA; CARNEIRO, 2012). Sob uma abordagem prática e legalista, o controle interno contribui para o desempenho do controle externo, uma vez que, se aquele toma conhecimento de fato irregular, deve dar ciência desse fato ao Tribunal de Contas, sob pena de responsabilidade solidária (BRASIL, 1988). Ressalta-se, porém, que a legislação não determina qualquer espécie de subordinação entre o controle interno e o controle externo, posto que ambos os controles são dotados de independência funcional e técnica.

Na medida em que o controle social interage com o controle interno e externo, tem-se a formação de um sistema de controle, sistema este constituído de várias partes e suas interações e que pode ser visto como um bem público passível de coprodução. É também um sistema político-institucional que depende da articulação de cada uma das partes do todo, de forma sistêmica (DOIN *et al.*, 2012). Assim, a estrutura que se refere à presença de multiplicidade de atores e mecanismos de produção de informações e controle chamamos de coprodução de controle.

4 Governo aberto e a *Open Government Partnership* (OGP)

Governo aberto é uma visão da Administração Pública que coloca o cidadão como prioridade para as políticas públicas e, sob esse pilar, promove projetos e ações pautados nos seguintes princípios: transparência, *accountability*, participação cidadã e tecnologia e inovação (OGP, 2011).

Com o objetivo de difundir e incentivar, globalmente, práticas governamentais relacionadas a esses princípios, em 2011 foi criada a *Open Government Partnership* (OGP), uma iniciativa internacional que congrega governos, cidadãos, organizações da sociedade civil, academia e o setor privado. Por meio de sua atuação, a OGP busca assegurar que governos assumam compromissos concretos para promover a transparência e a participação cidadã, combater a corrupção e incentivar o desenvolvimento e uso de novas tecnologias para fortalecer a governança (OGP, 2011).

A OGP reconhece o papel fundamental que os governos locais desempenham por estarem mais próximos das pessoas a quem servem e, por isso, busca apoiar cidades, estados, regiões, províncias, condados e outras jurisdições a adotarem reformas inovadoras em governo aberto por meio do programa OGP Local (OGP LOCAL, 2021). Em 2022, a OGP já conta com 77 países e 108 governos locais como membros.

Para tanto, ser um membro OGP Local implica desenvolver e implementar um plano de ação composto por um conjunto de compromissos ambiciosos de abertura de governo. Mais especificamente, ações concretas e mensuráveis que busquem implementar uma visão de longo prazo, seguindo os princípios da abertura de governo e os objetivos que o membro planeja alcançar. Cada plano de ação deve ser o produto de um trabalho conjunto entre governo e sociedade, implementado, monitorado e avaliado. Além disso, como parte da Parceria, o governo e as partes interessadas participam de intercâmbios entre pares e atividades de apoio nacional e internacional (OGP LOCAL, 2021).

5 Primeiro Plano de Ação SC Governo Aberto

Ao tornar-se membro da OGP, após aprovação no processo seletivo em 2020, Santa Catarina foi o primeiro estado brasileiro a fazer parte dessa iniciativa internacional. Esse importante marco para o estado foi alcançado em virtude de seu histórico de iniciativas de abertura de governo e no contexto propício ao desenvolvimento de um plano de ação, dada a consistência das organizações sociais existentes (CGE/SC, 2021).

Exemplo disso é a consolidação da rede de observatórios sociais no estado. Segundo informações divulgadas pelo Sistema OSB (2018), entre os anos de 2014 e 2018, a rede de observatórios sociais cresceu 110% no país, estando presente em mais de 130 cidades de 16 estados brasileiros, sendo 20% deles em Santa Catarina.

A elaboração do 1º Plano de Ação SC Governo Aberto ocorreu em 2021 sob coordenação da Controladoria-Geral do Estado de Santa Catarina (CGE/SC). O processo de construção do 1º Plano de Ação SC Governo Aberto iniciou-se com a criação de uma comissão organizadora, denominada Grupo Motor, formada por representantes da CGE/SC, Observatório Social de Santa Catarina (OSB/SC) e Grupo de Pesquisa Politeia da UDESC.

Múltiplos atores, envolvendo cidadãos, universidades, órgãos e entidades dos governos estaduais e municipais, organizações da sociedade civil, câmara de vereadores, empresas e outras entidades privadas, entre outros, participaram da construção do plano. A interação com esses atores ocorreu em diferentes momentos de desenvolvimento do plano, com destaque à participação nas mesas temáticas e na consulta pública.

Os órgãos e entidades do Poder Executivo do Estado de Santa Catarina foram convidados pelo Grupo Motor a submeter projetos cujos resultados pudessem contribuir para um governo mais aberto. Dos projetos recebidos, oito atendiam aos critérios do programa e foram divididos em quatro mesas temáticas: articulação de governo aberto e controle social nos municípios; transparência ativa; compras públicas e contratação aberta; participação do usuário cidadão e avaliação de serviços públicos.

As mesas temáticas foram espaços de cocriação constituídos para viabilizar a colaboração entre representantes indicados pelas organizações do governo e da sociedade convidadas a participar pelo reconhecido conhecimento e atuação em cada tema. No total, foram realizadas nove reuniões, dentre as quais houve uma reunião de abertura e oito reuniões de trabalho. Nessas reuniões, houve o envolvimento de 67 pessoas, representando 31 instituições, dentre as quais 17 organizações da sociedade civil e 14 órgãos da Administração Pública estadual.

A consulta pública para elaboração do 1º Plano de Ação SC Governo Aberto foi realizada em julho de 2021, no período de uma semana, após as mesas temáticas, via formulário *online*. O formulário da consulta foi divulgado nas mídias sociais do governo do estado, em páginas oficiais do governo, em programa de rádio local, em reportagem de jornal digital, por órgãos de governos municipais, além da divulgação nas mídias sociais de organizações da sociedade civil. O espaço da consulta pública teve o objetivo de abrir a qualquer interessado a possibilidade de contribuir com o 1º Plano de Ação SC Governo Aberto. Para uma contribuição mais bem informada, todos os documentos produzidos nas etapas anteriores de desenvolvimento do plano foram disponibilizados. No total, foram recebidas 51 contribuições.

Após análise das contribuições recebidas nas etapas de cocriação, foram definidos quatro compromissos:

Quadro 1 – Compromissos assumidos

Compromisso 1	Promover princípios e práticas de governo aberto e controle social em municípios catarinenses, incentivando a aprendizagem compartilhada e articulando iniciativas de governos e sociedade civil nos âmbitos local e estadual.
Compromisso 2	Aprimorar o processo de aquisição e contratação do Poder Executivo do Governo de Santa Catarina à luz dos princípios e normas da transparência e contratação aberta para torná-lo mais eficaz e acessível ao cidadão e demais partes interessadas.
Compromisso 3	Promover a participação social para aperfeiçoamento dos serviços públicos através da instituição de conselho de usuários, criação de ferramenta tecnológica de avaliação de serviços digitais e melhoria do sistema de ouvidoria e acesso à informação.
Compromisso 4	Reestruturar instrumentos de transparência ativa utilizando desenho centrado no usuário para melhorar a qualidade, usabilidade e acessibilidade da informação pública, inclusive com a disponibilização de formatos abertos.

Fonte: Elaborado pelas autoras (2022) com base no 1º Plano de Ação SC Governo Aberto.

Eleitos os quatro compromissos, foram identificadas as ações e cronograma de implementação, bem como a indicação de coordenadores responsáveis por sua execução. Os compromissos também foram incorporados aos indicadores estratégicos da gestão 2019-2022 do governo do estado de Santa Catarina.

Destaca-se que os princípios de transparência e participação social foram incorporados no Plano SC Governo Aberto desde o processo de cocriação, seja por meio do envolvimento dos cidadãos e demais partes interessadas, seja por meio da publicação dos materiais gerados durante o processo de desenvolvimento do plano. Dessa forma, todas as contribuições recebidas nas etapas de cocriação (mesas temáticas e consulta pública) foram disponibilizadas para acesso público, permitindo que qualquer cidadão ou parte interessada revise as sugestões e analise como foram incorporadas no 1º Plano de Ação SC Governo Aberto. Além disso, cada um dos projetos gerou um relatório das ações realizadas, e a disponibilização desse compilado de materiais foi feita no Portal de Dados Abertos, permitindo que qualquer cidadão ou interessado pudesse consultar os resultados das ações.

Ainda, vale ressaltar que, dentre as exigências da parceria de governo aberto OGP, está a avaliação do plano de ação por um ente independente. No caso do estado de Santa Catarina, o ente avaliador é o Tribunal de Contas do Estado de Santa Catarina (TCE/SC), estabelecendo-se como o órgão de controle externo participante do processo de avaliação da OGP.

6 Plano de Ação SC Governo Aberto como mecanismo de fortalecimento dos sistemas de controle

Conforme citado na seção anterior, os compromissos foram divididos em quatro categorias, sendo elas: articulação de governo aberto e controle social nos municípios (compromisso 1); compras públicas e contratação aberta (compromisso 2); participação do usuário cidadão e avaliação de serviços (compromisso 3); e transparência ativa (compromisso 4).

6.1 Articulação de governo aberto e controle social nos municípios

O compromisso de articulação de governo aberto e controle social nos municípios buscou promover princípios e práticas de governo aberto e controle social em municípios catarinenses, incentivando a aprendizagem compartilhada e articulando iniciativas de governos e sociedade civil nos âmbitos local e estadual.

Destaca-se que, embora muitos governos tenham implementado iniciativas que pretendem promover os princípios de transparência, participação cidadã, *accountability* e tecnologia, o conceito de governo aberto visa ir um passo além e estabelecer uma cultura de governança que garanta que esses princípios, implementados em sinergia, guiem qualquer ação governamental, desde sua concepção até sua avaliação (OCDE, 2022). Por isso, nesse compromisso em específico, foi adotada como estratégia a sensibilização de gestores municipais para a agenda de governo aberto.

Exemplo disso foi um evento realizado de forma *online* no ano de 2022, com objetivo de compartilhar experiências e aprendizagens sobre a articulação entre controles interno, externo e social, seus processos e resultados nos municípios catarinenses. O evento contou com a presença de um auditor fiscal de controle externo, um representante do observatório social, um promotor de justiça do Ministério Público e um representante do Colegiado de Controladores Internos Municipais de uma associação de municípios catarinenses e tratou da capacidade de atuação do controle interno na prevenção da corrupção e seu potencial de qualificar o desempenho do controle externo, assim como a articulação entre ambos favorece o exercício do controle social. Também ressaltou o estímulo que os controles interno e externo podem trazer para o controle social com a adoção de ações de fortalecimento da transparência, canais de ouvidoria e participação social. Por fim, ressaltou-se a importância do fortalecimento dos pilares do sistema de controle para ampliar e facilitar a aproximação dos três controles.

6.2 Compras públicas e contratação aberta

O compromisso de compras públicas e contratação aberta tinha como objetivo aprimorar o processo de aquisição e contratação do Poder Executivo à luz dos princípios e normas da transparência e contratação aberta para torná-lo mais eficaz e acessível ao cidadão e demais partes interessadas. Foram realizadas ações que buscassem a ampliação da disponibilização de informações e inclusão de opções de acessibilidade no Portal de Compras, bem como a publicação em formato aberto das informações de aquisições e contratos.

Em estudo realizado sobre o processo de compras do Poder Executivo de Santa Catarina, Bayestorff (2019) aponta a necessidade da transposição do conceito de transparência para além da legislação, bem como da criação de uma cultura que trabalhe a transparência como princípio e que envolva os usuários da informação na decisão de que informações fornecer e em que formato.

Nesse contexto, destaca-se a transparência, evidenciada pela busca por tornar públicas as informações sobre aquisições e contratos de modo completo e acessível. Percebe-se que, com isso, buscam-se, além da divulgação e cumprimento de requisitos legais, a compreensão e a utilização do conteúdo pela sociedade.

A partir dessa percepção, a equipe envolvida no processo de abertura de dados do processo de compras e contratação pública adotou uma estratégia de parceria interinstitucional, envolvendo órgãos de controle externo, como TCE/SC, Ministério Público e organizações da sociedade civil, como a *Open Contracting Partnership* (OCP), criando mecanismos de governança colaborativa para definir quais dados e em que formato publicar para mitigar resistências e fortalecer os controles interno, externo e social.

6.3 Participação do usuário cidadão e avaliação de serviços

As ações presentes no compromisso de participação do usuário cidadão e avaliação de serviços tiveram como objetivo implantar um novo sistema de ouvidoria, instituir o conselho virtual de usuários de serviços públicos e criar uma ferramenta de avaliação de serviços digitais.

Nesse caso, é possível visualizar que tal compromisso tem potencial de oferecer ao cidadão opções de interação com a Administração Pública por meio da qualificação e ampliação de ferramentas tecnológicas. Diferentemente de portais que permitem apenas a consulta e extração de dados e informações, as plataformas que se referem a esse compromisso objetivam estabelecer uma comunicação recíproca entre o estado e o cidadão usuário do serviço público.

Dessa forma, a apropriação por parte da sociedade na utilização consistente desses canais pode impactar nas demandas dos órgãos de controle interno e externo, uma vez que podem ser evidenciados importantes gargalos da prestação de serviços públicos que apenas o usuário vivencia.

6.4 Transparência ativa

Por fim, as ações contidas no compromisso de transparência ativa contaram com ações referentes à melhoria na usabilidade e navegabilidade do Portal de Transparência, Portal SC Transferências e Portal da Transparência da Agência de Fomento do Estado de Santa Catarina S.A. (Badesc), com a adoção de um modelo centrado na experiência do usuário, do mesmo modo que propôs incremento e melhoria de dados disponibilizados aos cidadãos.

A transparência ativa exige uma postura proativa dos gestores públicos para publicarem espontaneamente, pelo menos, um conjunto mínimo de informações determinadas pela LAI. Ao assumirem o compromisso de reestruturar os canais de transparência ativa para melhorar a experiência do usuário, gestores públicos demonstram a preocupação de não apenas cumprir a legislação, mas, também, que o cidadão compreenda as informações disponibilizadas.

Da mesma forma, espera-se um avanço nos setores de controle interno, considerando que a utilização e evolução de tais ferramentas permitem um melhor monitoramento de dados que dizem respeito ao Poder Executivo estadual catarinense, possibilitando, consequentemente, uma otimização do trabalho exercido pelo controle externo.

7 Considerações finais

Ao analisar os compromissos e as ações realizadas durante a execução do 1º Plano de Ação SC Governo Aberto, no intuito de ressaltar a presença e a articulação dos três controles citados ao longo do artigo, é possível identificar que as ações presentes nos compromissos tendem a promover maior transparência e promoção da participação social, bem como demonstrar a importância da coprodução do controle.

O programa se configura como um meio para que o cidadão, usuário do serviço público, através da criação desses espaços de diálogo, possa participar, opinar, colaborar e propor ideias, resultando em um governo mais aberto.

O processo de elaboração do plano de ação de governo aberto foi realizado em ambiente virtual em virtude do contexto pandêmico vigente à época e, muito embora a opção pela modalidade de convite das organizações para as mesas temáticas tenha restringido os participantes, buscou-se paridade entre participantes do governo e da sociedade civil, justamente para incentivar o estreitamento e aprimoramento da relação entre eles.

Para consolidar a participação e o controle social, há muito que avançar nos próximos ciclos de elaboração e implementação de planos de ação de governo aberto no estado de Santa Catarina, como a ampliação e diversificação das organizações participantes no processo, a melhoria da estratégia de comunicação, assim como a expansão da abordagem de governo aberto para contemplar serviços e políticas públicas de forma transversal em diferentes áreas do governo.

Notou-se, frente aos compromissos do Plano de Ação SC Governo Aberto, que ele se relaciona com todo o sistema de controle discutido até aqui. Tal fato se consolida na observação de que as ações de governo aberto envolvem diversos órgãos, entregas de informações sistemáticas, monitoramento de projetos e prestação de contas dos trabalhos realizados. Ou seja, há o apoio entre os três controles frente à missão institucional do programa.

Por fim, as iniciativas, as ações e o interesse por melhorias que surgem durante o processo do Plano de Ação SC Governo Aberto possibilitam que, futuramente, os controles interno e externo tenham uma visão mais ampla de como executar suas funções. Através da participação social, inclui-se a perspectiva da sociedade, além de que cidadãos mais ativos e participativos em relação aos atos administrativos viabilizam um melhor desempenho dos outros controles. Nesse viés, o cidadão participa de forma mais qualificada, impactando e direcionando os esforços dos controles interno e externo.

Referências

ABRUCIO, F. L.; LOUREIRO, M. R. Finanças públicas, democracia e *accountability*: debate teórico e o caso brasileiro. *In*: BIDERMAN, C.; ARVATE, P. R. (Eds.). *Economia do setor público no Brasil*. Rio de Janeiro, RJ, Brasil: [São Paulo, Brazil]: Elsevier: Editora Campus; FGV, EAESP, 2005. p. 75-102.

AQUINO, A. C. B. de *et al*. Editorial. Controle Governamental, Accountability e Coprodução. *Sociedade, Contabilidade e Gestão*, v. 13, n. 2, p. 123-127, 28 ago. 2018.

BALBE, R. da S. Controle interno no Brasil: uma visão histórica. *In*: BLIACHERIENE, A. C.; BRAGA, M. V. de A.; RIBEIRO, R. J. B. (Eds.). *Controladoria no Setor Público*. 2. ed. Belo Horizonte: Fórum, 2016.

BAYESTORFF, K. S. D. *Transparência como elemento de accountability nas compras públicas*: uma proposta para o Poder Executivo de Santa Catarina. Dissertação (Mestrado) - Curso de Administração, Universidade do Estado de Santa Catarina, Florianópolis, 2019.

BRASIL. *Lei n. 4.320, de 17 de março de 1964*. Estatui Normas Gerais de Direito Financeiro para elaboração e controle dos orçamentos e balanços da União, dos Estados, dos Municípios e do Distrito Federal. Brasília, DF. 1964.

BRASIL. *Constituição da República Federativa do Brasil de 1988*. Brasília, DF. 1988.

BRASIL. Secretaria Federal de Controle Interno. *Instrução Normativa nº 01 de 2001*. Brasília, DF. 2001.

CASTRO, R. P. A. de. *Ensaio Avançado de Controle Interno*. 1. ed. Belo Horizonte: Fórum, 2016.

COSTA, Fernanda Pereira. O Controle Externo da Administração Pública no Brasil. *Revista do Ministério Público de Contas do Estado do Paraná*, Curitiba, v. 15, n. 8, p. 25-38, mar. 2022.

CGE/SC. *Programa SC Governo Aberto*. Dados Abertos SC. Disponível em: https://cge.sc.gov.br/governo-aberto/. Acesso em: 01 out. 2022.

DI PIETRO, M. S. Z. *Direito administrativo*. 35. ed. Rio de Janeiro: Forense, 2022.

DREHMER, A. F.; RAUPP, F. M. Comparando Transparência Passiva na esfera estadual: Executivo, Legislativo e Judiciário. *Sociedade, Contabilidade e Gestão*, v. 13, n. 2, p. 28-46, 28 ago. 2018.

FAVARETTO, Leonardo Valente. *Sistema de Controle Interno como Instrumento de Accountability e de Incentivo à Participação Social*. 2022. 166 f. Dissertação (Mestrado) - Curso de Administração, Universidade do Estado de Santa Catarina, Florianópolis, 2022.

FAYOL, H. *Administração industrial e geral*. Trad. Magda Bigotte de Figueiredo. 1. ed. 2018.

GUERRA, E. M. *Os controles externo e interno da Administração Pública*. 2. ed. rev. e ampliada. Belo Horizonte: Editora Fórum, 2005.

GUERRA, E. M. *Controle sistêmico*: a interação entre os controles interno, externo e social. Fórum, 2008.

GUERRA, E. M. *Controle Externo da Administração Pública*. 4. ed. Belo Horizonte: Fórum, 2019.

LIMA, H. R. Controle Externo, Administração Pública e Transparência Administrativa. *Revista da AGU*, v. 7, n. 17, 30 set. 2008.

LOUREIRO, M. R. et al. Do Controle Interno ao Controle Social: A Múltipla Atuação da CGU na Democracia Brasileira. *Cadernos Gestão Pública e Cidadania*, v. 17, n. 60, 1 jan. 2012.

LOUREIRO, M. R.; TEIXEIRA, M. A. *Coordenação do Sistema de Controle da Administração Pública Federal*. 33. ed. São Paulo: Secretaria de Assuntos Legislativos do Ministério da Justiça (Sal), 2011. 48 p.

MEIRELLES, H. L. et al. *Direito administrativo brasileiro*. 43. ed. atual. até a Emenda Const. 99, de 14.12.2017 ed. São Paulo, SP: Malheiros, 2018.

MILESKI, H. S. *O controle da gestão pública*. São Paulo, SP, Brasil: Editora Revista dos Tribunais, 2003.

OLIVEIRA, J. M. *O papel dos órgãos de controle externo no combate à corrupção*. Disponível em: https://www.conjur.com.br/2018-out-23/papel-orgaos-controle-externo-combate-corrupcao. Acesso em: 23 out. 2022.

OGP. Disponível em: https://www.opengovpartnership.org/. Acesso em: 21 set. 2022.

OGP. *Manual da OGP Local*. Disponível em: https://www.opengovpartnership.org/wp-content/uploads/2021/06/Manual-da-OGP-Local-Portugue%CC%82s.pdf. Acesso em: 21 set. 2022.

OCDE. *Revisão da OCDE sobre Governo Aberto no Brasil*: Avançando para uma agenda de Governo Aberto integrada (2022). Disponível em: https://read.oecd-ilibrary.org/view/?ref=1150_1150753-0jb6duhpek&title=Revisao-da-OCDE-sobre-governo-aberto-no-Brasil-Avan%C3%A7ando-para-uma-agenda-de-Governo-Aberto-integrada%20OECD. Acesso em: 21 set. 2022.

SCHOMMER, P. C.; MORAES, R. L. Observatórios Sociais como promotores de controle social e accountability: reflexões a partir da experiência do observatório social de Itajaí. *Gestão.Org – Revista Eletrônica de Gestão Organizacional*, v. 8, n. 3, 2010.

SCHOMMER, P. C. *et al*. *Accountability, controle social e coprodução do bem público*: a atuação de vinte observatórios sociais brasileiros voltados à cidadania e à educação fiscal. Brasília: EAGU, Ano IV, n. 18, maio 2012, p. 229-258

SCHOMMER, P. C. *et al*. Accountability and co-production of information and control: social observatories and their relationship with government agencies. *Revista de Administração Pública*, v. 49, n. 6, p. 1.375-1.400, dez. 2015.

SERRA R. C. C.; CARNEIRO R. Controle social e suas interfaces com os controles interno e externo no Brasil contemporâneo. *Espacios Públicos*, v. 15, n. 34, maio/ago. 2012, p. 43-64, Universidad Autónoma del Estado de México. México (2012).

Informação bibliográfica deste texto, conforme a NBR 6023:2018 da Associação Brasileira de Normas Técnicas (ABNT):

ARAÚJO, Victoria; SILVA, Carolina; WEBER, Monyze. Coprodução do controle: o Plano de Ação SC Governo Aberto como mecanismo de fortalecimento dos controles interno, externo e social. *In*: SEVERINO, Débora Pinto; CAMATA, Edmar Moreira; FERRAZ, Leonardo de Araújo; THOMÉ, Marcela Oliveira (Coord.). *Mulheres no controle*: tópicos de controle interno sob o olhar das mulheres. Belo Horizonte: Fórum, 2023. p. 157-172. ISBN 978-65-5518-540-9.

COMPLIANCE, GOVERNANÇA E GESTÃO DE RISCOS

ALMERINDA OLIVEIRA

1 Introdução

Muito além da simplória tradução do idioma inglês, estar em *compliance* significa mais do que estar em conformidade com alguma norma ou comportamento esperado e, também, não se relaciona apenas ao combate à corrupção, ou seja, *compliance* não é tão somente sinônimo de integridade. O *compliance* envolve o enraizamento na cultura organizacional e, por isso, uma preocupação constante e legítima – da prevenção à concretização de riscos diversos, como discriminações, danos ambientais e sociais, deficiências no provimento de políticas públicas, fraudes e, também, a corrupção.

O *compliance*, como atualmente vem sendo incorporado às discussões em geral, pode ser considerado uma abordagem importada em nível nacional – advinda, principalmente, dos EUA e da Europa Ocidental – e em nível setorial – relacionada a práticas corporativas. No setor privado, a pesquisa *Maturidade do compliance no Brasil* (KPMG, 2021)[1] indica a disseminação, pois 95% das empresas respondentes possuem estruturas dedicadas.

---

[1] A pesquisa foi realizada junto a 55 (cinquenta e cinco) empresas, em sua maioria, de faturamento bruto superior (73%) a 301 milhões; não multinacionais (65%) e dos setores industrial (22%), governo e infraestrutura (31%), consumo e varejo (15%), tecnologia

No contexto da expansão do *compliance* como uma necessidade na interface público-privado, atualmente, além da Lei Anticorrupção (Lei nº 12.846/2013), já existem diversas regulamentações, em níveis estadual, municipal e federal, que abordam a temática. Da análise dessa legislação, destacam-se dois aspectos significativos para este estudo: a adoção da vertente quase exclusiva do *compliance* como sinônimo de anticorrupção e o posicionamento da Administração Pública como avaliadora do que é implementado no contexto do privado.

Já abordado que o *compliance* vai muito além de ações de anticorrupção posteriores, a própria adoção dessa dimensão como linha mestre aponta que não se pode atuar apenas em um lado do problema. A corrupção no Brasil é um crime que envolve, pelo menos, dois agentes e que necessita da presença de um agente público.[2] Dessa forma, não se mostra razoável esperar a efetividade de um programa de *compliance* enquanto política pública que desconsidere os mecanismos de prevenção e detecção de riscos no contexto da própria Administração Pública.

Os estatutos dos servidores públicos de todos os entes trazem em seu bojo, obrigatoriamente, um regime disciplinar que prevê condutas e penalidades. Inegável o efeito reverberatório de uma punição na promoção da integridade de um ambiente, pois a sensação de impunidade oportuniza a prática de ilícitos. Ocorre que *compliance* é prevenção, demandando uma nova cultura na atividade correcional: é preciso mudança de um paradigma exclusivamente punitivo para a complexa atuação preventiva, sob pena de o controle atuar tardiamente após os diversos riscos já terem se concretizado.

A pesquisa realizou uma análise qualitativa do conteúdo dos excertos textuais (BARDIN, 2011) de 35 (trinta e cinco) normas estaduais (leis e decretos) relacionadas ao tema de *compliance* e integridade. Após a elaboração de uma nuvem de palavras, foi possível criar uma relação de palavras mais frequentes, tendo sido categorizadas em dois vieses, governança para resultados e punição, de forma a permitir a visualização da tendência geral dos normativos, que é discutida neste artigo a partir de uma perspectiva crítica. Além disso, considerando a relevância do binômio custo-benefício do controle, foi analisado se há

(13%), financeiro (5%) e outros (14%). Disponível em: https://home.kpmg/br/pt/home/insights/2021/07/compliance-combate-corrupcao.html. Acesso em: 20 out. 2022.

[2] O Projeto de Lei nº 3.163/2015 prevê a criminalização da corrupção privada.

correlação entre os gastos com controle interno estatal e os dispêndios com saúde, educação e assistência social em 2020.

2 *Compliance*: um conceito importado

Inicialmente, uma reflexão já é imposta em relação ao risco inerente ao processo de importação de conceitos. Os desafios se iniciam desde o processo de desenho da política pública relacionada, pois as prescrições universalmente aplicáveis são, muitas vezes, empurradas em todos os países, ignorando as circunstâncias de aplicação. A compreensão do funcionamento geral do processo político e do processo de formulação de políticas em cada país específico, com sua trajetória histórica específica, é um pré-requisito crucial para o desenvolvimento de propostas de reforma de políticas apropriadas. Além disso, várias características importantes dependem crucialmente da capacidade dos atores alcançarem resultados cooperativos: a construção de acordos que propiciem a consolidação ao longo do tempo. Em ambientes que facilitam acordos políticos, a formulação de políticas será mais cooperativa, levando a políticas públicas mais eficazes, mais sustentáveis e mais flexíveis para responder às mudanças nas condições econômicas ou sociais (STEIN; TOMMASI, 2008).

Já no âmbito da implementação, verifica-se que podem ocorrer falhas: (i) informações insuficientes no país importador sobre a política e/ou instituição e como opera no país de onde foi importada; (ii) fracasso, pois, embora a transferência tenha ocorrido, elementos cruciais daquilo que tornou a política ou estrutura institucional um sucesso no país de origem não podem ser transferidos; (iii) atenção insuficiente pode ser dada às diferenças entre os contextos econômico, social, político e ideológico no país que faz a transferência e no que toma o empréstimo (DOLOWITZ; MARSH, 2000).

Tomando como peculiaridade a estrutura de poder, uma diferença crucial entre a realidade brasileira e a americana não pode ser ignorada. No Brasil, há concentração acionária enquanto, nos EUA, há dispersão de poder no contexto empresarial. Assim, enquanto o problema principal-principal toma grande relevância no âmbito nacional, não é a preocupação essencial nos EUA, âmbito no qual o problema de agência é o foco. Onde há baixa concentração de propriedade e os indivíduos possuem grande parte das ações das empresas cotadas, os mecanismos diretos de influência e desvio de finalidade podem ser utilizados de forma menos eficaz (WEIMER; PAPE, 1999).

O conflito principal-principal, ou seja, dentro da estrutura interna de poder, ocorre entre os acionistas controladores e os acionistas minoritários, pois resulta desse controle familiar da propriedade e de uma fraca proteção legal dos acionistas minoritários (YOUNG; PENG; AHLSTROM; BRUTOM, 2002). No problema agente *versus* principal, ocorre uma usurpação de poder do agente em relação ao principal, procurando benefícios próprios. Nesse contexto, o comportamento ilícito floresce quando os agentes têm poder de monopólio sobre os clientes, possuem grande poder discricionário e quando a responsabilidade dos agentes perante o principal é fraca, conforme a equação proposta por Klitgaard (1988).

Os conflitos do tipo principal-principal surgem como uma das principais preocupações da governança corporativa nas economias emergentes, como o Brasil (YOUNG; PENG; AHLSTROM; BRUTOM, 2002), no qual a maioria das empresas é familiar e, consequentemente, há ingerências no processo decisório. Um exemplo de conflito principal-principal no contexto brasileiro é a participação do governo no setor elétrico, como detentor de propriedade direta (empresas estatais) ou indireta (fundos de pensão) e atuante na definição de políticas, regras e concessão de financiamentos (agências reguladoras e bancos de desenvolvimento).

> No âmbito do discurso e da prática corporativa, uma primeira onda veio, nesse sentido, com as ideias de governança corporativa, que colocaram luz sobre a regulação do poder dentro das estruturas empresariais, incluindo a estruturação de Conselho de Administração e dos Comitês de Assessoramento, a criação de políticas e normas internas dentre outros mecanismos. Tal movimento, aliás, foi impulsionado pelo próprio mercado que, independentemente do Estado, concebeu entidades de autorregulação e criação de massa crítica. Em um segundo momento, na esteira das grandes operações de combate à corrupção da última década e da edição da Lei Anticorrupção em 2013, no Brasil, o mercado voltou suas atenções para uma nova onda de responsabilidade corporativa: a do compliance e condutas éticas, que despertou empresas de todos os setores para procedimentos de prevenção, detecção e resposta a riscos de corrupção (inicialmente) e, posteriormente, de fraude, suborno, assédio, discriminação, terceiros, lavagem de dinheiro, entre outros riscos (KPMG, 2021, p. 4).

A predominância do paradigma do problema de agência nas análises que envolvem a interface público-privado (L'HUILLIER, 2014) acarreta na disseminação de um clima de desconfiança. "A relação entre confiança e corrupção não é tão simples quanto pode parecer. Uma visão comum sustenta que nas sociedades com baixos níveis de confiança a corrupção floresce" (ROSE-ACKERMAN; PALIFKA, 2020, p. 307-308).

> *Confiança e Responsabilidade*: o Brasil está enfrentando uma profunda perda da confiança no seu sistema político, nas instituições públicas e no serviço público. A confiança nas instituições públicas está intimamente ligada à percepção dos cidadãos quanto ao mérito dos dirigentes dessas instituições. Se os cidadãos não acreditam que os chefes de suas instituições públicas têm as habilidades certas e o perfil para inovar, estarão menos propensos a confiar nos serviços que prestam (OCDE, 2019, p. 21).

Esse ambiente de desconfiança contribui para que o tema do *compliance*, assim como a governança (GAETANI; NOGUEIRA, 2018), seja associado quase exclusivamente ao combate à corrupção. Essa perspectiva acaba por afastar a percepção da relação que os conceitos possuem com o gerenciamento dos riscos que impactam o sucesso das políticas públicas. Não se pode olvidar que a corrupção é apenas um desses riscos.

No âmbito da Administração Pública, a assimetria de informações é sinônimo de relações nas quais há um desequilíbrio de poder. O principal é o detentor real do poder, o povo,[3] e o agente, o representante do poder público, que pode ser o agente de menor nível hierárquico até um parlamentar de nível federal. Assim, o conflito de interesses surge quando o agente busca exclusivamente seus próprios benefícios em detrimento do atendimento das necessidades do principal. Visando garantir uma regular aplicação dos recursos públicos, os mecanismos de controle e transparência associados às estruturas de governança funcionam como redutores desse conflito, justamente por serem promotores do controle social (JENSEN; MECKLING, 1976).

---

[3] CF/88, art. 1º, Parágrafo único: "Todo o poder emana do povo, que o exerce por meio de representantes eleitos ou diretamente, nos termos desta Constituição".

A pesquisa *World Values Survey*[4] – 2017 a 2020 – indica que a percepção de corrupção é desproporcional à proximidade cidadão-agente público. Os brasileiros percebem haver menos corrupção entre funcionários públicos como médicos, professores e policiais, por exemplo (69,6% considera haver nenhuma ou pouca corrupção), e autoridades locais (48,2% considera haver nenhuma ou pouca corrupção) do que entre autoridades estatais (apenas 21,9% considera haver nenhuma ou pouca corrupção). As constatações do estudo levam à necessária reflexão sobre a importância do aprofundamento na conclusão precipitada de uma corrupção sistêmica e generalizada no Brasil.

O gerenciamento de riscos perpassa por essa ideia norteadora, de que as incertezas possuem níveis diferentes de impacto e probabilidade, não podendo ser tratadas de maneira uniforme. Evidentemente, a desconfiança acarreta em um excesso de controle e, como é inviável se controlar tudo, por limitações operacionais e financeiras: o controle custa caro (MARQUES NETO; PALMA, 2017). Não se pode olvidar que uma noção generalizada é a de que o próprio esforço de controle não pode superar o benefício da sua existência.

Pode-se considerar que a pandemia de COVID-19 foi a concretização de um risco não mapeado e que evidenciou a importância de inovação e eficiência na Administração Pública em áreas essenciais, como saúde, educação e assistência social. Assim, foi elegido o ano de 2020, primeiro exercício do contexto descrito, para análise dos custos do controle. Constata-se que a maior parte dos estados, em 2020, tem um gasto *per capita* anual com controle interno inferior a R$5,00 e, excluindo os *outliers* (DF com R$22,13 e MT com R$16,64), o desembolso médio anual[5] é de R$3,12.

---

[4] A pesquisa WVS é realizada a cada cinco anos desde 1981 e investiga valores básicos e convicções de pessoas em mais de 80 países, cerca de 90% da população mundial. Disponível em: https://www.worldvaluessurvey.org/wvs.jsp.

[5] Utilizada a medida de posição mediana, pois os dados são heterogêneos.

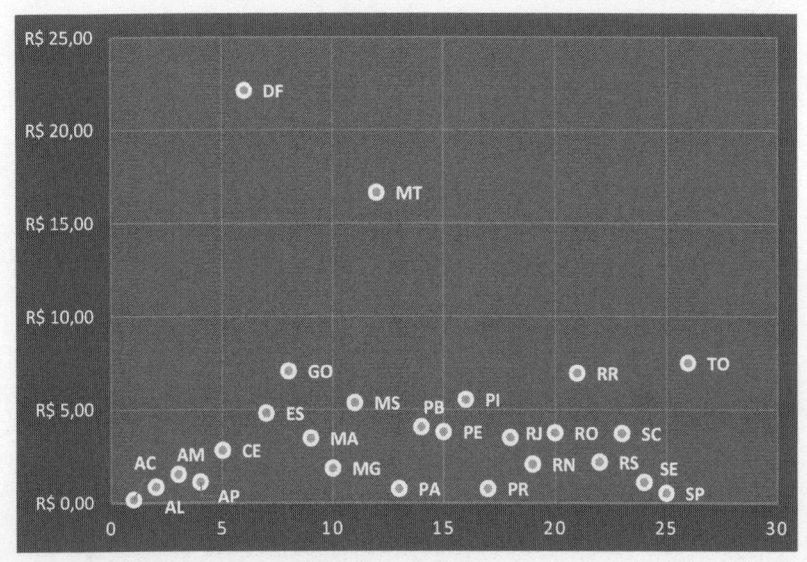

Gráfico 1 – Dispersão dos gastos estaduais *per capita* com controle interno em 2020

Fonte: Portais da Transparência dos estados e IBGE.

Apenas três das 27 (vinte e sete) controladorias não estavam vinculadas, em 2020, diretamente ao governador: Bahia, Rio Grande do Sul e São Paulo. Tais estados juntos alcançam 34,31% da população nacional.[6] Essa situação, em linhas gerais, demonstra que, em tese, a maior parte dos estados estabelece a independência mínima aos órgãos de controle interno de forma a poderem definir seu orçamento e suas atividades, mas ainda há resistência à garantia de independência ao controle interno no âmbito brasileiro.

As análises dos gastos com controle interno *de per si* pouco acrescentam à compreensão da efetividade da atuação propiciada pelo orçamento disponibilizado. Para isso, é necessário observar a proporcionalidade entre os dispêndios com três principais áreas de serviços públicos (saúde, educação e assistência social) e os gastos com controle interno. Não se pode olvidar que os gastos *per capita* com saúde[7] e edu-

---

[6] Fonte de dados: IBGE.
[7] Disponível em: https://www.bbc.com/portuguese/brasil-50329522.

cação[8] no Brasil são inferiores a muitos países, mas, como são despesas vinculadas que ocupam parte significativa dos esforços de políticas públicas, servem de parâmetro para o nível de prestação do ente estatal.

Nesse sentido, analisando os *outliers* do gráfico 1 (Distrito Federal e Mato Grosso), verifica-se que, enquanto o investimento comparativo com controle interno no DF indica que, de cada R$100,00 gastos com saúde, educação e assistência social, o estado desembolsa R$0,65 com controle interno (0,65%), em MT, o gasto é de R$1,21, mais do que o dobro.

Da análise do gráfico 1, fica evidente a disparidade entre os gastos com as controladorias, o que demonstra que há diferenças nas estruturas de trabalho dessas organizações que podem impactar no cumprimento das atribuições: remuneração dos servidores, estrutura física, recursos para capacitação, investimento em tecnologia, entre outros. Embora o montante com restos a pagar não seja representativo (em média 2%), destaca-se que tal situação ocorre porque a maior parte de seu orçamento se destina ao custeio com a folha de pagamento (80% em média), despesa obrigatória e, por isso, não contingenciável.[9]

Em relação às políticas públicas de saúde, educação e assistência social, os gastos *per capita* também são bastante díspares entre os estados. Em uma análise comparativa com o investimento em controle interno, não se verifica correlação entre o aumento do dispêndio com as áreas essenciais e o controle. Estados como Amapá e Acre possuem elevado gasto *per capita* com as políticas públicas, mas pouco investem em seu monitoramento. Destaca-se o baixo investimento de São Paulo no controle interno, cuja unidade sequer possui autonomia e desembolsa três centavos com controle para cada R$100,00 gastos com saúde, educação e assistência social.

---

[8] Disponível em: https://www.bbc.com/portuguese/noticias/2014/09/140908_relatorio_educacao_lab.

[9] A Lei de Responsabilidade Fiscal, nº 101/2000, em seu art. 8º, §2º: "Não serão objeto de limitação as despesas que constituam obrigações constitucionais e legais do ente, inclusive aquelas destinadas ao pagamento do serviço da dívida, as relativas à inovação e ao desenvolvimento científico e tecnológico custeadas por fundo criado para tal finalidade e as ressalvadas pela lei de diretrizes orçamentárias".

Gráfico 2 – Comparativo dos gastos estaduais *per capita* com controle interno – percentuais × soma dos gastos com políticas públicas de saúde, educação e assistência social, em 2020

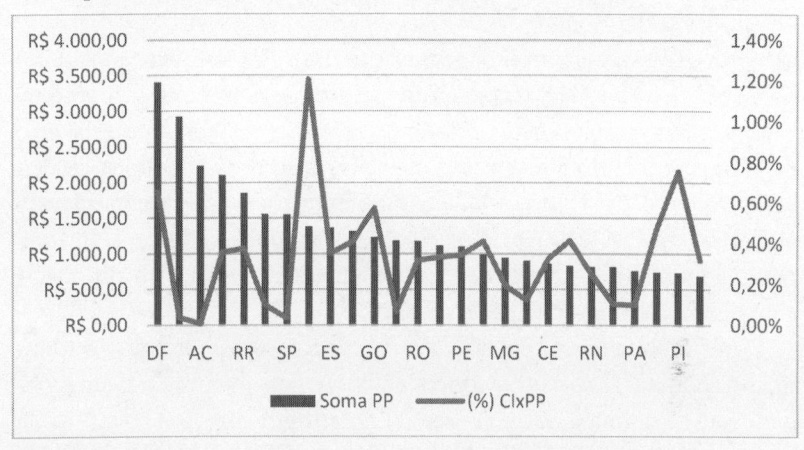

Fonte: Portais da Transparência dos estados, Sistema de Informação do Orçamento Público em Saúde e Sistema de Informação do Orçamento Público em Educação.

3 Riscos, políticas públicas e *compliance*

Riscos são a "possibilidade de ocorrência de eventos que afetem a realização ou alcance dos objetivos, combinada com o impacto dessa ocorrência sobre os resultados pretendidos" (TCU, 2018). Assim, verifica-se que o risco está intimamente relacionado à ideia de impacto, positivo ou negativo, aos objetivos de uma organização. Os riscos são inerentes ao exercício de atividades. Entretanto, eles podem ser gerenciados de forma a diminuir a chance de ocorrência ou a preparar as organizações para o acontecimento, por meio de um plano de contingência, por exemplo. O risco não desaparece: após seu devido tratamento, subsiste o denominado risco residual.

O conceito de risco foi elaborado na obra *A sociedade do risco* pelo sociólogo alemão Ulrich Beck (2010), que leva a reflexões sobre como as escolhas humanas, dentro de um sistema de decisões e restrições, acarretam em danos que podem atingir todo o coletivo, indo muito além do agente tomador da decisão. Em um país como o Brasil, no qual o processo decisório é deveras centralizado, há assimetria de informações inclusive por questões de acesso à educação e desigualdades sociais, e o Estado é responsável pelo provimento de diversas políticas públicas, muitas imbricadas à garantia de subsistência de parte considerável da população. As análises abordadas pelo autor ganham relevância, pois o fracasso de um serviço público pode significar riscos de alto impacto social.

A expansão de direitos sociais trazida pela Constituição Federal de 1988, aliada a cenários constantes de escassez de recursos, demonstra que a priorização da qualidade do serviço prestado à população é mais importante do que o montante a ser gasto com as políticas públicas, pois os recursos são cada vez mais comprometidos, demandando eficiência, menos desperdícios e foco em inovação. Nesse sentido, o gerenciamento de riscos surge como instrumento apto a proporcionar a melhoria contínua da gestão pública.

"Gerenciamento de riscos é um processo utilizado para identificar, avaliar, gerenciar e controlar potenciais eventos ou situações para fornecer uma garantia razoável do atingimento dos objetivos da organização" (IIA, 2019). Trata-se de um processo contínuo, iterativo e dinâmico, que é aperfeiçoado a partir de sua repetição e refinamento, retroalimentado por meio do aprendizado e experiências. Ao contribuir para a estratégia e as tomadas de decisão, aprimora a gestão e aproxima a organização do alcance dos seus objetivos (ABNT, 2018).

Ao estabelecer um gerenciamento de riscos eficaz, uma organização pública define a estrutura por meio da qual seu negócio, a área de política pública, será guiado rumo ao atendimento do seu fim principal: o interesse público. Nesse sentido, são definidos papéis, responsabilidades, atividades, estratégias, procedimentos, manuais, entre outros, que formam um conjunto de componentes e arranjos destinado à incorporação da gestão de riscos à cultura organizacional (ABNT, 2018).

Dessa forma, constata-se que o processo de monitoramento de riscos não existe desconectado dos outros passos do gerenciamento de riscos, pois envolve o rastreamento dos riscos identificados, a avaliação dos planos atuais de resposta a risco, acompanhamento dos riscos residuais e identificação de novos riscos.

Riscos e, consequentemente, seu gerenciamento são intimamente afetados pelas peculiaridades do contexto organizacional, como a área da política pública e a cultura, que é refletida nas práticas de governança daquele órgão ou entidade. O gerenciamento de riscos depende de uma governança eficaz, que, por sua vez, necessita dos controles para gerenciar os riscos de uma organização. Para que uma governança seja eficaz, deve considerar os riscos na definição de sua estratégia. Assim, há um processo complexo de interdependências, conforme a figura 1:

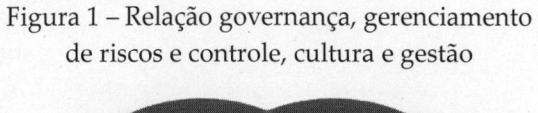

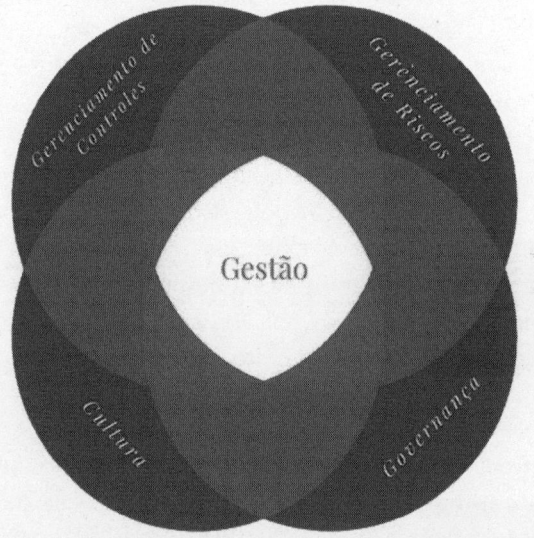

Figura 1 – Relação governança, gerenciamento de riscos e controle, cultura e gestão

[Figura: diagrama de quatro círculos sobrepostos com os rótulos "Gerenciamento de Controles", "Gerenciamento de Riscos", "Cultura" e "Governança", com "Gestão" ao centro]

Fonte: Elaborado com base em IIA, 2019.

Gestão e governança são conceitos imbricados, mas não sinônimos. Enquanto a gestão visa à potencialização da eficiência[10] e da eficácia organizacional, ou seja, alcançar os objetivos e melhorar os indicadores-chave de desempenho por meio da otimização de recursos, a governança busca a efetividade. Assim, a governança lança mão de conhecimento e informação adequados para definir objetivos e monitorá-los de forma viável, em um processo constante de alinhamento entre os efeitos dos resultados obtidos e impactos que eram desejados e planejados anteriormente (FONTES FILHO, 2014).

A distinção entre governança e gestão não exclui o fato de que a atividade de direção, essencial ao planejamento organizacional, é

---

[10] Eficiência "é a melhor forma de fazer algo com os recursos disponíveis". Eficácia "é fazer o que deve ser feito, isto é, cumprir o objetivo determinado. Efetividade "é a capacidade de atender às expectativas da sociedade" (TENÓRIO, 2009, p. 18-20).

alimentada pelas informações da função de monitoramento da governança. O controle da gestão é exercido por instâncias internas e externas de governança (TCU, 2009). As organizações são grupamentos "de pessoas e recursos – dinheiro, equipamentos, materiais, informações e tecnologia – com o objetivo de produzir bens e/ou prestar serviços" (TENÓRIO, 2009, p. 17). Assim, o monitoramento e a direção visam colocar a organização no rumo do atendimento das demandas das partes interessadas – no caso das organizações públicas, o bom provimento de serviços e políticas públicas.

A gestão de riscos deve ser elemento integrante das diversas atividades organizacionais, contribuindo para resultados comparáveis e consistentes. A implementação deve se dar por meio de um processo personalizado e aderente aos contextos interno e externo e da organização. Riscos emergem, mudam ou desaparecem à medida que há mudanças no ambiente com o qual a organização interage e se insere. E é nessa dinamicidade que o monitoramento ganha relevância, pois pode antecipar, detectar, reconhecer e responder às mudanças e incertezas, apropriada e oportunamente (ABNT, 2018).

O comportamento humano é aspecto de relevância na análise. O envolvimento apropriado e oportuno dos *stakeholders*[11] é que possibilita que seus conhecimentos, pontos de vista e percepções sejam considerados, além de uma maior conscientização de que a gestão de riscos deve ser incorporada à cultura (ABNT, 2018). A CF/88 determina uma gestão democrática, e o gerenciamento de riscos promove a transparência e a *accountability*, contribuindo para um processo de tomada de decisão de maior qualidade.

A qualidade das políticas públicas pode ser influenciada pelo capital social, na medida em que é uma norma informal instanciada que promove a cooperação entre indivíduos (FUKUYAMA, 2001). Em um país como o Brasil, no qual os serviços públicos dependem de integração entre os entes federados e entre estes e os setores da sociedade, esse conceito ganha grande relevância. O capital social, que engloba redes de relações, normas de comportamento, valores, confiança, obrigações e canais de informação (PUTNAM, 1993), possibilita ações colaborativas entre a Administração Pública e os próprios cidadãos. Assim, numa

---

[11] Partes interessadas; qualquer indivíduo ou organização que é impactado pelas ações da organização (FREEMAN, 2010).

análise inversa, a ausência de capital social inviabiliza um processo de tomada de decisão centrado nos benefícios de toda a comunidade.

O gerenciamento de riscos exsurge como um instrumento essencial nessa empreitada. "O risco faz parte de qualquer empreitada humana [...] você está constantemente exposto a riscos de diferentes intensidades e natureza" (BERNAT; JOIA; SOLET; RABECHINI JR., 2019, p. 1). Também não é algo tão complexo, pois as pessoas que lidam diretamente com as tarefas sabem o que e como as coisas podem dar errado. Cabe às organizações e aos gestores públicos aproveitar melhor o conhecimento existente por meio de um processo estruturado e que registre essas informações, o que, necessariamente, implica em dar voz àqueles que estão na linha de frente das políticas públicas e à própria população, usuária dos serviços.

Nesse aspecto, a própria noção do exercício de cidadania pode estar em xeque, pois, em sociedades com deficiências de concessão de voz e espaço aos interesses de grupos minoritários, a confiança nas instituições é fragilizada. "[...] Numa sociedade ampla e com muitas questões complexas os representantes formais e informais canalizam a influência que as pessoas podem exercer" (YOUNG, 2006, p. 140).

> Cidadania [...] designa a participação do indivíduo nos negócios do Estado. Cidadão é aquele que participa da dinâmica estatal. No Estado Democrático e Social de Direito, essa atuação dos cidadãos é exercida não apenas pelo voto, mas também participação na tomada das decisões acerca dos temas de interesse público. No Estado contemporâneo, esse interesse se realiza pelas políticas públicas (SIQUEIRA JR.; OLIVEIRA, 2016, p. 79).

Tomando como exemplo a política pública de saúde, as deficiências em um sistema de *compliance* apresentam potencial devastador em termos sociais quando há concretização de riscos diversos, como uma falha ou total suspensão do serviço. O Brasil possui "um sistema ímpar no mundo, que garante acesso integral, universal e igualitário à população brasileira, do simples atendimento ambulatorial aos transplantes de órgãos" (BRASIL, 2007, p. 1). Assim, adicionando a essa singularidade o fato de ser um país de grandes dimensões, das condições sociais de grande parte da população demandarem utilização dos serviços de saúde pública e da existência de três níveis federativos, tem-se uma complexidade que pode facilitar a corrupção, o desperdício e a ineficiência.

Os gastos com saúde em geral são particularmente suscetíveis à corrupção em razão de sua mistura de incerteza, informação assimétrica e grande número de atores dispersos. Essas características criam dificuldades em determinar se os bens e os serviços foram necessários, efetivamente adquiridos, e usados de maneira adequada e com a qualidade esperada. O escopo da corrupção na saúde também é mais amplo do que em outros setores, pois envolve atores privados com responsabilidades públicas (SAVEDOFF; HUSSMAN, 2006).

O exercício concreto da cidadania e da democracia pressupõe que os *stakeholders* sejam considerados por meio de mecanismos para evitar a polarização entre os grupos antagônicos e o consequente insulamento. A garantia da isonomia vai além de uma participação formal – vedação à exclusão explícita. É preciso evitar os impedimentos sutis de influência no poder decisório.

A dimensão da governança com foco em resultados é percebida, inclusive, no modelo de três linhas: a retirada da expressão "defesa" corrobora a perspectiva de que as organizações não estão sob ataque.

Figura 2 – Modelo de três linhas

Fonte: IIA, 2020.[12]

---

[12] Disponível em: https://iiabrasil.org.br/noticia/novo-modelo-das-tres-linhas-do-iia-2020. Acesso em: 11 out. 2022.

Do modelo, destacam-se pontos mais relevantes a este estudo: o foco nos riscos em relação ao seu impacto nos objetivos organizacionais, os *stakeholders* no topo do modelo e o papel de assessoria do controle. A gestão operacional da organização, cujo objetivo é gerenciar os riscos e ter propriedade sobre eles, é dimensão de maior proximidade com os usuários de serviços públicos, fornecedores e a sociedade em geral. É por isso que eles têm a capacidade de identificar primeiro os problemas na execução das atividades e, também, de responder a esses problemas. Em um bom gerenciamento de riscos, o controle deve analisar se essas pessoas têm oportunidade real de se manifestarem, pois elas possuem muito conhecimento. A questão da integridade é relevante, mas ela, por si só, não garante o sucesso das políticas públicas e não é a única causa do seu fracasso.

A avaliação de políticas públicas, ante a Emenda Constitucional nº 109/2021, ganhou maior envergadura, pois, em vez de estar tão somente implícita na abstração do princípio da eficiência, o texto passou a prever expressamente a apreciação e divulgação dos resultados, inclusive como insumo para elaboração do orçamento.

4 O *compliance* nos estados brasileiros

Por meio de análise qualitativa, a presente pesquisa analisou o conteúdo de 35 (trinta e cinco) normas relacionadas a *compliance* e integridade dos entes estaduais (Anexo I), investigando o teor da legislação de forma a caracterizar uma tendência geral. Nesse sentido, a nuvem de palavras formadas aponta que há predominância de um caráter regulamentador do processamento das pessoas jurídicas que contratam com a Administração Pública, ou seja, um teor punitivo e atuação *a posteriori*.

Figura 3 – Nuvem de palavras do conteúdo das normas estaduais sobre *compliance* e integridade

Fonte: Normas estaduais conforme Anexo I.

Destaca-se a baixa menção a expressões que remeteriam ao foco na governança de resultados, como próprio *"compliance"*, "riscos", "política pública", "governança", "cidadão" e "controle social". A expressão "sustentabilidade" não foi localizada. Nesse contraponto entre uma atuação preventiva, baseada na análise de riscos e com foco no cidadão, típica da governança para resultados, e uma atuação *a posteriori* punitiva, as palavras podem ser categorizadas em dois vieses, conforme gráfico 3, evidenciando um achado da pesquisa.

Gráfico 3 – Frequência de palavras do conteúdo das normas
estaduais sobre *compliance* e integridade categorizadas
por viés de governança para resultados e punição

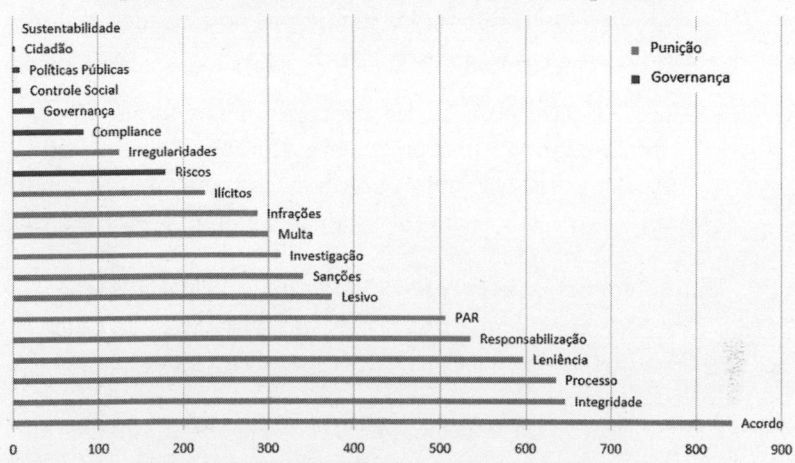

[Gráfico de barras horizontais com as seguintes categorias e valores aproximados:
- Sustentabilidade, Cidadão, Políticas Públicas, Controle Social, Governança (barras curtas)
- Compliance
- Irregularidades
- Riscos
- Ilícitos
- Infrações
- Multa
- Investigação
- Sanções
- Lesivo
- PAR
- Responsabilização
- Leniência
- Processo
- Integridade
- Acordo (~880)

Legenda: ■ Punição ■ Governança]

Fonte: Normas estaduais conforme Anexo I.

As normas de *compliance* nos estados brasileiros, em sua maioria, são regulamentações da Lei Anticorrupção (Lei nº 12.846/2013) e muito voltadas à exigência da adoção de programas de integridade por seus contratantes. Nesse viés crítico, "é imprescindível, pois, que se examinem as razões pelas quais o Estado adotou os programas de integridade como estratégia regulatória e a sua funcionalidade ou disfuncionalidade nas empresas privadas brasileiras à luz da realidade jurídica e econômica nacional em um cenário no qual o *compliance* é muito valorizado e pouco questionado (VIOL; PARGENDLER, 2020, p. 123-124).

Como aborda Giovani Saavedra (2016, p. 246), *compliance* é um conceito relacional, dinâmico, interligado ao gerenciamento do risco, "é a área do conhecimento, que busca definir qual é esse conjunto complexo de medidas que permite, face a um cenário futuro 'x' de risco, garantir 'hoje', com a máxima eficácia, um estado de conformidade de todos os colaboradores de uma determinada organização com uma determinada 'orientação de comportamento'".

O achado leva a uma necessária discussão sobre os novos papéis do controle. Em um contexto de governança para resultados, há uma nova missão para o sistema de controle. O foco no dever de agregar valor à gestão impõe um viés propositivo, preventivo em contraponto ao controle repressivo. No âmbito nacional, são marcos legislativos dessa nova cultura a nova Lei de Licitações e Contratos, Lei nº 14.133/2021, e as alterações promovidas pela Lei nº 13.655/2018 na Lei de Introdução às Normas do Direito Brasileiro. Da leitura das normas, destacam-se papéis de destaque na atuação do controle:

(i) auxiliar na elaboração de minutas de editais, termos de referência, contratos padronizados e de outros documentos;
(ii) auxiliar o fiscal de contrato, dirimindo dúvidas e subsidiando com informações relevantes para prevenir riscos na execução contratual;
(iii) adotar critérios de oportunidade, materialidade, relevância e risco, considerando as razões apresentadas pelos órgãos e entidades responsáveis e os resultados obtidos com a contratação;
(iv) diferenciar impropriedades formais de irregularidades que configurem dano à Administração, sendo as primeiras solucionadas por meio da adoção de medidas de saneamento, mitigação de riscos de nova ocorrência, aperfeiçoamento dos controles preventivos e capacitação dos agentes públicos responsáveis;
(v) considerar os obstáculos e as dificuldades reais do gestor e as exigências das políticas públicas a seu cargo; e
(vi) considerar as circunstâncias práticas em que houverem imposto, limitado ou condicionado à ação do agente público.

5 Considerações finais

No âmbito da gestão pública nacional, a implementação de inovações como *compliance*, não como sinônimo de combate à corrupção, e sim no contexto de uma governança para resultados, pode encontrar resistências, algo típico em qualquer processo de mudança cultural. Embora tenha havido uma expansão do provimento dos serviços públicos impulsionada pela Constituição Federal de 1988, o controle ainda é muito voltado à análise de aspectos legais e, consequentemente, focado em busca de fraudes e casos de corrupção.

De fato, a exposição de tais situações tem forte apelo midiático e pode contribuir para a construção de imagem de eficiência do controle. O foco em melhoria da qualidade da gestão pública impõe que a atuação do controle interno caminhe no sentido de promover uma conexão entre os níveis de definição de políticas públicas e de prestação de serviços públicos. Nesse sentido, o investimento em inovação do controle na realidade brasileira é fundamental para que essas organizações cumpram sua missão de agregar valor por meio da melhor análise dos serviços públicos. A produção de informações é crucial à boa governança e à eficiência, pois embasa a tomada de decisão.

Assim, deve haver um giro paradigmático no papel do controle interno, do cumprimento da legalidade ou conformidade dos atos de gestão e consequente detecção de erros, falhas e desvios para uma perspectiva de governança para resultados. A atuação do controle deve ter em vista o combate à corrupção, mas a atuação principal deve ser contribuir para a efetividade das políticas públicas.

As alterações da Lei de Introdução às Normas do Direito Brasileiro promovidas pela Lei nº 13.655/2018 são no sentido da promoção de uma cultura por parte da esfera controladora, principalmente quanto à consideração das consequências práticas da decisão e responsabilização pessoal por suas decisões ou opiniões técnicas em caso de dolo ou erro grosseiro. Essa mudança de viés indica que o próprio sistema legal não coaduna com a concentração no apontamento de descumprimento de normas desconectado do contexto da execução das políticas públicas. Conforme a LINDB, art. 22: "Na interpretação de normas sobre gestão pública, serão considerados os obstáculos e as dificuldades reais do gestor e as exigências das políticas públicas a seu cargo, sem prejuízo dos direitos dos administrados".

A atuação do controle deve buscar a inovação, e o *compliance* exsurge como um novo pensar se for considerado um modelo voltado à dinamicidade do gerenciamento de riscos com foco nos resultados, e não como sinônimo de conformidade, pois, nesse caso, sequer seria inovação. Nesse contexto, o acompanhamento social é essencial para que a cidadania seja efetivamente concretizada com a garantia de avaliação dos serviços prestados pelo Estado. O combate à corrupção não pode ser tratado com um fim em si mesmo, devendo estar inserido em um contexto maior de melhoria dos serviços colocados à disposição da população, ou seja, da efetivação das políticas públicas.

Referências

ASSOCIAÇÃO BRASILEIRA DE NORMAS TÉCNICAS – ABNT. NBR ISO 31000:2018. *Gestão de riscos*: Diretrizes. Rio de Janeiro, 2018.

ASSOCIAÇÃO BRASILEIRA DE NORMAS TÉCNICAS – ABNT. NBR ISO/IEC 31010: *Gestão de riscos*: Técnicas para o processo de avaliação de riscos. Rio de Janeiro, 2021.

BARDIN, Laurence. *Análise de conteúdo*. São Paulo: Edições 70, 2011.

BECK, Ulrich. *Sociedade de risco*: rumo a uma outra modernidade. Tradução de Sebastião Nascimento. São Paulo: Editora 34, 2010.

BERNAT, Gisele Blak; JOIA, Luiz Antônio; SOLER, Alonso Mazini; RABECHINI JR., Roque. *Gerenciamento de riscos em projetos*. 4. ed. Rio de Janeiro: FGV, 2019.

BRASIL. *Guia da Política de Governança Pública*. 2018. Disponível em: https://www.gov.br/casacivil/pt-br/centrais-de-conteudo/downloads/guia-da-politica-de-governanca-publica/view.

BRASIL. *Cartilha entendendo o SUS*. 2007. Disponível em: http://portalarquivos.saude.gov.br/images/pdf/2013/agosto/28/cartilha-entendendo-o-sus-2007.pdf.

BRASIL. Tribunal de Contas da União. *Referencial básico de gestão de riscos*. Brasília: TCU, Secretaria Geral de Controle Externo (Segecex), 2018.

DOLOWITZ, David P.; MARSH, David. Learning from abroad: The role of policy transfer in contemporary policy-making. *Governance*, v. 13, n. 1, p. 5-23, 2000.

FONTES FILHO, Joaquim Rubens. Governança corporativa. *In*: SIQUEIRA, M.; PEREIRA, A. B.; TREIGER, J. M. *Brasil S/A*: Guia de acesso ao mercado de capitais para companhias brasileiras. Rio de Janeiro: RR Donnelley Financial Comunicação Corporativa, 2014. p. 81-101.

GAETANI, F.; NOGUEIRA, R. A. A questão do controle no debate de Governança Pública. *Boletim de Análise Político-Institucional (BAPI)*, Ipea, Brasília, v. 19, p. 91-100, dez. 2018.

INSTITUTO DOS AUDITORES INTERNOS – IIA. *Normas Internacionais para a Prática Profissional de Auditoria Interna*. Flórida, 2019. Tradução: Instituto dos Auditores Internos do Brasil. São Paulo, 2019.

JENSEN, M. C.; MECKLING, W. H. Theory of the firm: Managerial behavior, agency costs and ownership structure. *Journal of financial economics*, v. 3, n. 4, p. 305-360, 1976.

KLITGAARD, R. *Controlling Corruption*. Los Angeles: University of California Press, 1988.

KPMG. *Pesquisa Maturidade do Compliance no Brasil*. Beyond compliance, 5ª edição, 2021.

L'HUILLIER, B. M. What does "corporate governance" actually mean? *Corporate Governance*, v. 14, n. 3, p. 300-319, 2014.

MARQUES NETO, F. A.; PALMA, J. B. Os sete impasses do controle da administração pública no Brasil. *In*: PEREZ, Marcos Augusto; SOUZA, Rodrigo Pagani de. *Controle da administração pública*. Belo Horizonte: Editora Fórum, 2017.

OCDE. *Revisão das competências de inovação e liderança na alta administração pública do Brasil*: conclusões preliminares da OCDE. 2019.

PUTNAM, Robert. The Prosperous Community: Social Capital and Public Life. *The American Prospect*, n. 13, 1993.

ROSE-ACKERMAN, Susan; PALIFKA, Bonnie. *Corrupção e governo*: causas, consequências e reforma. Tradução Eduardo Lessa. Rio de Janeiro: FGV, 2020.

SAAVEDRA, Giovani Agostini. Compliance Criminal: revisão teórica e esboço de uma delimitação conceitual. *Revista Duc In Altum Cadernos de Direito*, v. 8, n. 15, maio/ago. 2016.

SAVEDOFF, William; HUSSMANN, Karen. *Why are health systems prone to corruption?* Transparency International Global Corruption Report, 2006.

SIQUEIRA JR., Paulo Hamilton; OLIVEIRA, Miguel Augusto Machado de. *Direitos humanos*: liberdades públicas e cidadania. 4. ed. São Paulo: Saraiva, 2016.

STEIN, Ernesto; TOMMASI, Mariano. *Policymaking in Latin America*. Washington, D.C.: Inter-American Development Bank, 2008.

YOUNG, Iris Marion. *Representação Política, Identidade e Minorias*. Lua Nova, 2006.

YOUNG, Michael N.; PENG, Mike; AHLSTROM, David; BRUTON, Garry. Governing the corporation in emerging economies: a principal-principal perspective. *In*: Academy of Management Proceedings (Vol. 2002, No. 1, pp. E1-E6). Briarcliff Manor, NY 10510: Academy of Management, 2002.

TENÓRIO, Fernando Guilherme. *Gestão de ONGs*: principais funções gerenciais. 11. ed. Rio de Janeiro: FGV, 2009.

VIOL, Dalila Martins; PARGENDLER, Mariana. *In*: SAAVEDRA, Giovani Agostini (Org.). *Governança Corporativa, compliance e gestão de riscos*. São Paulo: Eseni Editora, 2020.

WEIMER, Jeroen; PAPE, Joost C. A Taxonomy of Systems of Corporate Governance. *Corporate Governance: An International Review*, v. 7, n. 2, p. 152-166, Apr. 1999.

Anexo I – Normas analisadas

Estado	Normas
Acre	Lei nº 3.747/21.
Alagoas	Decreto nº 48.326/16.
Amazonas	Lei nº 4.730/18.
Ceará	Lei nº 16.717/18.
Distrito Federal	Decreto nº 37.296/16. Lei nº 6.112/18.
Espírito Santo	Decreto nº 3.956-R/16. Lei nº 10.793/17. Lei nº 10.993/2019. Decreto nº 3.956/2016.
Goiás	Lei nº 18.672/14. Decreto nº 9.406/2019.
Maranhão	Decreto nº 31.251/15. Lei nº 11.463/21.
Mato Grosso	Decreto nº 522/16. Lei nº 11.123/2020.
Mato Grosso do Sul	Decreto nº 14.890/17. Decreto nº 15.222-2019.
Minas Gerais	Decreto nº 46.782/15.
Pará	Decreto nº 2.289/18.
Paraíba	Decreto nº 38.308/18.
Paraná	Decreto nº 11.727-2022. Lei nº 19.857/19. Decreto nº 2.902/2019.
Pernambuco	Lei nº 16.309/18. Decreto nº 46.967/18. Decreto nº 46.856/2018.
Rio de Janeiro	Lei nº 7.753/17. Decreto nº 46.366/18.
Rio Grande do Norte	Decreto nº 25.177/15.
Rio Grande do Sul	Lei nº 15.228/18.
Santa Catarina	Decreto nº 1.106/17.
São Paulo	Decreto nº 60.106/14.
Sergipe	Lei nº 8.866/21.
Tocantins	Decreto nº 4.954/13.

Informação bibliográfica deste texto, conforme a NBR 6023:2018 da Associação Brasileira de Normas Técnicas (ABNT):

OLIVEIRA, Almerinda. *Compliance*, governança e gestão de riscos. *In*: SEVERINO, Débora Pinto; CAMATA, Edmar Moreira; FERRAZ, Leonardo de Araújo; THOMÉ, Marcela Oliveira (Coord.). *Mulheres no controle*: tópicos de controle interno sob o olhar das mulheres. Belo Horizonte: Fórum, 2023. p. 173-194. ISBN 978-65-5518-540-9.

O DIREITO ADMINISTRATIVO SANCIONADOR À LUZ DAS ALTERAÇÕES INTRODUZIDAS PELA LEI Nº 13.655, DE 25 DE ABRIL DE 2018, NA LEI DE INTRODUÇÃO ÀS NORMAS DO DIREITO BRASILEIRO (LINDB)

ANA LUIZA DUBIEN
FERNANDA CARVALHO
ISADORA PEDROSA

1 Introdução

Com a promulgação da Constituição de 1988 e a redemocratização do país, ampliaram-se os mecanismos de controle sobre os atos da Administração Pública. O controle público assumiu papel crucial na consolidação do Estado Democrático de Direito. Nesse cenário, excessos de controle tinham como alicerce os elevados níveis de corrupção no país, marcado pelo trato patrimonialista da coisa pública e ausência de retidão ética dos gestores públicos.

Destarte, o controle (interno ou externo) atua na aplicação de sanções aos agentes públicos e aos particulares que estabelecem ou pretendam estabelecer relações contratuais junto à Administração Pública, de forma que sua atuação influencia tanto na escolha da decisão a ser tomada pelo gestor público como no comportamento do particular em relação à coisa pública.

A constitucionalização do direito administrativo, com a primazia da aplicação dos direitos humanos fundamentais, exige mais atenção na atividade hermenêutica, agora mais complexa, para compatibilização dos princípios constitucionais junto à legalidade estrita nas tomadas de decisão pelos órgãos de controle.

A Lei nº 13.655, de 25 de abril de 2018, incluiu na Lei de Introdução às Normas do Direito Brasileiro (LINDB) disposições sobre segurança jurídica e eficiência na criação e na aplicação do direito público, introduzindo dois principais avanços no direito administrativo brasileiro em busca de que a atividade de controle seja mais equilibrada, de modo a afastar o excesso de subjetividade nas tomadas de decisão: de um lado, a aferição da validade das condutas públicas ampliou-se a partir de uma noção de legalidade estrita para uma compreensão de que a licitude dos comportamentos estatais se relaciona à atuação conforme a lei e o direito, o que inclui os princípios norteadores do direito administrativo, prestigiando-se o princípio da juridicidade; de outro lado, trouxe disposições para limitar a utilização imoderada e demasiadamente ampla de normas principiológicas como única fundamentação de decisões administrativas, com vistas a endossar a segurança jurídica em cenários de instabilidades e mudanças constantes.

Nesse último caso, buscou-se determinar parâmetros necessários ao discernimento das condutas passíveis de reprimenda sancionatória daqueles em que não há razões para se cogitar em punição, a partir das circunstâncias temporal e fáticas da época dos fatos investigados, tais como "os obstáculos e as dificuldades reais do gestor e as exigências das políticas públicas a seu cargo", devendo ainda ser consideradas "as circunstâncias práticas que houver imposto, limitado ou condicionado a ação do agente", de modo a se afastarem decisões com base em "valores jurídicos abstratos".

No presente artigo, pretendemos ressaltar as principais inovações legislativas introduzidas pela Lei nº 13.655/2018, no que toca ao direito administrativo sancionador. No capítulo 2, tratamos da doutrina da deferência, à luz do disposto no art. 22, *caput* e §1º, da LINDB, que defende a primazia do juízo do órgão técnico que originariamente exerceu a conduta investigada em relação ao controle posterior repressivo, em respeito ao contexto prático, arcabouço normativo e orientações gerais vigentes à época dos fatos.

Outra previsão que reputamos de extrema relevância, desenvolvida no capítulo 3, foi a consagração do postulado da proporcionalidade no âmbito do direito sancionador, com espeque no art. 22, §2º c/c art. 28 da LINDB, de modo que a análise sobre o impacto da conduta que se pretende reprimir no bem jurídico tutelado pela norma sancionadora seja um dos pressupostos de adequação típica material do ilícito administrativo.

Ao final, concluímos que a análise mais realista dos fatos e das dificuldades enfrentadas na busca da melhor decisão ou conduta mais acertada, tal como preconizado pelas alterações promovidas na LINDB pela Lei nº 13.655/2018, constitui um considerável avanço no cenário hermenêutico, sobretudo da atividade de controle.

Por conseguinte, numa perspectiva mais ampla de juridicidade administrativa, admite-se uma análise mais ponderada dos comportamentos públicos, à luz das circunstâncias que limitaram as escolhas, considerando a incidência dos princípios da razoabilidade, da proporcionalidade e da individualização da pena.

Nada obstante, buscou-se ressaltar ao longo deste trabalho que o fundamento da atuação do gestor público perpassa necessariamente pela legalidade estrita, que norteia o exercício da função pública, de modo que condutas incompatíveis com o ordenamento jurídico devem ser devidamente reprimidas.

2 Deferência

A doutrina Chevron é a raiz da deferência, de orientação minimalista e de autocontenção em relação à atividade administrativa. A referida doutrina tem como marco o caso *Chevron USA Inc. vs. Natural Resources Defence Council* (1984),[1] analisado pela Corte americana, na década de 1980, no qual, em suma, se defendeu a necessidade de limitação do Poder Judiciário quando da análise de casos envolvendo o controle das interpretações realizadas por autoridades administrativas.

Aludida teoria, conforme nos ensina Sérgio Guerra,[2] debruça-se sobre a problemática do controle judicial de atos do Poder Executivo, em especial sobre políticas públicas, ganhando relevo quando se trata de direitos sociais, que exigem uma prestação estatal primordialmente

---

[1] Cuida-se de precedente da Suprema Corte americana
[2] GUERRA, Sérgio. *Major Questions Doctrine*: decisão da Suprema Corte coloca o tema da deferência novamente em pauta nos EUA. Disponível em: https://portal.fgv.br/artigos/major-questions-doctrine-decisao-suprema-corte-coloca-tema-deferencia-novamente-pauta-eua. Acesso em: 15 out. 2022.

positiva. Sua aplicação se desdobra em duas etapas, que indicam se deve ou não haver intervenção divergente e aprofundada sobre a decisão administrativa.

Na primeira etapa, cabe ao controlador aferir se a lei possui clareza, de modo a não permitir diversidade de interpretação ou dar alguma margem de discricionariedade ao seu destinatário. Se não houver maleabilidade, deve-se haver o ajuste do ato "à intenção do congresso", conforme nos ensina Isaac Medeiros.[3]

Superada a primeira etapa, isto é, se a resposta ao questionamento acerca da clareza da lei indicar que há mais de um caminho interpretativo a ser seguido, o próximo passo exige a avaliação sobre a razoabilidade da interpretação dada à lei, de modo a se aferir se a decisão se mostra permeada pela legalidade e não afronta a Constituição.[4]

Segundo Medeiros (2020), as grandes pedras de toque da doutrina são a *"expertise* técnica e legitimidade democrática (ou *accountability,* no sentido político do termo)".[5] Desse modo, a doutrina Chevron pressupõe que os órgãos e entidades possuem a referida *expertise* ou, ao menos, a responsabilidade institucional e legitimidade para atuarem no exercício de suas funções e competências legais.

As duas etapas de Chevron refletem um dos fundamentos da separação de Poderes, qual seja, a autocontenção, evitando abusos e equilibrando a avaliação da legalidade e o respeito à decisão do gestor. Em relação à separação dos Poderes, cabe enfatizar a obediência às funções típicas/preponderantes de cada Poder e, mais importante, destacar que órgãos e entidades possuem agentes dotados de conhecimentos técnicos em sua área de atuação, devendo as decisões que analisam situações concretas se atentar não apenas à observância da lei em sentido estrito, mas na necessária harmonização da lei com os postulados da razoabilidade e com os demais princípios que regem o direito.

---

[3] MEDEIROS, Isaac Kofi. *Ativismo judicial e princípio da deferência à Administração Pública*. Ed. Lumen Juris, 2020. p. 151.

[4] MEDEIROS, Isaac Kofi. *Ativismo judicial e princípio da deferência à Administração Pública*. Ed. Lumen Juris, 2020. p. 151. Segundo o autor, o principal argumento subjacente à Chevron é institucional, num sentido de que as agências governamentais estão em melhor posição de dar respostas às leis pertinentes ao exercício de suas competências, quer pela *expertise* técnica, quer pela responsabilidade política (MEDEIROS, 2020, p. 171).

[5] MEDEIROS, Isaac Kofi. *Ativismo judicial e princípio da deferência à Administração Pública*. Ed. Lumen Juris, 2020. p. 171. Segundo o autor, "a Administração Pública supera o Poder Judiciário em termos de legitimidade democrática, de modo que as zonas de discricionariedade administrativa devem ser lidas de maneira deferente pelas instituições judiciais" (MEDEIROS, 2020, p. 175).

Nesse aspecto, Alexandre de Moraes,[6] que entende que:

> O bom-senso entre a "passividade judicial" e o "pragmatismo jurídico", entre o "respeito à tradicional formulação das regras de freios e contrapesos da Separação de Poderes" e "a necessidade de garantir às normas constitucionais à máxima efetividade" deve guiar o Poder Judiciário, e, em especial, o Supremo Tribunal Federal na aplicação do ativismo judicial, com a apresentação de metodologia interpretativa clara e fundamentada, de maneira a balizar o excessivo subjetivismo, permitindo a análise crítica da opção tomada, com o desenvolvimento de técnicas de autocontenção judicial, principalmente, afastando sua aplicação em questões estritamente políticas, e, basicamente, com a utilização minimalista desse método decisório, ou seja, somente interferindo excepcionalmente de forma ativista, mediante a gravidade de casos concretos colocados e em defesa da supremacia dos Direitos Humanos.

Destarte, sob a ótica da deferência, a Administração Pública é dotada de profissionais com as mais diversas formações e qualificações profissionais, o que os habilita, em tese, a realizar a melhor escolha ou opção dentre as viáveis pelo ordenamento jurídico, não havendo que se falar em decisão imposta, mas, sim, em decisão mais acertada diante do caso concreto.

Conforme destaca Eduardo Jordão (2016, p. 86), a possibilidade de maior discricionariedade conferida ao administrador público lhe impõe, em contrapartida, maior responsabilidade, gerando a necessidade de bem motivar os atos administrativos, permitindo maior transparência sobre suas escolhas e facilitando as diversas formas de controle sobre seus atos.[7]

Não há uma única resposta cabível ou correta no curso da atividade do gestor público, em especial pela indeterminação do direito e pela existência de conceitos jurídicos abertos. Nos dizeres de Carlos Ari Sundfeld (2017, p. 212), "a operação de um sistema com tal índice de incerteza normativa gera muita confusão (saber se a confusão é positiva ou negativa: eis a questão!)".[8]

---

[6] MORAES, Alexandre de. *Direitos Humanos Fundamentais*: teoria geral; comentários aos arts. 1º a 5º da Constituição da República Federativa do Brasil: doutrina e jurisprudência. Ed. Atlas, 2021. p. 40-41.

[7] JORDÃO, Eduardo. *Controle judicial de uma administração pública complexa*: a experiência estrangeira na adaptação da intensidade do controle. São Paulo: Ed. Malheiros, 2016. p. 86.

[8] SUNDFELD, Carlos Ari. *Direito Administrativo para Céticos*. 2. ed. São Paulo: Ed. Malheiros, 2017. p. 212.

Consoante doutrina de Sundfeld,[9] o primeiro passo da doutrina Chevron possui relação com os atos vinculados, cujo conteúdo fixado na lei não dá margem de liberdade para avaliações quando de sua aplicação. Esclarecendo, o mérito do ato administrativo foi decidido no momento da edição do ato legislativo, quando o legislador não permitiu opção de escolha à Administração.

Já o segundo passo possui relação com atos vinculados de conteúdo aberto (conceitos jurídicos indeterminados) ou com os denominados atos discricionários. Nestes, a liberdade se encontra no núcleo do que se costuma chamar de mérito administrativo.

Desse modo, o controle, seja ele judicial ou administrativo, deve ser cauteloso, balizando o conhecimento técnico do agente público e as circunstâncias práticas que nortearam a tomada de decisão.

Nessa esteira, aduz Carlos Ari Sundfeld:[10]

> A Administração não age apenas de acordo como a lei; subordina-se ao que se pode chamar de bloco de legalidade. Não basta a autorização legal: necessário atentar à moralidade administrativa, à boa-fé, à igualdade, à boa administração, à razoabilidade, à proporcionalidade – enfim, aos princípios que adensam o conteúdo das imposições legais.

A força normativa da Constituição, baseada na teoria de Hesse, em harmonia com o princípio da máxima efetividade, impôs a alteração da visão tradicional do princípio da legalidade (estrita), de modo que o texto constitucional passou a ser o elo de todo o arcabouço normativo da Administração Pública, exigindo uma visão orientada pelo princípio da juridicidade, que, nos dizeres de Floriano, "vai muito além da lei em sentido estrito".[11]

Sobre o tema, insta salientar trecho do artigo publicado por Bernardo Tinoco de Lima Horta e Cristiana Fortini:[12]

> Tal panorama do controle jurisdicional das políticas públicas também reafirma a superação do dogma da estrita legalidade pela Administração

---

[9] SUNDFELD, Carlos Ari. *Direito Administrativo para Céticos*. 2. ed. São Paulo: Ed. Malheiros, 2017.

[10] SUNDFELD, Carlos Ari. *Direito Administrativo*: o novo olhar da LINDB. 2022.

[11] MARQUES NETO, Floriano de Azevedo; FREITAS, Rafael Véras de. *Comentários à Lei nº 13.655/2018*. Ed. Fórum, 2020. p. 90.

[12] HORTA, Bernardo Tinoco de Lima; FORTINI, Cristiana. *A crise do federalismo em estado de pandemia*. v. 1. Ed. Casa do Direito, 2020. p. 311.

Pública, reforçado, atualmente, pelas normas inseridas na Lei de Introdução às Normas do Direito Brasileiro com o advento da Lei n. 13.655/2018- assim, *o controle judicial da atividade administrativa não se vincula à mera aferição de formalidades e ilegalidades: aqui também deve ser lida a noção de deferência e capacidades institucionais, como forma de o juízo se colocar de forma empática na posição do agente público, analisando-se as suas dificuldades e também as consequências de tal ou qual política pública no contexto maior de efetivação dos direitos fundamentais.*

Não obstante, o uso imoderado de fundamentos principiológicos pode acarretar em decisões de cunho subjetivo, acabando por desvirtuar o princípio da juridicidade administrativa em razão da insegurança jurídica gerada nos gestores.

Nesse ponto, em relação aos conceitos jurídicos indeterminados é que as introduções realizadas na LINDB, por meio da Lei nº 13.655, de 2018, chamam a atenção do julgador, seja nas esferas administrativa, controladora ou judicial, para a necessidade de contornos mais tangíveis para as decisões, coerentes com a realidade encontrada pelo agente público no momento da prática do ato, para que possa fundamentar sua decisão em fatos, e não somente em normas principiológicas que possibilitam ampla abrangência na análise da situação com tendência abstrata.

Carlos Ari Sundfeld[13] utiliza a expressão "geleia geral principiológica" como forma de permitir que a vontade e o sentir do julgador se sobreponham à realidade, assim como a *expertise* do gestor.

Na mesma esteira, trazemos o entendimento de Eduardo Jordão:[14]

> Dogmas irrealistas como o da completude do ordenamento jurídico ainda têm bastante força no Brasil e conduzem muitos operadores a supor ser sempre possível identificar, entre princípios e regras explícitos ou extraíveis da Constituição, das leis e das normas infralegais, a solução específica determinada pelo direito para qualquer problema social ou questão prática.
> [...]
> Como, a despeito da teoria em contrário, o direito é frequentemente indeterminado, não é raro que os órgãos de controle possuam interpretações diferentes da do administrador a propósito de qual seria

---

[13] SUNDFELD, Carlos Ari. *Direito Administrativo*: o novo olhar da LINDB. Fórum, 2022.
[14] JORDÃO, Eduardo. *Estudos Antirromânticos sobre controle da administração pública*. São Paulo: Ed. JusPodivm, 2022. p. 44-45.

a solução específica a ser adotada em determinado caso. E, com base nesta teoria idealizada e irrealista, acham que há espaço para anulações, suspensões, punições e repressões.

Assim, muitas vezes nos deparamos com o que a doutrina costuma chamar de "Administração Pública do medo" ou "apagão das canetas", de modo que o gestor se sente acuado diante do controle que é exercido sobre seus atos, muitas vezes não deferente, ainda quando há discricionariedade diante de circunstâncias concretas que não possuem uma única resposta ou até mesmo alguma resposta pronta em nosso ordenamento jurídico. Portanto, a dita ausência de deferência no momento do controle inibe o gestor, que opta por repetir padrões e não inovar, com receio das consequências que possam recair sobre seus atos, o que gera ausência de motivação e receio de sofrerem reprimendas.

Outro importante ponto a ser analisado diz respeito ao mecanismo tradicional de controle, mais conhecido como "comando e controle", *versus* a teoria da regulamentação responsiva. O que se busca é superar a visão controladora tradicional, que instituiu um padrão de atuação focada na formalidade e na legalidade, orientando-se pelo modelo de administração conhecido como burocrático, em que há ênfase em formalidades e em procedimentos inflexíveis, gerando comportamentos (quase) automáticos de punição quando há o descumprimento de normas.[15]

Lado outro, a teoria da regulação responsiva, proposta por Ayres e Braithwaite, pressupõe a atuação ponderada, permitindo que se dê margem à autonomia do controlado. Referida teoria tem como fundamento a "desregulação e a regulação por incentivo", bem como o equilíbrio entre a persuasão e a punição.[16][17]

---

[15] CARDOSO, F. R. M. CGU além do Comando e Controle: Uma comparação com a Regulação Responsiva. *Revista de Direito Setorial e Regulatório*, v. 7, n. 1, p. 150-193, maio/jun. 2021. Conforme ensina o autor (p. 155), "em outros termos, o comando e controle parte da presunção de que a imposição de regras, deveres ou obrigações é o necessário para o atingimento do comportamento desejado e a sanção seria a ferramenta retificadora para conter o transgressor e dissuadir outros agentes".

[16] ANAC. *Conheça o Projeto Regulação Responsiva*. Disponível em: https://www.gov.br/anac/pt-br/assuntos/regulacao-responsiva/conheca-o-projeto-regulacao-responsiva. Acesso em: 10 out. 2022.

[17] CARDOSO, F. R. M. CGU além do Comando e Controle: Uma comparação com a Regulação Responsiva. *Revista de Direito Setorial e Regulatório*, v. 7, nº 1, p. 150-193, maio/jun. 2021. Segundo o autor, "embora a punição tenha um efeito pujante na conformidade, ela é mais cara que a persuasão. Uma estratégia exclusivamente baseada no constrangimento punitivo resultaria em mais gastos do regulador em tribunais do que expandindo a cobertura

Considerando as questões até aqui já pontuadas sobre indeterminações jurídicas, capacidade técnica dos administradores e razoabilidade, nos deparamos com a necessidade de aplicação do postulado fixado no artigo 22 da Lei de Introdução ao Direito Brasileiro (LINDB), inserido pela Lei nº 13.655/2018:

> Art. 22. Na interpretação de normas sobre gestão pública, serão considerados os obstáculos e as dificuldades reais do gestor e as exigências das políticas públicas a seu cargo, sem prejuízo dos direitos dos administrados.
> §1º Em decisão sobre regularidade de conduta ou validade de ato, contrato, ajuste, processo ou norma administrativa, serão consideradas as circunstâncias práticas que houverem imposto, limitado ou condicionado a ação do agente.

Sobre essa nova perspectiva de controle mais pragmática e atenta às circunstâncias fáticas e temporais em que se deu a atividade investigada, tal como consagrada no *caput* do art. 22 da LINDB, ensinam Floriano de Azevedo Marques Neto e Rafael Véras de Freitas:[18]

> O *caput* do art. 22 impõe um parâmetro concreto para a avaliação de condutas de modo que o controlador, na avaliação de uma conduta e de sua adstrição ao direito não se limite a interpretar a norma a partir de seus parâmetros semânticos e de valores pessoais e nos quadrantes deônticos abstratos, mas considerando o contexto fático em que a conduta foi ou teria que ser praticada e os quadrantes mais amplos das políticas públicas, o que envolve não só o dever de atender às demandas da sociedade, mas os instrumentos disponíveis e a realidade orçamentária.

Outrossim, o referido art. 22 conclama o julgador a verdadeiramente se colocar na posição do gestor para assim conseguir avaliar as dificuldades encontradas na prática de sua atividade administrativa, contextualizando os fatos apresentados. Isso porque a letra fria da norma, concebida em ambiente deslocado do cotidiano e voltada para a idealização da prática administrativa, não consegue abarcar todos

---

regulatória. Além disso, uma visão estritamente sancionatória ensejaria um 'jogo de gato e rato' entre os agentes da regulação, no qual o regulado aumentaria cada vez mais os normativos para amparar as brechas encontradas, duas ações que minam o objetivo de conformidade".

[18] MARQUES NETO, Floriano de Azevedo; FREITAS, Rafael Véras de. *Comentários à Lei nº 13.655/2018*. Belo Horizonte: Fórum, 2019. p. 17.

os liames da situação enfrentada na realidade, tais como a escassez de pessoal, material e orçamentária.[19]

Pelo visto, a questão adentra na responsabilidade funcional dos agentes públicos, delimitada nos respectivos estatutos e regimes jurídicos, de forma a orientar o julgador e propiciar ao agente público maior segurança jurídica a fim de afastar julgamentos subjetivos com respaldo único em princípios, deslocados na realidade em que os atos ocorreram.[20]

3 Proporcionalidade no exercício do poder disciplinar

O exercício, pela Administração Pública, do poder sancionatório tem por fundamento a preservação do interesse público e pressupõe a prática de ilícitos administrativos. Na seara disciplinar, implica a responsabilização dos servidores públicos perante o poder público que os emprega, pelos atos que, nessa condição, praticarem, quando em desacordo com o estatuto e demais normas que regem sua atuação.

É sabido que a Administração Pública tem o poder-dever de apurar a notícia da ocorrência de irregularidade no serviço público de forma efetiva. Segundo Antônio Carlos Alencar Carvalho,[21] o poder disciplinar visa corrigir desvios comportamentais que infringem regras de boa gestão da coisa pública, o bom atendimento dos usuários dos serviços públicos e a tutela da moralidade administrativa e da higidez do patrimônio público.

Nessa esteira, o princípio da proporcionalidade, como decorrência da garantia constitucional do devido processo legal em sua acepção substancial, deve ser considerado como um postulado normativo essencial ao exercício do direito sancionador.

---

[19] Nesse ponto, oportuno ressaltar o Enunciado nº 11 emanado do encontro do Instituto Brasileiro de Direito Administrativo (IBDA), realizado no dia 14 de junho de 2019, segundo o qual "na expressão 'dificuldades reais' constante do art. 22 da LINDB estão compreendidas carências materiais, deficiências estruturais, físicas, orçamentárias, temporais, de recursos humanos (incluída a qualificação dos agentes) e as circunstâncias jurídicas complexas, a exemplo da atecnia da legislação, as quais não podem paralisar o gestor".

[20] Sobre a redução de subjetividades, transcrevemos o Enunciado nº 12 do IBDA: "No exercício da atividade de controle, a análise dos obstáculos e dificuldades reais do gestor, nos termos do art. 22 da LINDB, deve ser feita também mediante a utilização de critérios jurídicos, sem interpretações pautadas em mera subjetividade".

[21] CARVALHO, Antônio Carlos Alencar. *Manual de Processo Administrativo Disciplinar e Sindicância, à luz da jurisprudência dos Tribunais e da casuística da Administração Pública*. 6. edição revisada, atualizada e comentada. Ed. Fórum, 2019.

Segundo doutrina de Mello,[22] a discricionariedade administrativa decorre da previsão abstrata de normas jurídicas, que atribuem ao administrador o poder de escolher, ante o caso concreto, a decisão mais adequada à finalidade da norma geral, com fundamento na conveniência e da oportunidade pública para a prática de ato administrativo.

Ainda consoante eminente autor, as prerrogativas administrativas decorrentes da supremacia do interesse público devem ser exercidas de forma proporcional às necessidades do interesse público presente em cada situação que demanda uma atuação administrativa.[23]

Hely Lopes Meirelles[24] ensina que o princípio da proporcionalidade conduz à proibição do excesso ao preconizar a compatibilidade entre os meios e os fins almejados pela Administração Pública, com vistas a coibir restrições abusivas em desfavor dos direitos fundamentais dos administrados.

Nesse sentido, o ilustre professor discorre sobre a discricionariedade no contexto de conceitos jurídicos indeterminados e ressalta que tal poder concede ao gestor maior autonomia na escolha, dentre soluções igualmente justas, daquela considerada mais conveniente e oportuna.[25] Confira-se:

> O mérito administrativo consubstancia-se, portanto, na valoração dos motivos e na escolha do objeto do ato, feitas pela Administração incumbida de sua prática, quando autorizada a decidir sobre a conveniência, oportunidade e justiça do ato a realizar-se.

Consoante ensina Osório,[26] a proporcionalidade constitui o cerne dos direitos fundamentais e do próprio Estado Democrático de Direito proveniente do caráter aberto dos sistemas jurídicos, que requer um

---

[22] MELLO, Celso Antônio Bandeira de. *Curso de Direito Administrativo*. 17. ed. São Paulo: Malheiros, 2004. p. 68.

[23] *Id.*, p. 99-101. Segundo Celso Antônio Bandeira de Mello, "(...) se com a outorga de discrição administrativa pretende-se evitar a prévia adoção em lei de uma solução rígida, única – e por isso incapaz de servir adequadamente para satisfazer, em todos os casos, o interesse público estabelecido na regra aplicada – é porque através dela visa-se à obtenção da medida ideal, ou seja, da medida que, em cada situação, atenda de modo perfeito à finalidade da lei".

[24] MEIRELLES, Hely Lopes. *Direito Administrativo brasileiro*. 29. ed. São Paulo: Malheiros, 2004. p. 91.

[25] *Id.*, 2004, p. 153.

[26] OSÓRIO, Fabio Medina. *Direito administrativo Sancionador*. 8. ed. rev. e atual. São Paulo: Revista dos Tribunais, 2022. p. 222.

processo decisório devidamente fundamentado e pautado na ponderação de normas jurídicas.

Outrossim, a tipicidade meramente formal de determinadas condutas que se mostram materialmente irrelevantes em relação ao bem jurídico tutelado não deveria, salvo melhor juízo, ensejar a instauração do procedimento disciplinar, seja investigativo ou punitivo, ensejando, no máximo, eventual compromisso de ajustamento disciplinar, com enfoque no ressarcimento do erário, se couber. Nesse sentido, citamos um excerto da doutrina de Fábio Osório:[27]

> Trata-se de incorporar também aqui uma pauta de valores imanentes da cultura anglo-saxônica, sempre voltada à percepção de critérios utilitaristas ou, melhor dizendo, focados na relação custo-benefício dos processos punitivos, dentro da sociedade como um todo. *Não se cogita apenas de um problema teórico ou moral, ao efeito de posicionar a resposta punitiva do estado. Cuida-se, em verdade, além da questão moral sempre subjacente às questões jurídicas, de aquilatar os custos de um processo, de uma investigação, e de toda uma carga punitiva, que pode recair mais sobre a sociedade, a vítima, do que sobre o próprio infrator.* (...)
> *A busca de prioridade é outro foco da exigência social, que resulta na construção de critérios que permitam controlar a aparente rigidez do Direito material ou processual, através da ideia de proporcionalidade e de significância do fato ilícito no conjunto de normas que integram o sistema punitivo.* (g.n.)

O autor assinala a relevância da análise do impacto da conduta que se pretende reprimir no bem jurídico tutelado pela norma sancionadora, considerando-o como pressuposto de adequação típica material. Confira-se:

> O efetivo impacto da conduta formalmente típica do bem jurídico tutelado pela norma repressiva é pressuposto da adequação típica material. Trata-se de um processo que exige complexas valorações, notadamente do julgador, mas também da autoridade administrativa. (...) Todo tipo sancionador é formulado, no plano legislativo, *in abstracto*, sem levar em linha de contas fatores complexos e múltiplos que podem aparecer nos casos concretos. Descreve-se a conduta proibida com suporte em um juízo abstrato, valorativo de pautas comportamentais básicas, levando em conta padrões de condutas abstratos. Sem embargo, a ocorrência efetiva

---

[27] *Id.*, 2022, p. 230. O autor destaca a relevância de sobredito postulado da proporcionalidade, na tipificação das sanções administrativas no plano abstrato, na aplicação das mesmas, assim como na interdição dos procedimentos e medidas investigatórias (p. 222).

de conduta no mundo real torna imperioso o exame das particularidades do caso concreto, daí emergindo a possibilidade de uma real conduta que não ofenda, de fato, o bem jurídico juridicamente protegido.[28]

Diversamente do que ocorre na seara penal, na qual a definição do crime vem delineada de maneira expressa pelo legislador, trazendo contornos rígidos e bem definidos, a infração funcional, no mais das vezes, demanda um expressivo juízo de valor, dada a existência dos chamados tipos abertos ou conceitos jurídicos indeterminados, o que dificulta, por vezes, a correta subsunção da conduta praticada com a norma abstrata que prevê a infração.

No sentido da aplicação fundamentada e proporcional das penalidades baseadas em tipos descritos por meio de conceitos abertos, tal como se pode entender o tipo de lesão ao erário, leciona Maria Sylvia Zanella Di Pietro:[29]

> Não há, com relação ao ilícito administrativo, a mesma tipicidade que caracteriza o ilícito penal. A maior parte das infrações não é definida com precisão, limitando-se a lei, em regra, a falar em falta de cumprimento dos deveres, falta de exação no cumprimento do dever, insubordinação grave, procedimento irregular, incontinência pública; poucas são as infrações definidas, como o abandono de cargo ou os ilícitos que correspondem a crimes ou contravenções. Isso significa que a Administração dispõe de certa margem de apreciação no enquadramento da falta dentre os ilícitos previstos na lei, o que não significa possibilidade de decisão arbitrária, já que são previstos critérios a serem observados obrigatoriamente; é que a lei (artigos 128 da Lei Federal e 256 do Estatuto Paulista) *determina que na aplicação das penas disciplinares serão consideradas a natureza e a gravidade da infração e os danos que dela provierem para o serviço público.* (g.n.)

Sobre o tema, trazemos doutrina da professora Raquel Urbano,[30] que entende cabível, em algumas hipóteses, a depender das normas que descrevem a infração com fixação das penalidades cabíveis, bem como do exame concreto do caso, que poderia haver discricionariedade

---

[28] *Id.*, 2022, p. 235.
[29] DI PIETRO, Maria Sylvia Zanella. *Direito administrativo*. 26. ed., São Paulo: Atlas, 2013. p. 674.
[30] CARVALHO, Raquel Urbano. *Direito sancionador*: resolvendo a reserva legal, tipicidade, discricionariedade e vinculação. Disponível em http://raquelcarvalho.com.br/2021/03/02/direito-sancionador-resolvendo-a-reserva-legal-tipicidade-discricionariedade-e-vinculacao/. Acesso em: 29 set. 2022.

na aplicação da penalidade incidente na espécie, sobretudo quando a legislação se utiliza de conceitos jurídicos indeterminados na descrição das infrações. Confira-se:

> Sabe-se que há vinculação quanto ao dever do Estado apurar a existência, ou não, de infração, observando o regramento fixado a propósito do sancionamento e das alternativas ao mesmo admitidas na ordem jurídica. Afinal, a obrigatoriedade de apurar a ocorrência, ou não, da infração (materialidade e autoria) é aspecto decorrente da função pública imputada à entidade administrativa, sendo, portanto, irrenunciável. Ao tomar ciência de ilícito, o Poder Público é obrigado a promover a sua apuração imediata, mediante processo administrativo que atenda ampla defesa e contraditório.
> Quanto à natureza das punições aplicáveis, identificam-se correntes diversas: [...]
> c) há, ainda, entendimento no sentido de que poderá ocorrer discricionariedade ou vinculação no exercício do poder punitivo, sendo necessário analisar as normas de regência ao descreverem a infração com fixação das penalidades cabíveis, bem como examinar os aspectos do comportamento do acusado em cada contexto, de modo a concluir pela existência, ou não, de liberdade para definir a penalidade incidente na espécie.
> A propósito da terceira corrente, com a qual se coaduna, cumpre distinguir as seguintes hipóteses:
> a) em uma primeira hipótese, a norma descreve a infração de modo objetivo e determina qual a penalidade incidirá diante do comportamento do infrator;
> – se a conduta enquadrar-se na conduta infracional (conclusão possível mediante subsunção da realidade à norma), cumpre aplicar a sanção fixada no ordenamento, sem qualquer margem de liberdade; haverá aqui vinculação e não discricionariedade administrativa;
> *b) em uma segunda hipótese, a legislação prevê os deveres de quem atua no setor e os comportamentos que lhe são vedados com expressões que se enquadram no que a doutrina denomina "conceitos jurídicos indeterminados" e determina a punição cabível diante da infração;*
> – se no caso concreto, mediante atividade hermenêutica, for possível definir que o comportamento adotado consiste infração aos deveres ou conduta proibida conforme previsão normativa, incidirá a sanção prevista no ordenamento, sem que possa falar em discricionariedade administrativa;
> *– se no caso concreto, houver margem de liberdade na definição da conduta como infracional mesmo após a interpretação do conceito jurídico indeterminado à luz dos princípios, das regras legais e das peculiaridades da realidade apurada no*

processo administrativo sancionatório, é cabível falar-se em discricionariedade, ausente necessária vinculação administrativa quanto à punição;
[...]
Entende-se incabível negar que pode haver alguma margem de discricionariedade na aplicação da sanção, tendo em vista cada caso concreto e os limites da norma regulatória incidente na espécie. À obviedade, isto não afasta a obrigatoriedade de aferir a veracidade da ocorrência da infração e, em caso positivo, o dever de aplicar a sanção adequada. (g.n)

Por evidente, conforme bem ressalta a ilustre professora, a motivação na aplicação de penalidades nos casos de condutas que admitem maior grau de discricionariedade deve se dar de forma mais robusta, "de modo a viabilizar que se analise a adequação entre a infração e a pena escolhida, impedindo o arbítrio da entidade reguladora".

Nesse sentido, reputamos de extrema relevância a cominação proporcional e justa da penalidade disciplinar, principalmente quando envolver a interpretação de conceitos jurídicos indeterminados. A gradação da pena tem como fundamento legal os estatutos dos servidores públicos e demais normas do direito sancionatório,[31] assim como os parâmetros previstos no art. 22, §2º, da LINDB.[32]

Portanto, reitera-se sobre a necessária cautela ao aplicar a pena máxima estabelecida no estatuto do servidor, considerando que a pena, a não ser nos casos em que a própria lei não dá qualquer margem de liberdade ao aplicador, deve ser coerente, justa e proporcional à conduta

---

[31] A título exemplificativo, citamos o estatuto mineiro (Lei nº 869/52), que, em seu art. 244, parágrafo único, assim prevê: "A aplicação das penas disciplinares não se sujeita à sequência estabelecida neste artigo, mas é autônoma, segundo cada caso e consideradas a natureza e a gravidade da infração e os danos que dela provierem para o serviço público". No mesmo sentido, a Lei de Improbidade Administrativa, por meio das alterações da Lei nº 14.230, de 2021, assim dispõe: "Art. 17-C. A sentença proferida nos processos a que se refere esta Lei deverá, além de observar o disposto no art. 489 da Lei nº 13.105, de 16 de março de 2015 (Código de Processo Civil): (Incluído pela Lei nº 14.230, de 2021) (...) IV - considerar, para a aplicação das sanções, de forma isolada ou cumulativa: (Incluído pela Lei nº 14.230, de 2021)
a) os princípios da proporcionalidade e da razoabilidade;
b) a natureza, a gravidade e o impacto da infração cometida
c) a extensão do dano causado;
d) o proveito patrimonial obtido pelo agente;
e) as circunstâncias agravantes ou atenuantes;
f) a atuação do agente em minorar os prejuízos e as consequências advindas de sua conduta omissiva ou comissiva;
g) os antecedentes do agente;".

[32] Art. 22, §2º Na aplicação de sanções, serão consideradas a natureza e a gravidade da infração cometida, os danos que dela provierem para a administração pública, as circunstâncias agravantes ou atenuantes e os antecedentes do agente.

ensejadora do ilícito, considerando ainda a função educativa/pedagógica inerente ao direito sancionador.

Nesse sentido, cita-se doutrina de Vinícius de Carvalho Madeira,[33] em apropriada análise, que expõe o seguinte entendimento a respeito da aplicação do princípio da proporcionalidade nos processos disciplinares que culminam em penas expulsivas:

> A solução para evitar injustiças é, ou não abrir o processo - se for possível sustentar a inexistência do ilícito - ou não enquadrar o servidor em uma das hipóteses do art. 132, mas em outro dispositivo legal cuja consequência seja uma pena mais branda. Isto é, para que um servidor não seja demitido a solução não é atenuar sua pena, mas sim, *se for possível, enquadrar sua conduta num dispositivo da Lei 8.112/90 que não gere demissão, caso contrário não haverá discricionariedade para atenuar a pena. Assim, o princípio da proporcionalidade só pode ser utilizado para evitar a pena de demissão se ele não for invocado para atenuar a pena, mas para mudar o enquadramento para um tipo legal que não gere demissão.*

Na mesma esteira, sobre a possibilidade de cominação de pena menos gravosa, oportuno transcrever entendimento do autor Antônio Carlos Alencar Carvalho[34] sobre a necessária análise holística e, até mesmo, principiológica da conduta infracional para fins do seu correto enquadramento. Senão vejamos:

> Afigura-se, destarte, que a solução dos casos polêmicos pode passar, na maioria das situações, por este entendimento, no sentido de não se enquadrarem os fatos no tipo de demissão, *quando as circunstâncias objetivas e subjetivas, a menor gravidade do fato, sua insignificância, o bom senso, a justiça, apontam para o melhor enquadramento em outro modelo típico disciplinar cominatória de reprimenda mais branda.*
> Por outro ângulo, em verdade, a aplicação das normas jurídicas, inclusive as prescritivas da edição de atos administrativos sancionadores vinculados (como é o caso da demissão na Lei federal nº 8.112/90), *não pode deixar de se harmonizar com a incidência de princípios constitucionais e legais regentes da atividade da Administração Pública, como a razoabilidade, a proporcionalidade a individualização da pena, paralelamente à legalidade estrita, modo porque é diante do caso concreto que se verificará a plena adequação da pena*

---

[33] MADEIRA, Vinícius de Carvalho. *Lições de Processo Disciplinar*. 1. ed. Fortium Editora, 2008. p. 137,

[34] CARVALHO, Antônio Carlos Alencar. *Manual de Processo Administrativo Disciplinar e Sindicância, à luz da jurisprudência dos Tribunais e da casuística da Administração Pública*. 6. edição revisada, atualizada e comentada. Ed. Fórum, 2019.

vinculada, a qual poderá, segundo entendimento jurisprudencial e doutrinário, ser ajustada aos reclamos dos paralelamente eficazes outros princípios de direito (além de exclusiva legalidade, para predomínio da juridicidade), os quais devem conviver em sintonia no mister exegético e de concreta efetivação da regra na situação fática abordada. (Grifos nossos)

Quanto ao juízo de discricionariedade na aplicação da pena de demissão em processos disciplinares, o Superior Tribunal de Justiça sumulou entendimento segundo o qual "a autoridade administrativa não dispõe de discricionariedade para aplicar ao servidor pena diversa de demissão quando caracterizadas as hipóteses previstas no art. 132 da Lei n. 8.112/1990" (Súmula nº 650, do STJ).

Entendemos, todavia, que possíveis adequações podem ser feitas em fase anterior à cominação da pena, quando do enquadramento da conduta, afastando-se, por exemplo, a hipótese do crime contra a Administração ou, até mesmo, lesão ao erário quando as condutas investigadas se amoldarem de forma mais proporcional e justa a tipos infracionais menos graves.

Sendo assim, não seria um abrandamento da penalidade cabível com fulcro no princípio da proporcionalidade, mas desclassificação do enquadramento legal que enseja reprimenda mais severa, consideradas as circunstâncias concretas do caso.

Isso porque, levando-se em conta o primeiro caso, deve-se considerar a subsidiariedade das punições pautadas em crimes na legislação penal e, no segundo caso, considerando que a lesão, para que reste configurada, depende do dolo, na medida em que o prejuízo ao erário pode advir como efeito secundário de uma infração administrativa mais leve, tal como o descumprimento de normas regulamentares ou vedações contidas do estatuto do servidor.

Existe uma margem discricionária da autoridade competente para promover o enquadramento legal mais adequado das condutas, com fulcro no princípio do devido processo legal, da proporcionalidade, do interesse público e da individualização da responsabilidade do infrator.

Sobre o tema, interessante trazer à baila a ideia do princípio da insignificância no âmbito do direito sancionador, que consiste na ausência de lesividade suficiente de determinadas condutas de modo a justificar a punição imposta por lei. O direito penal impõe sanções de máxima gravidade, cuja aplicação apenas se mostra racionalmente admissível nas hipóteses de considerável lesão a bem jurídico, ao indivíduo, ao Estado ou à coletividade.

O princípio da insignificância integra o próprio postulado da proporcionalidade, com vistas a coibir o excesso e a adequar os atos restritivos às garantias fundamentais. Nessa senda, conforme ensina Fabio Medina:[35]

> O ato combatido pelo Direito Administrativo Sancionador, embora não coincida necessariamente com o ilícito criminal, que com espeque no princípio da proporcionalidade, abrigou a tese da insignificância do direito penal, também pode se estender a outros ramos jurídicos, de modo a reconhecer a atipicidade material de algumas condutas à luz das circunstâncias concretas do caso. Cuida-se, pois, de interpretar as normas que preveem sanções em abstrato, em conformidade com a ordem constitucional.

Sobre o princípio da insignificância no direito administrativo, colacionamos trecho da Nota Técnica nº 2648/2020/CGUNE/CRG,[36] que fundamenta eventual insignificância da conduta, a ser analisada em sede admissional, com fulcro no art. 20 da LINDB, além da economia e eficiência de gastos públicos. Vejamos:

> *4.6. Com efeito, cuida advertir que uma decisão de consideração de não reprovabilidade da conduta pelo seu grau de insignificância deve seguir o disposto no artigo 20 da LINDB (incluído pela Lei no 13.655, de 25/04/2018), que define que nas esferas administrativas, controladora e judicial, não se decidirá com base em valores jurídicos abstratos sem que sejam consideradas as consequências práticas da decisão - como é o caso -, a partir de uma motivação que demonstre a necessidade e a adequação da medida imposta, conforme exige o parágrafo único do mesmo artigo.*
> 4.9 De forma mais específica, cumpre esclarecer que na esfera disciplinar a avaliação de aplicabilidade do princípio em tela aos casos concretos recai sobre a autoridade administrativa competente, *em sede de juízo admissional*, bem como sobre a Comissão Processante, na fase de indiciamento.
> 4.10 Em síntese, nestas situações as autoridades administrativas deixam de lado o poder-dever estatal de apuração administrativa em nome do próprio interesse público. Não há uma disposição de um direito, mas uma

---

[35] OSÓRIO, *op. cit.*, p. 235-236.
[36] BRASIL. Controladoria-Geral da União. *Nota Técnica nº 2648/2020/CGUNE/CRG*. Disponível em: https://repositorio.cgu.gov.br/bitstream/1/46773/12/Nota_Tecnica_2648_2020_CGUNE_CRG.pdf. Acesso em: 23 set. 2022.

valoração dentro do próprio interesse público, que evidencia a necessidade do afastamento de uma obrigação apuratória da Administração, de forma motivada e fundamentada, em função da inexpressividade do ato lesionador. Além disso, o apreço à dignidade humana – como se explicará em seguida –, bem como a retirada de um peso de um custo operacional de uma apuração de um fato insignificante, resultam, em última instância, em benefícios à Administração e à coletividade.

4.11 Ressalte-se que, nas situações de aplicação da insignificância, o interesse público se evidencia de uma forma mais ampla como forma de observância da garantia constitucional da dignidade da pessoa humana (inciso III, art. 1 da CF), de forma a não permitir a aplicação de penas para fatos irrelevantes (especialmente por afetar aspectos imateriais da vida do servidor como honra, imagem e reputação), bem como, interna corporis, por prezar pela eficiência administrativa, com a dispensa de ocupação e movimentação da máquina pública no desenvolvimento de processos relacionados a condutas que, apesar de formalmente violarem dispositivos legais, materialmente, deixam de ser consideradas como típicas (dentro de uma concepção de "tipicidade administrativa"). Disso resulta uma economia de custos e de recursos humanos que poderiam ser dirigidos a outras questões de maior importância e repercussão na Administração Pública como incremento da efetividade da atividade administrativa.

Outra previsão importante da LINDB em relação ao postulado da proporcionalidade que deve embasar o juízo de admissibilidade disciplinar e enquadramento das condutas ilícitas está contida em seu art. 28,[37] segundo o qual a responsabilização dos agentes públicos depende da demonstração do dolo ou de culpa grave (erro grosseiro).

Depreende-se de tal preceito legal, denominado cláusula geral do erro administrativo, que a responsabilização não pode incidir sobre uma culpa presumida do agente, devendo ser devidamente demonstrada nos autos do processo sancionatório.

Destarte, a LINDB, por meio do art. 28, buscou proteger o administrador com incentivos positivos de inovação e honestidade na gestão

---

[37] LINDB, Art. 28. O agente público responderá pessoalmente por suas decisões ou opiniões técnicas em caso de dolo ou erro grosseiro.

pública.[38] Nesse sentido, são as lições de Floriano de Azevedo Marques Neto e Rafael Véras de Freitas:[39]

> O desamparo normativo do administrador probo, honesto e responsável "produz externalidades negativas para além dos atos praticados pelos agentes corruptos. Causa a paralisia da Administração Pública. Não há incentivo para se decidir. A lógica de autodefesa é a seguinte: se a inércia, quando muito, pode se importar uma sanção funcional, enquanto a ação pode lhe importar na sua responsabilização patrimonial, o melhor é nada fazer. O problema é que a legítima defesa do gestor público leva, no final do processo, à inação do Estado, com violação reflexa aos demais fundamentos.

Nesse sentido conclui Juliano Heinen[40] sobre o propósito de responsabilizar o agente desonesto que atuou com culpa qualificada, tendo eventual dano caráter secundário na configuração do ilícito. Vejamos:

> A rigor, o controle dos atos administrativos não pode se ancorar em uma "culpa presumida", sendo que justamente é isto que o art. 28 da LINDB pretende combater. Em outras palavras, a previsão do termo "erro grosseiro" no citado dispositivo quer impedir, *teleologicamente, que se fixe a culpa do gestor de modo abstrato ou in re ipsa, por exemplo, derivada de um sincretismo principiológico* (bastante perigoso, para dizer o mínimo). Em outras palavras, pensa-se que a atividade controladora deve deixar de lado a tendência de identificar o "erro grosseiro" como qualquer atividade que não corresponda ao "administrador médio". Aliás, o art. 28 é justamente editado desta forma para que se afaste esta correlação, uma vez que reclama se conhecer as circunstâncias fáticas, o grau de responsabilidade com que o administrador decidiu, a realidade que estava diante quando da decisão etc. (v.g. arts. 20 e 22 inseridos pela Lei nº 13.655/2018). *E isto induz a uma motivação que não pode se pautar em uma "culpa presumida", mais "grave" e, claro, "provada". É bastante evidente que a Lei nº 13.655/18 exige maior motivação nas decisões que venham a sancionar o gestor público, justamente para se proteger o "administrador honesto".* Assim,

---

[38] BINENBOJM, Gustavo; CYRINO, André. O art. 28 da LINDB – A cláusula geral do erro administrativo. *Revista de Direito Administrativo*, Rio de Janeiro, Edição Especial – Direito Público na Lei de Introdução às Normas de Direito Brasileiro – LINDB (Lei nº 13.655/2018), p. 203-224, nov. 2018, p. 20.

[39] MARQUES NETO, Floriano de Azevedo; FREITAS, Rafael Véras de. *Comentários à Lei nº 13.655/2018*. Belo Horizonte: Fórum, 2019. p. 129-130.

[40] HEINEN, Juliano. Comentários ao art. 28 da LINDB. *In*: DUQUE, Marcelo Schenk; RAMOS, Rafael (Coord.). *Segurança jurídica na aplicação do Direito Público*. Salvador: JusPodivm, 2019. p. 165-166.

o critério para a responsabilização do gestor deveria ser a culpabilidade, e não o prejuízo ao erário.

Por fim, oportuno repisar que a incidência do princípio da proporcionalidade no âmbito do direito sancionador dependeria de uma análise individualizada e concreta dos casos submetidos ao crivo do juízo controlador, à luz dos artigos 22 e 28 da LINDB, de modo a distinguir os casos graves que demandam reprimendas severas daquelas infrações meramente formais ou eventuais ilegalidades que não tenham relevância em relação ao bem jurídico tutelado.

4 Conclusão

As alterações introduzidas na LINDB trouxeram valiosas contribuições para a atuação dos órgãos de controle, inclusive na aplicação do direito sancionador frente às disposições postas em estatutos funcionais, visando afastar interpretações teratológicas que acabavam por inviabilizar a gestão da coisa pública.

A imposição da análise realista dos fatos e das dificuldades enfrentadas pelos agentes públicos na busca da melhor decisão ou conduta mais acertada contribui para a aplicação do princípio da juridicidade, além da ponderação acerca da incidência dos princípios da razoabilidade, da proporcionalidade e da individualização da pena. Porém, não legitima decisões fundamentadas unicamente em princípios abstratos ao arrepio da legalidade estrita.

Os princípios da legalidade e da indisponibilidade do interesse público continuam norteando poder-dever administrativo de sancionar, mas não podem dar margem à aplicação abstrata da norma de forma automática.

Em contrapartida, os agentes públicos não podem deixar de lado o dever de motivação de seus atos, expondo de forma clara as razões ao decidir, de modo a registrar as consequências de se optar por uma, e não por outra via, as circunstâncias do caso concreto, bem como o impacto que a sua escolha provoca na realidade do poder público e dos administrados, para que assim contribuam com a segurança jurídica almejada na atuação do órgão de controle.

Destarte, os princípios constitucionais se complementam em harmonia com suas finalidades precípuas. O princípio da proporcionalidade no âmbito do processo administrativo sancionador, bem como os demais princípios garantidores dos direitos humanos fundamentais, deve ser observado em conjunto com o princípio da legalidade, que norteia e fundamenta a atividade administrativa, cada um na sua medida, de forma adequada à realidade apresentada.

O princípio da proporcionalidade ganha destaque na valoração da conduta frente ao bem jurídico tutelado pela norma, de forma que, diante da realidade apresentada ao controlador, lhe seja possível verdadeiramente se colocar na posição do agente público a fim de aferir a adequação da tipicidade do ato.

Adiante, prevalece o princípio da legalidade, posto que resta pacificado que a autoridade administrativa não dispõe de discricionariedade para aplicar ao servidor pena diversa daquela cominada ao tipo legal em que a conduta foi enquadrada, a menos que outra norma legal a autorize, como no caso do ajustamento funcional.

Nesse cenário, o grande desafio do controlador é não cometer excessos no enquadramento da conduta, principalmente em se tratando de conceitos jurídicos indeterminados, o que será validado diante da análise dos contornos da realidade em que o agente público estava imerso no momento do fato por meio de uma fundamentação robusta e coerente.

Nessa medida, podemos concluir que as alterações realizadas na LINDB trouxeram subsídios para que sejam evitadas injustiças, notadamente na aplicação de penalidades funcionais, considerando a harmonia na aplicação dos princípios constitucionais, inclusive daqueles que se voltam para a atividade administrativa, mas não de forma abstrata e subjetiva, posto que cada um incide com prioridade em momentos específicos da atividade de controle.

Referências

ANAC. *Conheça o Projeto Regulação Responsiva*. Disponível em: https://www.gov.br/anac/pt-br/assuntos/regulacao-responsiva/conheca-o-projeto-regulacao-responsiva. Acesso em: 10 out. 2022.

BERTONCINI, Mateus Eduardo Siqueira Nunes; CRISTÓVAM, José Eduardo da Silva; SANTIN, Janaína Rigo. *Controle Judicial da Administração Pública nas doutrinas norte-americana e brasileira*: analisando as doutrinas Chevron e Mead a partir dos elementos do ato administrativo. Disponível em: http://site.conpedi.org.br/publicacoes/276gsltp/355af191/60ftCNUrpB1350j0.pdf. Acesso em: 1º out. 2022.

BINENBOJM, Gustavo; CYRINO, André. O art. 28 da LINDB – A cláusula geral do erro administrativo. *Revista de Direito Administrativo*, Rio de Janeiro, Edição Especial – Direito Público na Lei de Introdução às Normas de Direito Brasileiro – LINDB (Lei nº 13.655/2018), p. 203-224, nov. 2018.

BRASIL. Controladoria-Geral da União. *Nota Técnica nº 2648/2020/CGUNE/CRG*. Disponível em: https://repositorio.cgu.gov.br/bitstream/1/46773/12/Nota_Tecnica_2648_2020_CGUNE_CRG.pdf. Acesso em: 15 out. 2022.

CARDOSO, F. R. M. CGU além do Comando e Controle: Uma comparação com a Regulação Responsiva. *Revista de Direito Setorial e Regulatório*, v. 7, n. 1, p. 150-193, maio/jun. 2021.

CARVALHO, Antônio Carlos Alencar. *Manual de Processo Administrativo Disciplinar e Sindicância, à luz da jurisprudência dos Tribunais e da casuística da Administração Pública*. 6. edição revisada, atualizada e comentada. Ed. Fórum, 2019.

CARVALHO, Raquel Urbano. *Direito sancionador*: resolvendo a reserva legal, tipicidade, discricionariedade e vinculação. Disponível em: http://raquelcarvalho.com.br/2021/03/02/direito-sancionador-resolvendo-a-reserva-legal- tipicidade-discricionariedade-e-vinculacao/. Acesso em: 29 set. 2022.

DI PIETRO, Maria Sylvia Zanella. *Direito administrativo*. 26. ed. São Paulo: Atlas, 2013. p. 674.

GUERRA, Sérgio. *Major Questions Doctrine*: decisão da Suprema Corte coloca o tema da deferência novamente em pauta nos EUA. Disponível em: https://portal.fgv.br/artigos/major-questions-doctrine-decisao-suprema-corte-coloca-tema-deferencia-novamente-pauta-eua. Acesso em: 15 out. 2022.

HEINEN, Juliano. Comentários ao art. 28 da LINDB. *In*: DUQUE, Marcelo Schenk; RAMOS, Rafael (Coord.). *Segurança jurídica na aplicação do Direito Público*. Salvador: JusPodivm, 2019.

HORTA, Bernardo Tinoco de Lima; FORTINI, Cristiana. *A crise do federalismo em estado de pandemia*. v. 01. Ed. Casa do Direito, 2020. p. 311.

JORDÃO, Eduardo. *Controle judicial de uma administração pública complexa*: a experiência estrangeira na adaptação da intensidade do controle. São Paulo: Ed. Malheiros, 2016. p. 86.

JORDÃO, Eduardo. *Estudos Antirromânticos sobre controle da administração pública*. São Paulo: Ed. JusPodivm, 2022. p. 44-45.

MADEIRA, Vinícius de Carvalho. *Lições de Processo Disciplinar*. 1. ed. Fortium Editora, 2008.

MARQUES, Floriano de Azevedo. Art. 23 da LINDB: o equilíbrio entre mudança e previsibilidade na hermenêutica jurídica. *Rev. Direito Adm.*, Rio de Janeiro, Edição Especial: Direito Público na Lei de Introdução às Normas de Direito Brasileiro – LINDB (Lei nº 13.655/2018), p. 93-112, nov. 2018.

MARQUES NETO, Floriano de Azevedo; FREITAS, Rafael Véras de. *Comentários à Lei nº 13.655/2018*. Belo Horizonte: Fórum, 2019. p. 17.

MEDEIROS, Isaac Kofi. *Ativismo judicial e princípio da deferência à Administração Pública*. Ed. Lumen Juris, 2020. p. 151-175.

MELLO, Celso Antônio Bandeira de. *Curso de Direito Administrativo*. 17. ed. São Paulo: Malheiros, 2004.

MEIRELLES, Hely Lopes. *Direito Administrativo brasileiro*. 29. ed. São Paulo: Malheiros, 2004.

MORAES, Alexandre de. *Direitos Humanos Fundamentais*: teoria geral. Comentários aos arts. 1º a 5º da Constituição da República Federativa do Brasil: doutrina e jurisprudência. Ed. Atlas, 2021. p. 40-41.

OSÓRIO, Fabio Medina. *Direito administrativo Sancionador*. 8. ed. rev. e atual. São Paulo: Revista dos Tribunais, 2022.

MARQUES NETO, Floriano de Azevedo; FREITAS, Rafael Véras de. *Comentários à Lei nº 13.655/2018*. Ed. Fórum, 2020. p. 90.

SUNDFELD, Carlos Ari. *Livro Direito Administrativo para Céticos*. 2. ed. São Paulo: Ed. Malheiros, 2017. p. 212.

SUNDFELD, Carlos Ari. *Direito Administrativo Ordenador*. São Paulo: Malheiros, 1997. p. 32.

SUNDFELD, Carlos Ari. *Direito Administrativo*: o novo olhar da LINDB. Belo Horizonte: Fórum, 2022.

Informação bibliográfica deste texto, conforme a NBR 6023:2018 da Associação Brasileira de Normas Técnicas (ABNT):

DUBIEN, Ana Luiza; CARVALHO, Fernanda; PEDROSA, Isadora. O direito administrativo sancionador à luz das alterações introduzidas pela Lei nº 13.655, de 25 de abril de 2018, na Lei de Introdução às Normas do Direito Brasileiro (LINDB). *In*: SEVERINO, Débora Pinto; CAMATA, Edmar Moreira; FERRAZ, Leonardo de Araújo; THOMÉ, Marcela Oliveira (Coord.). *Mulheres no controle*: tópicos de controle interno sob o olhar das mulheres. Belo Horizonte: Fórum, 2023. p. 195-218. ISBN 978-65-5518-540-9.

AUDITORAS INTERNAS GOVERNAMENTAIS E O DESAFIO DA LIDERANÇA: "TETO DE VIDRO", ESTEREÓTIPOS E DESIGUALDADE NA ADMINISTRAÇÃO PÚBLICA FEDERAL

PATRÍCIA ÁLVARES
MAÍRA LIMA
FERNANDA GUEDES

1 Introdução

O papel das mulheres na sociedade vem mudando na maioria dos países ocidentais, tendo se observado, desde 1960, um grande aumento da sua entrada em empregos remunerados em países da Europa Ocidental e Estados Unidos, além da Austrália, Nova Zelândia, Nova Guiné e Indonésia (DAVIDSON; COOPER, 1992). No Brasil, Scorzafave e Menezes-Filho (2001) calcularam a Taxa de Participação na Força de Trabalho (TFPT) de homens e mulheres no país entre as décadas de 1980 e 1990. Em seu estudo, os autores (2001) identificaram o aumento desse indicador para as mulheres, com uma concomitante estabilização para os homens, resultando em uma menor diferença da TFPT entre os sexos.

Dados mais recentes da OECD (2019) apontaram que, embora tenha havido um aumento de 3% na participação de mulheres no mercado de trabalho brasileiro, entre 2012 e 2018, a participação feminina e masculina nesse mercado ainda não é igualitária. Em 2019, o IBGE

(2021) apontou que, no Brasil, a taxa de participação das mulheres na força de trabalho foi de 54,5%, e a dos homens, de 73,7%. Embora crescente a participação de mulheres nesse mercado, a OECD (2019) apontou que as mulheres ainda estão longe de alcançarem paridade com os homens em posições de tomada de decisão no Brasil: em 2018, elas eram apenas 39% nessas posições, 1% a mais que em 2015. O levantamento do IBGE (2021, p. 9) indicou que, em 2019, 37,4% dos cargos gerenciais eram ocupados por mulheres, e 62,6%, por homens, sendo essa desigualdade acentuada naqueles cargos "mais bem remunerados e com potencialmente mais responsabilidades".

Na Administração Pública Federal (APF), conquanto não haja diferenças salariais entre homens e mulheres integrantes das carreiras públicas, as funções gratificadas são majoritariamente ocupadas por homens. Nesse sentido, dados do Painel Estatístico de Pessoal do Ministério da Economia,[41] de 2022, indicam que 59,80% dos cargos comissionados e funções de confiança são ocupados por homens, enquanto 40,20% são preenchidos por mulheres.

Ao se tratar da carreira de finanças e controle, que integra a APF e é formada por Auditores Federais de Finanças e Controle (AFFC) e Técnicos Federais de Finanças e Controle (TFFC), também se observa um cenário de menor participação feminina nos cargos de liderança pertencentes aos quadros da Controladoria-Geral da União (CGU) e de suas superintendências regionais. Dados do Sistema Integrado de Administração de Pessoal (SIAPE), de 2022, indicam grande desigualdade entre homens e mulheres dessa carreira na ocupação de cargos da alta gestão (cargos de coordenador-geral, diretor, secretário e superintendente regional).

Nesse cenário, este artigo traz subsídios para identificar causas que expliquem essa configuração de menor ocupação feminina nos cargos de liderança na CGU. Para isso, utiliza como marco teórico o fenômeno do "teto de vidro" e outras metáforas que buscam compreender os motivos pelos quais as desigualdades de gênero dificultam o acesso das mulheres a cargos de liderança no setor público. Para robustecer a discussão, também considera estereótipos de liderança, o estereótipo do auditor e a evolução da atividade de auditoria interna governamental.

---

[41] Disponível em: https://www.painel.pep.planejamento.gov.br.

2 "Teto de vidro" e outras barreiras para a liderança feminina

O termo "teto de vidro" foi popularizado em um artigo do *Wall Street Journal*, de 1986, nos Estados Unidos, tendo sido descrito como as barreiras invisíveis que as mulheres enfrentam enquanto se aproximam do topo da hierarquia organizacional (U.S GLASS CEILING COMMISSION, 1995). Steil (1997, p. 62) descreve o fenômeno como "[...] uma barreira que, de tão sutil, é transparente, mas suficientemente forte para impossibilitar a ascensão de mulheres a níveis mais altos da hierarquia organizacional". Nesse sentido, o *U.S Glass Ceiling Commission* (1995) aponta que, apesar das conquistas e dos méritos alcançados pelas mulheres, tal barreira as afasta de alcançarem os altos cargos.

As barreiras invisíveis que representam o fenômeno podem estar em diversos níveis – de sociedade, organizacional, grupal e individual – e podem mudar ao longo do tempo, assim como a sua criticidade, fazendo-se importante a sua avaliação periódica para identificar as que necessitam de uma atenção imediata (MORRISON; SCHREIBER; PRICE, 1995). Nesse sentido, Steil (1997) aponta que uma das características do "teto de vidro" é a pervasividade, ou seja, a sua presença e percepção em todos os lugares.

Assim, estudos de diversos países abordaram os variados tipos de barreiras que as mulheres enfrentam nas organizações, tanto do setor público como do privado. Longe de esgotá-las, algumas barreiras comumente citadas nos estudos que abordam o "teto de vidro" são apontadas a seguir:

i. *dificuldade para equilibrar a vida pessoal ou familiar e a profissional*, sujeitando as mulheres a dilemas nas escolhas e vivências profissionais enquanto tentam conciliar ambas as esferas de vida (VAZ, 2013; GODINHO *et al.*, 2021; TOMÁS FOLCH; GUILLAMÓN RAMOS, 2009; RISHANI *et al.*, 2015; AMUDHA *et al.*, 2016; LUPU, 2012; TRAUTH; QUESENBERRY; HUANG, 2009; COSTELLO, 2012);

ii. *cultura organizacional*, que pode ser caracterizada como predominantemente masculina em alguns contextos, apresentando práticas de trabalho inflexíveis e valorizando atributos de liderança masculinos (LUPU, 2012; AMUDHA *et al.*, 2016; TOMINC; SEBJAN; SIREC, 2017; WORRALL *et al.*,

2010; TLAISS; KAUSER, 2010; BRUMLEY, 2014; TANURE; CARVALHO NETO; MOTA-SANTOS, 2014; CHOI; PARK, 2014);

iii. *modelo masculino de trabalho nas organizações*, que pode englobar a necessidade de trabalhar por longas horas, de adoção de um comportamento masculino pelas mulheres e de exibir maior dedicação e empenho ao trabalho para serem reconhecidas (MILTERSTEINER *et al.*, 2020; MARRY; POCHIC, 2017; EAGLY; CARLI, 2007; BRUMLEY, 2014; BROADBRIDGE, 2010; MOONEY; RYAN, 2009; JOHNS, 2013; GUTIERREZ; 2016; TANURE; CARVALHO NETO; MOTA-SANTOS, 2014; WORRALL *et al.*, 2010); e

iv. *dificuldade de acessar e construir redes de relacionamento*, que podem facilitar movimentação nas organizações e acesso a posições de liderança (EAGLY; CARLI, 2007; TRAUTH; QUESENBERRY; HUANG, 2009; BRUMLEY, 2014; AMUDHA *et al.*, 2016; WORRALL *et al.*, 2010; MOONEY; RYAN, 2009).

Em complemento, Szczyglak (2022) cita síndromes e complexos que reforçam as barreiras formadoras do "teto de vidro". Dentre eles, destacam-se:

i. *síndrome de Atlas ou o peso do mundo sobre as costas*, que representa a sensação de se sentir responsável ou em dívida por tudo e de se atribuir a culpa por todas as falhas – "a culpa infinita de ser devedora, disponível e presente", nas palavras da autora (p. 128);

ii. *síndrome da boa aluna ou a obrigação de excelência*, que explica o modo pelo qual as mulheres tendem a subestimar seu potencial e a preocupar-se mais em comprovar suas capacidades, enquanto os homens tendem a ser mais confiantes. A autoexigência feminina é um fator que contribui para o fato de as mulheres serem menos propensas a candidatar-se para promoções;

iii. *síndrome da moça simpática ou a ditadura da empatia* levaria a mulher a "gentilmente" ceder seu lugar aos outros e manter-se longe de competições ou conflitos, mesmo correndo o risco de ficar apagada. Nesse contexto, a ambição não seria um valor ético socialmente aceitável para as mulheres, às quais estariam reservados apenas a negação de si mesma e o primado sistemático do outro. À mulher caberia o espaço doméstico, o papel de cuidadora universal dos outros, sendo que seu reconhecimento decorreria de um desprendimento de suas necessidades em prol dos outros;

iv. *síndrome da impostora ou a impressão de nunca estar no lugar certo* decorreria de uma autodepreciação ou de um sentimento de permanente insuficiência decorrente de uma visão sociocultural sobre o lugar da mulher construída pelo patriarcado e introjetada pelas mulheres. Como exemplo, o sentimento de forasteira em um ambiente masculino silencia, muitas vezes, suas ideias em reuniões, dificultando sua capacidade de demonstrar competência.

Portanto, às dificuldades externas formadoras do "teto de vidro" somam-se questões íntimas ou psicológicas que dizem respeito à autoimagem da mulher formada a partir de processos de exclusão e silenciamento impostos pelos homens. Esses processos criaram representações estereotipadas de gênero comumente absorvidas pelas próprias mulheres, que as colocam numa posição inferior na hierarquia de poder político e social e estão refletidas nos estilos também estereotipados de liderança, conforme descrito no tópico 4.

3 O "teto de vidro" na Administração Pública Federal

No Brasil, em particular no setor público, diversos estudos discutiram o "teto de vidro" e os impactos das barreiras desse fenômeno. Um dos aspectos comumente apontados nas pesquisas refere-se à presença do fenômeno nesse setor, apesar da objetividade e transparência nos processos de seleção e ingresso de pessoal – os concursos públicos (VAZ, 2013, 2018; MORAIS; PACHECO; CARMO, 2019; GODINHO *et al.*, 2021).

Assim, a pesquisa de Vaz (2013) identificou que, na APF, a presença feminina se reduzia à medida que se avançava nos cargos de direção e assessoramento (DAS). Em estudo realizado no Conselho Nacional do Ministério Público (CNMP), também foi constatada baixa representatividade de mulheres em posições de poder político e decisório, tendo sido o fenômeno do "teto de vidro" apontado como uma das possíveis causas para esse quadro (MORAIS; PACHECO; CARMO, 2019).

Já em levantamento realizado em 2017, em um total de 63 universidades federais existentes no Brasil, foi constatado que apenas 30,2% dos cargos de reitoria e 34,4% de vice-reitoria eram ocupados por mulheres (AMBROSINI, 2017). Embora Ambrosini (2017) não tenha aprofundado as possíveis razões qualitativas para explicar esses números, foi inferida a presença do fenômeno do "teto de vidro" nas instituições pesquisadas. Em direção similar, a pesquisa de Araújo, Santos e Sales (2021) verificou que, embora mais mulheres estejam presentes em instituições militares, essas ainda não conquistaram os postos de chefia.

Com relação à carreira de finanças e controle na CGU, considerando técnicos e auditores, dados de 2022 do Sistema Integrado de Administração de Pessoal (SIAPE) indicam que, embora a representação feminina em cargos seja proporcional à quantidade de mulheres na carreira (Gráfico 1), essa relação se torna desigual quando considerados os cargos de alta gestão (Quadro 1).

Gráfico 1 – Relação entre o percentual de mulheres TFFC e AFFC nas secretarias e superintendências da CGU e o percentual de mulheres ocupantes de cargos (CCE e FCE 5, 7, 10, 13, 15 e 17)

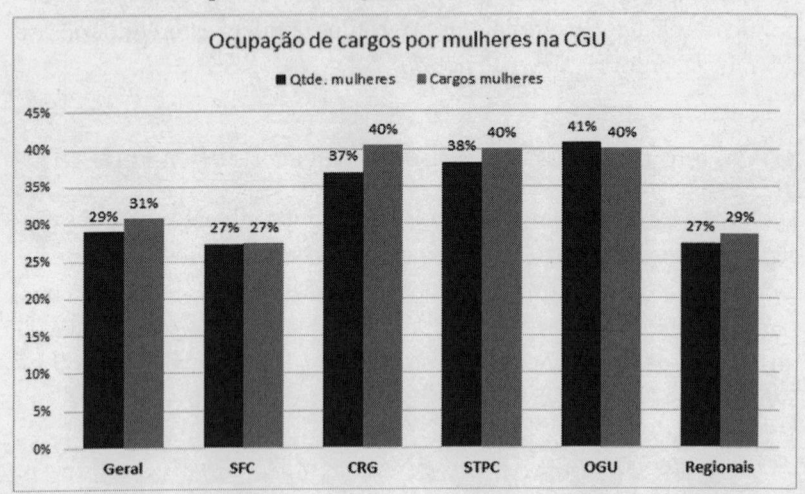

Ocupação de cargos por mulheres na CGU		
	Qtde. mulheres	Cargos mulheres
Geral	29%	31%
SFC	27%	27%
CRG	37%	40%
STPC	38%	40%
OGU	41%	40%
Regionais	27%	29%

Fonte: SIAPE.

Quadro 1 – Levantamento sobre a distribuição de cargos na CGU

Descrição	SFC	CRG	STPC	OGU	Superintendências	Total
Número total de servidores	487	104	76	49	773	1.489
Servidores mulheres	133	38	29	20	211	431
Servidores homens	354	65	47	29	562	1.057
Mulheres ocupantes de cargos (CCE e FCE 5, 7 e 10)	34	5	8	2	44	93
Homens ocupantes de cargos (CCE e FCE 5, 7 e 10)	66	8	5	1	110	190
Mulheres coordenadoras-gerais (CCE e FCE 13)	3	4	3	2	0	12
Homens coordenadores-gerais (CCE e FCE 13)	17	7	4	1	0	29
Mulheres diretoras (CCE e FCE 15)	1	2	0	0	0	3
Homens diretores (CCE e FCE 15)	6	1	3	2	0	12
Mulheres secretárias (CCE e FCE 15)	0	0	0	0	0	0
Homens secretários (CCE e FCE 17)	1	1	1	1	0	4
Superintendentes mulheres	-	-	-	-	2	2
Superintendentes homens	-	-	-	-	24	24

Fonte: SIAPE. Servidores ativos AFFC e TFFC.

Sobre a menor presença de mulheres nos altos postos de comando da APF, Vaz (2013) e Nakamura e Vaz (2020) salientaram que a forma de escolha para ocupação desses postos pode ocorrer sem a necessidade de concurso público – ou seja, por nomeação de servidores de carreira (ou não) –, afastando a certeza da utilização de critérios técnicos e universais para a seleção e possibilitando práticas discriminatórias.

Miltersteiner *et al.* (2020), que se basearam nas barreiras do "teto de vidro" para compreender os desafios que as mulheres enfrentam para alcançar as altas posições de mando na APF, constataram que essas ainda estão sujeitas a preconceitos na busca por tais posições, demandando que provem, com maior frequência e intensidade, a sua competência profissional.

No entanto, Vaz (2013) refletiu que a menor participação feminina nos cargos de direção da APF não se deve apenas às práticas discriminatórias, sejam elas explícitas ou não, mas também à barreira relacionada aos conflitos que as mulheres vivenciam para conciliar a vida pessoal e a profissional, uma vez que ainda são as principais responsáveis pelos cuidados da família e do lar.

Uma das consequências do "teto de vidro" no setor público foi apontada por Vaz (2018) quando estudou o hiato de rendimentos por sexo nesse setor, entre 2002 e 2015. A autora (2018) constatou que os rendimentos brutos das servidoras são, em média, 25% menores que os dos homens e atribuiu como explicação a esse diferencial remuneratório a sub-representação de mulheres nos altos escalões organizacionais. Desse modo, apontou o fenômeno do "teto de vidro" como um dos responsáveis por ocasionar diferenças salariais entre aqueles com "dotações produtivas semelhantes" (VAZ, 2018, p. 13). O estudo de Nakamura e Vaz (2020) também sugeriu a presença do "teto de vidro" no setor público, ao identificar, com base em dados de 2015, a ocorrência de diferença salarial de servidores por sexo, mesmo após controlar fatores que afetam o rendimento do trabalhador.

4 Estereótipos de gênero e liderança

Segundo estudiosos do campo da cognição social, os estereótipos devem ser compreendidos como estruturas cognitivas que têm a capacidade de intervir na forma por meio da qual a informação sobre os grupos e seus membros é processada. Surgindo da necessidade de simplificar o mundo, os estereótipos servem como mecanismo de categorização para posterior utilização a partir dos dados categorizados. Nesse sentido, os estereótipos simplificam a percepção, o julgamento e a ação, em um mundo cada vez mais complexo (SPLITTER, 2013). Já os estereótipos de gênero consistem em representações socialmente valorizadas que determinam o que homens e mulheres devem ser e fazer.

No que se refere à relação entre estereótipos de gênero e liderança, a literatura é consensual em estabelecer características agenciais aos homens (agressividade, ambição, racionalidade, assertividade, determinação etc.) e comunais às mulheres (gentileza, empatia, bondade, simpatia e preocupação com o bem-estar alheio). Nesse contexto, as características atribuídas às mulheres delineariam um estereótipo de fraqueza, fragilidade, vulnerabilidade, o que seria incompatível com o perfil demandado para a ocupação de posições de liderança, inibindo sua ascensão nas organizações, mesmo quando apresentam maior grau de escolaridade em comparação com os homens (PEREIRA *et al.*, 2018).

Com efeito, quando as mulheres exercem a liderança lançando mão das características comunais, sua capacidade como líder é questionada na medida em que tais características são confundidas com fraqueza e insegurança. De forma contraditória, quando adotam padrões de estereótipos masculinos de liderança são julgadas por não se comportarem de maneira suficientemente feminina (PEREIRA *et al.*, 2018).

Em síntese, a visão estereotipada de liderança, assim como as habilidades associadas a ela, alimenta expectativas comportamentais que se configuram, muitas vezes, como obstáculos para a ocupação de cargos de gestão pelas mulheres. Esses estereótipos associam, de forma errônea, competências e habilidades a homens e mulheres, como se um homem não pudesse ter empatia e uma mulher ter visão estratégica, por exemplo.

Para superar essas barreiras, é preciso ressignificar a ideia de liderança. A liderança, segundo Gisèle Szczyglak, é um movimento e uma dinâmica. Nesse sentido, a liderança não tem gênero, como tampouco as competências têm gênero. A liderança é universal porque remete a um modo de ser e de fazer independente do gênero de quem a exerce.[42]

5 O estereótipo do auditor e a evolução da auditoria interna governamental

Os estereótipos atribuídos a determinados profissionais representam um importante papel tanto na forma como os demais profissionais os veem quanto na capacidade de influenciar pessoas que querem fazer parte desse grupo de profissionais (NAVALLAS *et al.*, 2017).

Tendo sua origem no campo da contabilidade, os auditores de hoje vêm se preocupando em desconstruir o estereótipo atribuído aos contadores, que os identificam como pessoas chatas, pouco atraentes, forçadas a se defender de acusações de irrelevância e buscando reforçar sua reputação de competência e integridade. Percepções negativas sobre esse profissional podem ser encontradas até mesmo na literatura de romances e poesias, que muitas vezes os identificavam como

---

[42] Fala da professora Gisèle Szczyglak no curso Liderança Inclusiva, ENAP, em 19 de setembro de 2022.

profissionais sem criatividade e desinteressantes, com pouca interação entre as pessoas, na medida em que trabalha essencialmente com números (SPLITTER, 2013).

Estudos recentes parecem indicar que essa percepção permanece inalterada, sendo muitas vezes estimulada pelos próprios profissionais, de forma a garantir a credibilidade e independência do trabalho que realizam.

Na CGU, há 65,20% de servidores do sexo masculino e 34,80% de servidores do sexo feminino, considerando auditores e técnicos federais de finanças e controle. Com um corpo funcional historicamente formado por uma maioria masculina e sendo as mulheres sub-representadas em cargos de gestão, o estereótipo do auditor parece ganhar força junto a um clima organizacional essencialmente masculino.

No entanto, mudanças no ambiente de negócios têm exigido distintas competências desses profissionais, tais como: criatividade, intuição, habilidades com pessoas e facilidade de comunicação (paradoxalmente, habilidades comunais). Por esse motivo, muitas empresas de auditoria vêm tentando promover uma imagem social de forma a atrair e reter talentos que respondam a essa nova demanda (SPLITTER, 2013; NAVALLAS *et al.*, 2017).

No campo da auditoria interna governamental, a mudança de atitude dos auditores com relação aos auditados vem sendo promovida no país, a partir da interiorização de normas de auditoria internacionais divulgadas pelo *The Institute of Internal Auditors* (IIA). Sendo considerado como um dos princípios fundamentais para a prática da atividade de auditoria interna governamental, a comunicação eficaz exige postura diferenciada do auditor, que deve se comportar com cortesia e respeito no trato com as pessoas, ainda que em situações de divergência de opinião (BRASIL, 2017).

A inserção da metodologia ágil em auditorias também vem influenciando a forma de atuação dos auditores internos. Colaboração e transparência passaram a fazer parte da relação entre auditores e auditados na busca por uma maior efetividade na atuação das auditorias internas e na percepção dos resultados, seja pelos auditados, seja pela sociedade (THE IIA, 2019).

6 Considerações finais

As reflexões trazidas neste artigo sobre o fenômeno do "teto de vidro", os estereótipos de gênero e seus impactos no exercício da liderança, bem como sobre o estereótipo do auditor, procuram explicar algumas razões que levam à desigualdade na ocupação feminina de cargos de liderança na APF, em especial na Controladoria-Geral da União.

Segundo Gates (2019), um estudo acadêmico feito em 2010 descobriu que a inteligência coletiva de um grupo de trabalho está relacionada a três fatores: a sensibilidade social média de seus membros, a capacidade de se revezar colaborativamente e a proporção de mulheres. Os grupos que incluíam pelo menos uma mulher tinham desempenho melhor em testes de inteligência coletiva do que aqueles totalmente masculinos, e a inteligência de grupo se correlacionava mais fortemente à diversidade de gênero do que aos QIs individuais. Nas palavras da autora: "A diversidade de gênero não é boa somente para as mulheres; é boa para qualquer um que persiga bons resultados" (p. 201).

Nesse sentido, a busca pelo aumento da inteligência coletiva no órgão passa necessariamente pela compreensão do fenômeno da desigualdade na ocupação dos cargos de liderança. Para isso, a realização de pesquisas e busca de outros meios disponíveis para identificar as barreiras que dificultam a ascensão das mulheres na carreira pode servir de insumo para a implementação de políticas de igualdade de gênero que possam combater a sub-representação feminina na alta gestão.

Referências

AMBROSINI, Anelise B. A representação das mulheres como reitoras e vice-reitoras das universidades federais do Brasil: um estudo quantitativo. *XVII Colóquio Internacional de Gestão Universitária*, 2017. Disponível em: https://repositorio.ufsc.br/bitstream/handle/123456789/181013/101_00162.pdf?sequence=1&isAllowed=y. Acesso em: 12 out. 2022.

AMUDHA, R. *et al.* Glass ceiling and glass escalator: An ultimate gender divide in urban vicinity. *Indian Journal of Science and Technology*, v. 9, n. 27, p. 1-8, 2016.

ARAÚJO, Welbert F.; SANTOS, Gilmar R.; SALES, Dimas R. O teto de vidro e as instituições militares: um estudo de caso no 7º batalhão de Bombeiros Militar de Minas Gerais. *Brazilian Journal of Development*, v. 7, n. 1, p. 7.961-7.979, 2021.

BRASIL. *Instrução Normativa nº 3, de 9 de junho de 2017*. Disponível em: https://repositorio.cgu.gov.br/handle/1/33409. Acesso em: 25 out. 2022.

BROADBRIDGE, Adelina. 25 years of retailing; 25 years of change? Reflecting on the position of women managers. *Gender in Management: An International Journal*, v. 25, n. 8, p. 649-660, 2010.

BRUMLEY, Krista M. The gendered ideal worker narrative: Professional women's and men's work experiences in the new economy at a Mexican company. *Gender & Society*, v. 28, n. 6, p. 799-823, 2014.

CHOI, Sungjoo; PARK, Chun-Oh. Glass ceiling in Korean civil service: Analyzing barriers to women's career advancement in the Korean government. *Public Personnel Management*, v. 43, n. 1, p. 118-139, 2014.

COSTELLO, Carla A. Women in the academy: The impact of culture, climate and policies on female classified staff. *NASPA Journal about Women in Higher Education*, v. 5, n. 2, p. 99-114, 2012.

DAVIDSON, Marilyn J.; COOPER, Cary L. *Shattering the Glass Ceiling*: The Woman Manager. Davidson and Cary L. Cooper, Paul Chapman Publishing Ltd., London, 1992.

EAGLY, Alice H.; CARLI, Linda L. *Through the labyrinth*: The truth about how women become leaders. Massachussetts: Harvard Business Press, 2007.

GATES, Melinda. *O momento de voar*. Como o empoderamento feminino muda o mundo. Rio de Janeiro: Sextante, 2019.

GODINHO, Letícia *et al*. Desigualdades de gênero no serviço público. *In*: DE SOUSA *et al*. (Org). *A igualdade terá o rosto da mulher*. 1. ed. UFRGS, 2021. p. 139-154. Disponível em: https://lume.ufrgs.br/bitstream/handle/10183/230270/001130802.pdf?sequence=1&isAllowed=y. Acesso em: 12 out. 2022.

GUTIERREZ, Enrique Javier Diez. Female principals in education: Breaking the glass ceiling in Spain. *Paidéia*, Ribeirão Preto, v. 26, n. 65, p. 343-350, 2016.

HRYNIEWICZ, Lygia C.; VIANNA, Maria A. Mulheres em posição de liderança: obstáculos e expectativas de gênero em cargos gerenciais. *Cad. EBAPE.BR*, v. 16, n. 3, p. 331-344, Rio de Janeiro, jul./set. 2018.

IBGE. *Estatísticas de Gênero*: Indicadores sociais das mulheres no Brasil, 2021. 2. ed. Disponível em: https://biblioteca.ibge.gov.br/visualizacao/livros/liv101784_informativo.pdf. Acesso em: 01 out. 2022.

JOHNS, Merida L. Breaking the glass ceiling: Structural, cultural, and organizational barriers preventing women from achieving senior and executive positions. *Perspectives in Health Information Management/AHIMA, American Health Information Management Association*, v. 10, n. Winter, 2013.

LUPU, Ioana. Approved routes and alternative paths: The construction of women's careers in large accounting firms. Evidence from the French Big Four. *Critical Perspectives on Accounting*, v. 23, n. 4-5, p. 351-369, 2012.

MARRY, Catherine; POCHIC, Sophie. O "teto de vidro" na França: o setor público é mais igualitário que o setor privado?. *Cadernos de Pesquisa*, v. 47, n. 163, p. 148-167, 2017.

MILTERSTEINER, Renata K. *et al.* Liderança feminina: percepções, reflexões e desafios na administração pública. *Cadernos EBAPE.BR*, v. 18, n. 2, Rio de Janeiro, p. 406-423, 2020. Disponível em: https://www.scielo.br/j/cebape/a/tCzLBJyCbWjsr5bkQnnZ7bm/?format =pdf&lang=pt. Acesso em: 12 out. 2022.

MOONEY, Shelagh; RYAN, Irene. A woman's place in hotel management: upstairs or downstairs?. *Gender in Management: An International Journal*, v. 24, n. 3, p. 195-210, 2009.

MORAIS, Tereza C. C.; PACHECO, Veruska A.; CARMO, Marina M. Desigualdade de gênero no setor público: estudo de caso no Conselho Nacional do Ministério Público. *Revista Negócios em Projeção*, v. 10, n. 2, p. 44-56, 2019.

MORRISON, Ann M.; SCHREIBER, Carol T.; PRICE, Karl F. *A Glass Ceiling Survey: Benchmarking Barriers and Practices.* Center for Creative Leadership, Post Office Box 26300, Greensboro, NC 27438-6300, 1995.

NAKAMURA, Leonardo M.; VAZ, Daniela V. Quão heterogêneo é o setor público no Brasil? Uma análise das diferenças salariais entre os poderes executivo, legislativo e judiciário. *Administração Pública e Gestão Social*, v. 12, n. 4, 2020. Disponível em: https://periodicos.ufv.br/apgs/article/view/5809/5963. Acesso em: 12 out. 2022.

NAVALLAS, B.; DEL CAMPO, C.; MIÑANO, M. Exploring auditor's stereotypes: the perspective of undergraduate students. *Revista de Contabilidad – Spanish Accounting Review*, v. 20, n. 1, p. 25-35, 2017.

OECD. *From promises to action: Addressing discriminatory social institutions to accelerate gender equality in G20 countries*, 2019. Disponível em: https://www.oecd.org/dev/development-gender/OECD_DEV_W20-report_FINAL.pdf. Acesso em: 01 out. 2022.

PEREIRA, Thais A. *et al.* Reflexo dos estereótipos negativos de gênero nas líderes femininas de uma Instituição Federal de Ensino Superior. 8º Congresso UFSC de Controladoria e Finanças: Contabilidade e Perspectivas Futuras. Florianópolis, 2018. Disponível em: https://conferencias.ufsc.br/index.php/cconfi/ed2018/paper/download/1552/984#:~:text=Com%20 base%20em%20um%20levantamento,quanto%20seu%20desempenho%20como%20 l%C3%ADder. Acesso em: 27 out. 2022.

RISHANI, Mayssa *et al.* Lebanese perceptions of the glass ceiling. *Equality, Diversity and Inclusion: An International Journal*, v. 34, n. 8, p. 678-691, 2015.

SILVA, A. A evolução da Auditoria Interna em Portugal: Estudo Comparativo. Dissertação de mestrado. Instituto Superior de Contabilidade e Administração de Lisboa (ISCAL). 2016.

SCORZAFAVE, Luiz Guilherme; MENEZES-FILHO, Naércio A. Participação feminina no mercado de trabalho brasileiro: evolução e determinantes. *Pesq. Plan. Econ.*, v. 31, n. 3, dez. 2001. Disponível em: http://repositorio.ipea.gov.br/bitstream/11058/5053/1/PPE_v31_n03_Participacao.pdf. Acesso em: 01 out. 2022.

SPLITTER, K. Percepção de estudantes e professores universitários sobre a profissão do contador. Dissertação de mestrado. Universidade Federal de Santa Catarina, 2013.

STEIL, Andrea V. Organizações, gênero e posição hierárquica-compreendendo o fenômeno do teto de vidro. *Revista de Administração*, v. 32, n. 3, p. 62-69, 1997.

SZCZYGLAK, Gisèle. *Subversivas*: a arte sutil de nunca fazer o que esperam de nós. São Paulo: Editora Cultrix, 2022.

TANURE, Betania; CARVALHO NETO, Antonio; MOTA-SANTOS, Carolina. Pride and prejudice beyond the glass ceiling: Brazilian female executives psychological type. *Revista de Ciências da Administração*, p. 210-223, 2014.

THE IIA. *Auditoria Interna Ágil*: Principais práticas de mercado na jornada de ser tornar ágil. Novembro de 2019.

TLAISS, Hayfaa; KAUSER, Saleema. Perceived organizational barriers to women's career advancement in Lebanon. *Gender in Management: An International Journal*, v. 25, n. 6, p. 462-496, 2010.

TOMÁS FOLCH, Marina; GUILLAMÓN RAMOS, Cristina. Las barreras y los obstáculos en el acceso de las profesoras universitarias a los cargos de gestión académica. *Revista de educación*, Madrid, n. 350, p. 0253-275, 2009.

TOMINC, Polona; ŠEBJAN, Urban; ŠIREC, Karin. Perceived gender equality in managerial positions in organizations. *Organizacija*, v. 50, n. 2, p. 132-149, 2017.

TRAUTH, Eileen M.; QUESENBERRY, Jeria L.; HUANG, Haiyan. Retaining women in the US IT workforce: theorizing the influence of organizational factors. *European Journal of Information Systems*, v. 18, n. 5, p. 476-497, 2009.

U.S GLASS CEILING COMMISSION. *Good for Business:* Making Full Use of the Nation's Human Capital. Washington, DC: U.S. Government Printing Office, 1995a. Disponível em: https://ecommons.cornell.edu/bitstream/handle/1813/79348/GlassCeilingFactFindingEnvironmentalScan.pdf?sequence=1&isAllowed=y. Acesso em: 25 set. 2022.

VAZ, Daniela Verzola. O teto de vidro nas organizações públicas: evidências para o Brasil. *Economia e Sociedade*, v. 22, n. 3, p. 765-790, 2013.

VAZ, Daniela Verzola. Diferenças salariais por gênero no setor público brasileiro no período 2002-2015: magnitude, evolução e determinantes. Acta Scientiarum. *Human and Social Sciences*, v. 40, n. 2, 2018. Disponível em: https://periodicos.uem.br/ojs/index.php/ActaSciHumanSocSci/article/view/41507/pdf. Acesso em: 12 out. 2022.

WORRALL, Lisa *et al.* Barriers to women in the UK construction industry. *Engineering, Construction and Architectural Management*, v. 17, n. 3, p. 268-281, 2010.

Informação bibliográfica deste texto, conforme a NBR 6023:2018 da Associação Brasileira de Normas Técnicas (ABNT):

ÁLVARES, Patrícia; LIMA, Maíra; GUEDES, Fernanda. Auditoras internas governamentais e o desafio da liderança: "teto de vidro", estereótipos e desigualdade na Administração Pública Federal. *In*: SEVERINO, Débora Pinto; CAMATA, Edmar Moreira; FERRAZ, Leonardo de Araújo; THOMÉ, Marcela Oliveira (Coord.). *Mulheres no controle*: tópicos de controle interno sob o olhar das mulheres. Belo Horizonte: Fórum, 2023. p. 219-232. ISBN 978-65-5518-540-9.

PODEM AS OUVIDORIAS PÚBLICAS CONTRIBUIR PARA A TRANSPARÊNCIA ATIVA E O CONTROLE SOCIAL?

MARÍLIA FONSECA
JOQUEBEDE SILVA

1 Introdução

Que informações, de fato, importam ao cidadão? Como saber o que é relevante para ser publicado espontaneamente nos *sites* governamentais? A necessidade de diálogo entre a instituição e a sociedade é constante para a entrega de valor público.

A partir da edição da Lei de Acesso à Informação (LAI), Lei nº 12.527, de 18 de novembro de 2011, iniciou-se um movimento de aprimoramento dos canais de comunicação com o cidadão para que esse diálogo ocorra de forma institucionalizada. Isso porque o acesso à informação de qualidade é essencial para o combate à corrupção, aumento da participação social e manutenção da relação de confiança entre o governo (representantes) e a sociedade (representados) (SARACENO; MONTEIRO, 2021).

Para Gruman (2012), os representantes são obrigados a prestar contas de sua gestão; em outras palavras, é como se a população avaliasse o desempenho da atuação governamental. É o exercício do controle social através da fiscalização, monitoramento e controle da Administração Pública.

Nessa perspectiva e considerando o entendimento de Bresser (2009), o acesso à informação contribui com a formação do Estado republicano forte, em que o cidadão cobra de seus representantes atuação eficiente e entrega de bens e serviços ao menor custo.

As ouvidorias públicas exercem papel relevante ao contribuir para que as instituições disponibilizem informações à sociedade. Isso ocorre, no entanto, de forma passiva no âmbito dessas unidades, pois se pressupõe o acionamento por parte do cidadão, conforme atribuições precípuas estabelecidas na Lei nº 13.460, de 26 de junho de 2017. Entretanto, ainda como parte dessas atribuições, indaga-se sobre a possibilidade de as ouvidorias contribuírem no desenvolvimento de cultura de transparência ativa.

Este artigo busca apresentar o papel social das ouvidorias públicas, em especial o serviço de ouvidoria da Coordenação de Aperfeiçoamento de Pessoal de Nível Superior (Capes), e discorrer sobre a possibilidade de contribuição em relação à transparência ativa. Também apresenta dados sobre a percepção dos servidores e colaboradores da Capes em relação à transparência e ao papel da ouvidoria. Está estruturado da seguinte forma: o capítulo 2 trata da definição de transparência ativa e a diferença em relação à transparência passiva; o capítulo 3 trata das funções das ouvidorias públicas e o papel social que desempenham; o capítulo 4 apresenta como funciona o serviço de ouvidoria na Fundação Capes e traz os resultados do estudo realizado sobre a percepção dos servidores e colaboradores da Capes em relação à transparência e ao papel da ouvidoria.

Para o desenvolvimento do trabalho, foi utilizado estudo bibliográfico sobre o tema e resultados de pesquisa realizada pela unidade de auditoria interna da Capes sobre transparência.

A relevância do trabalho se traduz na possibilidade de reflexão sobre o tema, bem como de se utilizarem as ouvidorias públicas como uma ferramenta adicional na oferta de dados, na promoção à cultura de transparência ativa, na participação e no controle social.

2 Transparência ativa, o que é?

A transparência ativa, no âmbito da Administração Pública, é o dever que os órgãos e entidades possuem de divulgação das informações produzidas e custodiadas pela sua gestão de modo proativo e espontâneo (ARAÚJO; MARQUES, 2019).

Essa exigência foi formalizada no arcabouço jurídico brasileiro com a entrada em vigor da Lei de Acesso à Informação, Lei nº 12.527, de 18 de novembro de 2011, que dispõe em seu artigo 8º, nestas palavras:

> É dever dos órgãos e entidades públicas promover, independentemente de requerimentos, a divulgação em local de fácil acesso, no âmbito de suas competências, de informações de interesse coletivo ou geral por eles produzidas ou custodiadas (BRASIL, 2011).

As informações disponibilizadas, em regra, por meio de portais na internet devem ser de interesse geral da população, com a publicação periódica e atualizada (RAMALHO; BLIACHERIENE, 2021).

O acesso à informação de qualidade (que seja de interesse público) é essencial para que os cidadãos possam exercitar seus direitos e cobrar de seus representantes uma atuação eficiente (SARACENO; MONTEIRO, 2021). Além disso, diminui o tempo de obtenção de respostas pelos cidadãos, propiciando maior qualidade e satisfação das informações fornecidas pela Administração Pública (SOUSA; OLIVEIRA; SOUSA, 2016).

É importante salientar que o cidadão também pode acompanhar o andamento das políticas públicas de forma participativa e inclusiva, verificando a eficiência na alocação dos recursos públicos (CAVALCANTI; DAMASCENO; SOUZA NETO, 2013).

Portanto, a transparência ativa com qualidade significa a divulgação das informações que contribuem com o controle social e efetivamente atendam às necessidades sociais, não a divulgação de dados sem valor ou maquiados, como pontuado por Gruman (2012).

Diferentemente da divulgação voluntária, existe a transparência passiva, quando as informações são prestadas após pedido expresso do cidadão utilizando-se dos canais de acesso ao cidadão, como exemplo, o Sistema de Informação ao Cidadão (SIC) (CONTROLADORIA-GERAL DA UNIÃO, 2019).

Ramalho e Bliacheriene (2021) explicam que, para o atendimento das demandas oriundas da transparência passiva, é preciso uma estrutura organizacional compatível e com atribuições definidas, bem como a definição de responsabilidades de colaboradores que deverão tratar (localizar, classificar e analisar) adequadamente os questionamentos com base nas orientações legais de sigilo e restrição de acesso.

Em relação à diferenciação das transparências ativa e passiva, é oportuno que aquela prevaleça sobre esta, pois há maior custo em responder individualmente os cidadãos. A transparência ativa diminui o quantitativo de pedidos e aumenta a transparência aos dados. Isso é importante para garantir a eficiência da Administração Pública, princípio expresso na Constituição Federal de 1988 (SARACENO; MONTEIRO, 2021).

3 As ouvidorias públicas e o seu papel social

O conceito de ouvidoria remete ao termo *ombudsman*: "Aquele que recebe e encaminha as queixas dos cidadãos relacionadas aos serviços públicos" (HISTÓRIA DAS OUVIDORIAS, 2019). Ainda que tenha suas raízes no modelo do *ombudsman* europeu, no Brasil, as ouvidorias públicas desenvolveram características próprias (MENEZES, 2015), sem deixarem de se nortear pelos princípios fundamentais do Código de Ética da *International Ombuds Association* (IOA): independência, imparcialidade e confidencialidade (IOA, 2022). No Poder Executivo federal, atualmente, a ouvidoria é feita descentralizadamente pelos próprios órgãos e entidades da Administração Pública, mas coordenados pela Ouvidoria-Geral da União, órgão pertencente à Controladoria-Geral da União (BRASIL, 2018).

A função das ouvidorias é atuar como interlocutoras na relação do Estado com a sociedade, ou seja, é o canal de ligação entre o cidadão e os órgãos e entidades da Administração Pública, atuando no controle social e no auxílio à resolução de problemas existentes (SANTOS *et al.*, 2019).

A participação e o controle social são imprescindíveis ao estabelecimento do Estado Democrático de Direito, garantido pela Constituição Federal. A democracia é o meio pelo qual as pessoas podem aderir ao pluralismo e à defesa de interesses (AVRITZER, 2016).

De acordo com a Escola Nacional de Administração Pública (ENAP) (2015), o controle social está relacionado a iniciativas dos entes públicos, como audiências públicas, conferências, conselhos, ouvidorias, e-SIC, portal da transparência, bem como às iniciativas da sociedade, tais como manifestações, redes virtuais, grupos organizados, entre outras. Sobre a participação social, houve uma tentativa do governo federal de ampliá-la por meio do Decreto nº 8.243, de 23 de maio de 2014, que instituiu a Política Nacional de Participação Social (PNPS) e o Sistema Nacional de Participação Social (PNPS) (BRASIL, 2014).

Esse decreto tinha por objetivo consolidar a participação social como um método de governo e orientar os gestores públicos em como utilizar a participação e controle social no processo de formulação, implementação, monitoramento e avaliação de políticas públicas (BRELÀZ, 2020). Esse decreto enfrentou forte resistência parlamentar desde sua edição e durou apenas cinco anos, sendo revogado pelo Decreto nº 9.759, de 11 de abril de 2019 (BRASIL, 2019), que, por sua vez, também sofreu resistência.

Menezes, Lima Neto e Cardoso (2016) concluíram que, para a proteção dos direitos, o aperfeiçoamento da Administração Pública e o controle e a participação social, é necessária a elaboração de ato normativo que discipline a estrutura organizacional e as atribuições das ouvidorias, com intuito de trazer uniformidade à atuação dessas unidades.

Nesse sentido, foi publicado o Decreto nº 9.492, de 5 de setembro de 2018, que regulamenta os procedimentos para a participação, proteção e defesa dos direitos dos usuários dos serviços públicos da Administração Pública federal que trata a Lei nº 13.460, de 26 de junho de 2017, e institui o sistema de ouvidoria do Poder Executivo federal. Os incisos II e III do artigo 5º desse decreto estabelecem como objetivos do sistema de ouvidoria:

> II - propor e coordenar ações com vistas a:
> a) desenvolver o controle social dos usuários sobre a prestação de serviços públicos; e
> b) facilitar o acesso do usuário de serviços públicos aos instrumentos de participação na gestão e na defesa de seus direitos;
> III - zelar pela interlocução efetiva entre o usuário de serviços públicos, os órgãos e as entidades da administração pública federal responsáveis por esses serviços (BRASIL, 2017).

As ouvidorias públicas podem conscientizar, além do público interno, o cidadão a respeito da importância da participação e do controle social para a excelência na prestação do serviço público, no planejamento e na tomada de decisão pela Administração Pública (PEIXOTO; MARSIGLIA; MORRONE, 2013).

Outrossim, se as políticas públicas são para atender as necessidades dos cidadãos, é justo que estes, como parte interessada, sejam ouvidos e contribuam com a democracia participativa, opinando sobre os programas de governo, planos de gestão, alocação de recursos, direitos e deveres e diversos outros assuntos que são de interesse público, além de serem ouvidas também suas sugestões para alcançar a efetividade das políticas existentes e de criação de novas políticas (FERNANDEZ et al., 2021).

Nessa perspectiva, o papel das ouvidorias públicas é justamente ouvir, ou seja, realizar escuta ativa, esclarecer questões, identificar interesses subjacentes e promover discussão produtiva (ENAP, 2017). As ouvidorias são o canal de recebimento das manifestações da sociedade (PEIXOTO; MARSIGLIA; MORRONE, 2013) e, conforme orientação da CGU (2012), a ouvidoria pública deve auxiliar no processo de interlocução entre cidadão e Estado para que as manifestações provenientes do exercício da cidadania estimulem a melhoria dos serviços públicos prestados.

As informações registradas pelas ouvidorias no processo de ouvir os cidadãos podem ser aproveitadas para aproximar a comunicação institucional e social dos reais interesses da sociedade, oferecendo um canal de mediação e um espaço neutro (FERRES, 2019) de mudança e inclusão social (CARDOSO, 2010). Podem, ainda, produzir efeitos na divulgação ativa de informações que forneçam subsídios ao cidadão, além de se tornarem um importante instrumento de promoção e defesa da participação e do controle social (MENEZES; LIMA NETO, CARDOSO, 2016).

Como fruto do monitoramento das demandas dos cidadãos e com vistas à realização de seus objetivos, as ouvidorias produzem relatórios anuais de gestão com informações referentes às manifestações recebidas, motivos das manifestações, análise dos pontos recorrentes e providências adotadas pela Administração (BRASIL, 2017). Menezes, Lima Neto e Cardoso (2016, p. 97) acrescentam que essa prestação de contas dirigida à sociedade, e não somente à alta direção do órgão a que pertence a ouvidoria, "é o modelo mais adequado para estimular a participação dos cidadãos na gestão das instituições públicas, pois não restringe o canal de participação a um indivíduo isoladamente". O incentivo e a ampliação da participação social nos assuntos de interesse público incentivam o exercício da cidadania (LARA; GOSLING, 2016). Os relatórios anuais, além de sua função precípua, podem ser também aproveitados para extrair indicadores sobre os temas de maior interesse da sociedade, de forma a orientar tanto a melhoria dos serviços quanto a produção de conteúdo sobre esses temas para serem divulgados de forma ativa.

Nesse sentido, a Controladoria-Geral da União estabeleceu, em 2021, orientações para o exercício de ouvidoria ativa com vistas a coletar dados e engajar os usuários na participação e no controle social (CGU, 2021). Segundo a CGU, a ouvidoria ativa é uma boa prática e pode ser exercida por meio de ações como: participação em eventos e feiras, ações nos locais de prestação dos serviços e de convívio de grupos e comunidades de usuários dos serviços prestados, campanhas de engajamento, enquetes *online*, entre outras. Além disso, estabelece que as ações de ouvidoria ativa devem, sempre que cabível, facilitar o acesso de populações vulneráveis ou digitalmente excluídas aos serviços prestados.

Por último, não menos importante, é primordial que as ouvidorias tenham uma estrutura organizacional de independência e autonomia, que possibilitará uma atuação moldada das práticas de *accountability*, em que se permitirá expor problemas dos órgãos e entidades (MENEZES; LIMA NETO; CARDOSO, 2016).

4 O caso da Coordenação de Aperfeiçoamento de Pessoal de Nível Superior (Capes)

A Coordenação de Aperfeiçoamento de Nível Superior (Capes) é uma fundação pública vinculada ao Ministério da Educação. Até outubro de 2022, as atribuições de ouvidoria eram exercidas, segundo a Capes (2021), por uma equipe de apoio ao gabinete da presidência do órgão. Essa informalidade pode ser prejudicial à independência e autonomia necessárias para a atuação da ouvidoria e vai de encontro ao que fora apontado no estudo realizado por Cavalcanti, Damasceno e Souza Neto (2013), no sentido de que, em regra, as autarquias federais estavam mais preparadas para implementar de forma organizada e padronizada as regras exigidas pela Lei de Acesso à Informação. A despeito disso, a partir de 27 de outubro de 2022, a Capes passou a ter uma unidade de ouvidoria formalmente constituída em sua estrutura organizacional, com a aprovação de seu novo estatuto (BRASIL, 2022).

O Relatório Anual de Gestão de Atividades de Ouvidoria da Capes (CAPES, 2021) informa que, no exercício de 2021, a Capes tratou 763 manifestações típicas de ouvidoria registradas no Fala.BR (104 denúncias; 5 elogios; 110 reclamações; 388 solicitações de providências; 3 solicitações de simplificação; 18 sugestões; e 135 comunicações) e prestou atendimento a 448 pedidos de acesso à informação, além do atendimento de 11.615 ligações telefônicas, 1.211 atendimentos via *chat* e 8.436 demandas do serviço Fale Conosco. A média de satisfação dos usuários foi de 84,08%.

Os principais assuntos demandados pelos cidadãos nos diferentes serviços e plataformas foram referentes a: (ir)regularidades em cursos de mestrado e doutorado em instituições de ensino superior; cursos de mestrado e doutorado na modalidade a distância; bolsas e auxílios de mestrado e doutorado no país e no exterior; atrasos e acúmulos de bolsas; pedidos de declarações e certidões; programas finalísticos de fomento; cursos recomendados e reconhecidos; acesso ao Sistema Plataforma Sucupira; processos seletivos; reclamações sobre o atendimento prestado pelo canal Linha Direta; prorrogação de prazo para retorno ao Brasil por conta da pandemia de COVID-19; adiamento do pagamento de bolsas de educação básica; e erros em sistemas (CAPES, 2021).

Esses dados apontam os assuntos de interesse dos usuários dos serviços públicos ofertados pela Capes. Desse modo, as informações podem ser aproveitadas para definir indicadores com relevância social que orientem tanto a melhoria dos serviços quanto a produção de conteúdo específico para serem divulgados em forma de transparência ativa.

Destaca-se, ao final do relatório, a expectativa de melhoria de processos internos e realização de novas ações para aprimorar a participação e o controle social (CAPES, 2021).

Em maio de 2022, a Auditoria Interna da Capes realizou pesquisa[1] com os servidores e colaboradores da fundação para compreender o entendimento deles sobre a transparência ativa e a ouvidoria da instituição. A pesquisa contou com 67 questionários respondidos, os quais continham respondentes de diferentes setores da estrutura organizacional.

A primeira pergunta analisou o entendimento da força de trabalho da Capes sobre o que é transparência ativa. O resultado pontuou que 88% das pessoas sabiam corretamente o conceito de transparência ativa, segundo disposto na legislação em vigor. Por outro lado, os outros 22% confundem o conceito de transparência ativa com o conceito de transparência passiva.

Ainda em relação à pesquisa, verificou-se que 82% dos respondentes afirmaram ter respondido ou ajudado a responder cidadãos por meio dos canais oficiais de acesso à informação, o que aponta para a

---

[1] As informações da pesquisa foram requisitadas à Coordenação de Aperfeiçoamento de Pessoal de Nível Superior por meio do Fala.BR.

necessidade de os participantes conhecerem minimamente a legislação em vigor.

Outro aspecto analisado foi sobre o conhecimento dos respondentes dos sistemas institucionais para permitir a comunicação nos termos da Lei de Acesso à Informação. Convém mencionar que, atualmente, existem o Fala.BR, sistema integrado e informatizado da Controladoria-Geral da União que unificou o e-SIC e o e-OUV (RAMALHO; BLIACHERIENE, 2021), e o Fale Conosco, vinculado à central de atendimento do Ministério da Educação e das fundações e autarquias deste órgão.

Explica-se, ainda, que o sistema Fala.BR, na Capes, é acompanhado e gerido pela ouvidoria (CAPES, 2021). Os procedimentos e respostas devem seguir à risca a legislação vigente de acesso à informação. Já o Fale Conosco é um sistema descentralizado que não cumpre as regras dispostas na legislação em vigor e possui regras próprias de atendimento das respostas. Nesse quesito, 50% dos respondentes não souberam diferenciar as demandas recebidas pelo sistema Fala.BR do sistema Fale Conosco.

A pesquisa revela, portanto, a necessidade de ações de informação, capacitação e conscientização interna para melhor compreensão por parte dos servidores e colaboradores da Capes em relação aos serviços prestados pela ouvidoria, bem como aos canais de acesso à informação e de transparência ativa disponibilizados pela Fundação.

Percebe-se, ainda, uma janela de oportunidade na Capes para a nova unidade de ouvidoria adotar as boas práticas de ouvidoria ativa (CGU, 2021), de forma a contribuir em maior grau e mais ativamente para a transparência pública, bem como para melhor atender aos interesses da sociedade por meio do incentivo à participação e ao controle social.

5 Conclusão

Diante das informações apresentadas neste artigo, percebe-se o papel relevante que as ouvidorias públicas exercem ao contribuir com o acesso a informações padronizadas e uniformizadas, quando solicitadas de modo passivo. Além disso, ao analisar os questionamentos dos cidadãos, as ouvidorias contribuem com a melhoria dos serviços prestados e a disponibilização espontânea dos dados (SANTOS *et al.*, 2019).

A Lei nº 13.460, de 26 de junho de 2017, e o Decreto nº 9.492, de 5 de setembro de 2018, trouxeram às ouvidorias públicas responsabilidades referentes à facilitação do desenvolvimento da participação e do controle social. Adicionalmente, a Portaria nº 581, de 9 de março de 2021, editada pela Controladoria-Geral da União, apresentou a possibilidade de desenvolver boas práticas de ações de ouvidoria ativa.

Nesse sentido, as ouvidorias públicas podem contribuir para o desenvolvimento de cultura organizacional de transparência ativa e para a promoção da participação social por meio de coleta, fornecimento e tratamento de dados referentes aos interesses e sugestões apresentados pelos cidadãos.

As informações registradas nos relatórios anuais de gestão das atividades de ouvidoria podem ser aproveitadas para extrair indicadores sobre temas de maior interesse da sociedade, de forma a orientar tanto a melhoria dos serviços quanto a produção de conteúdo específico para serem divulgados em forma de transparência ativa.

No caso específico da Capes, exemplificado neste artigo, verifica-se a necessidade de ampliar o conhecimento dos servidores e colaboradores sobre o papel da ouvidoria (MENEZES; LIMA NETO; CARDOSO, 2016), sobre as responsabilidades de todos na organização em relação à promoção da transparência ativa, bem como os canais e a qualidade da transparência passiva. Verifica-se, ainda, a oportunidade de aplicar as boas práticas de ouvidoria ativa na organização.

Para futuros trabalhos, sugerem-se pesquisas que avaliem: a cultura organizacional dos órgãos e entidades públicas em relação à transparência ativa e passiva; o papel das ouvidorias como fonte de gestão do conhecimento; o impacto das atividades de ouvidoria nos custos de processos decisórios e de controle; a atuação da ouvidoria na resolução de problemas recorrentes; e a qualidade das respostas produzidas pelos órgãos públicos que possuem ouvidoria com intuito de verificar se estão coerentes com a legislação em vigor, se são claras, padronizadas, concisas, objetivas e escritas em um português de fácil entendimento, sem a utilização de jargões.

Referências

ARAÚJO, L. P. M. de; MARQUES, R. M. Uma análise da transparência ativa nos sites ministeriais do Poder Executivo Federal brasileiro. *Revista Ibero-Americana de Ciência da Informação*. v. 12, n. 2, p. 419-439, 2019.

AVRITZER, L. *Impasses da democracia no Brasil*. 3. ed. Rio de Janeiro: Civilização Brasileira, 2016. p. 63.

BASTOS, C. P.; PEREIRA, C. L. C. O fortalecimento das ouvidorias como instrumento de controle social: análise e impactos para a aplicação da Lei 13.460/2017. *Revista Científica da Associação Brasileira de Ouvidores/Ombudsman*, p. 31-39, 2019.

BRASIL. *Constituição da República Federativa do Brasil de 1988*. Disponível em: http://www.planalto.gov.br/ccivil_03/constituicao/constituicaocompilado.htm. Acesso em: 1º jul. 2022.

BRASIL. Controladoria-Geral da União (CGU). *Coleção OGU – Orientações para implantação de uma unidade de ouvidoria*: rumo ao sistema participativo. Brasília: Ascom/CGU, 2012. Disponível em: https://www.gov.br/cgu/pt-br/centrais-de-conteudo/publicacoes/ouvidoria/arquivos/ogu-implantacao-unidade-ouvidoria.pdf. Acesso em: 2 jul. 2022.

BRASIL. Controladoria-Geral da União (CGU). *Portaria nº 581, de 9 de março de 2021*. Estabelece orientações para o exercício das competências das unidades do Sistema de Ouvidoria do Poder Executivo federal, instituído pelo Decreto nº 9.492, de 5 de setembro de 2018, dispõe sobre o recebimento do relato de irregularidades de que trata o caput do art. 4º-A da Lei nº 13.608, de 10 de janeiro de 2018, no âmbito do Poder Executivo federal, e dá outras providências. Disponível em: https://www.in.gov.br/web/dou/-/portaria-n-581-de-9-de-marco-de-2021-307510563. Acesso em: 28 out. 2022.

BRASIL. Controladoria-Geral da União (CGU). *Aplicação da Lei de Acesso à Informação na Administração Pública Federal*. 4ª ed. 2019. Disponível em: https://www.gov.br/acessoainformacao/pt-br/lai-para-sic/guias-e-orientacoes/aplicacao_da_lai_2019_defeso-1.pdf. Acesso em: 2 jul. 2022.

BRASIL. *Decreto nº 8.243, de 23 de maio de 2014*. Institui a Política Nacional de Participação Social – PNPS e o Sistema Nacional de Participação Social – SNPS, e dá outras providências. Disponível em: http://www.planalto.gov.br/ccivil_03/_ato2011-2014/2014/decreto/d8243.htm. Acesso em: 2 jul. 2022.

BRASIL. *Decreto nº 9.492, de 5 de setembro de 2018*. Regulamenta a Lei nº 13.460, de 26 de junho de 2017, que dispõe sobre participação, proteção e defesa dos direitos do usuário dos serviços públicos da administração pública federal, institui o Sistema de Ouvidoria do Poder Executivo federal, e altera o Decreto nº 8.910, de 22 de novembro de 2016, que aprova a Estrutura Regimental e o Quadro Demonstrativo dos Cargos em Comissão e das Funções de Confiança do Ministério da Transparência, Fiscalização e Controladoria-Geral da União. Disponível em: http://www.planalto.gov.br/ccivil_03/_ato2015-2018/2018/decreto/D9492.htm#:~:text=DISPOSI%C3%87%C3%95ES%20GERAIS-,Art.,Ouvidoria%20do%20Poder%20Executivo%20federal. Acesso em: 2 jul. 2022.

BRASIL. *Decreto nº 9.759, de 11 de abril de 2019*. Extingue e estabelece diretrizes, regras e limitações para colegiados da administração pública federal. Disponível em: http://www.planalto.gov.br/ccivil_03/_ato2019-2022/2019/decreto/D9759.htm. Acesso em: 2 jul. 2022.

BRASIL. *Decreto nº 11.238, de 18 de outubro de 2022*. Aprova o Estatuto e o Quadro Demonstrativo dos Cargos em Comissão e das Funções de Confiança da Coordenação de Aperfeiçoamento de Pessoal de Nível Superior - Capes e remaneja e transforma cargos em comissão e funções de confiança. Disponível em: http://www.planalto.gov.br/ccivil_03/_Ato2019-2022/2022/Decreto/D11238.htm#art6. Acesso em: 20 out. 2022.

BRASIL. *História das ouvidorias*: Como surgiram as ouvidorias?. 2019. Disponível em: https://www.gov.br/ouvidorias/pt-br/cidadao/conheca-a-ouvidoria/historia-das-ouvidorias. Acesso em: 2 jul. 2022.

BRASIL. *Lei nº 12.527, de 18 de novembro de 2011*. Regula o acesso a informações previsto no inciso XXXIII do art. 5º, no inciso II do §3º do art. 37 e no §2º do art. 216 da Constituição Federal; altera a Lei nº 8.112, de 11 de dezembro de 1990; revoga a Lei nº 11.111, de 5 de maio de 2005, e dispositivos da Lei nº 8.159, de 8 de janeiro de 1991; e dá outras providências. Disponível em: http://www.planalto.gov.br/ccivil_03/_ato2011-2014/2011/lei/l12527.htm. Acesso em: 28 jun. 2022.

BRASIL. *Lei nº 13.460, de 26 de junho de 2017*. Dispõe sobre participação, proteção e defesa dos direitos do usuário dos serviços públicos da administração pública. Disponível em: http://www.planalto.gov.br/ccivil_03/_ato2015-2018/2017/lei/l13460.htm. Acesso em: 2 jul. 2022.

BRELÀZ, G. de. Participação como Política Pública: Os Desafios da Política Nacional de Participação Social no Brasil. *Revista de Empreendedorismo, Negócios e Inovação*, v. 5, n. 1, p. 98-118, 2020.

BRESSER, C. L. P. *Construindo o Estado Republicano*: democracia e reforma da gestão pública. Tradução: Maria Cristina Godoy. Rio de Janeiro: Editora FGV, 2009.

CARDOSO, A. S. R. Ouvidoria pública como instrumento de mudança. *Texto para Discussão*, n. 1480, Brasília, IPEA, 2010. Disponível em: https://www.ipea.gov.br/portal/images/stories/PDFs/TDs/td_1480.pdf. Acesso em: 2 jul. 2022.

CAVALCANTI, J. M. M; DAMASCENO, L. M. S.; SOUZA NETO, M. V. Observância da lei de acesso à informação pelas autarquias federais do Brasil. *Perspectivas em Ciência da Informação*, v. 18, n. 4, p. 112-126, out./dez. 2013.

COORDENAÇÃO DE APERFEIÇOAMENTO DE PESSOAL DE NÍVEL SUPERIOR (Capes). *Relatório Anual de Gestão de Atividades de Ouvidoria da Capes*. 2021. Disponível em: https://www.gov.br/capes/pt-br/centrais-de-conteudo/documentos/13042022_RelatrioAnualeOUV2021.pdf. Acesso em: 2 jul. 2022.

ESCOLA NACIONAL DE ADMINISTRAÇÃO PÚBLICA (ENAP). *Resolução de Conflitos Aplicada ao Contexto das Ouvidorias*. 2017. Disponível em: https://repositorio.enap.gov.br/handle/1/3154. Acesso em: 6 jul. 2022.

FERNANDEZ, M. V.; CAVALCANTI, P.; SÁ, D.; VIEGAS, J. Ouvidoria como instrumento de participação, controle e avaliação de políticas públicas de saúde no Brasil. *Revista de Saúde Coletiva*, v. 31, n. 4, 2021.

FERRES, D. M. A evolução histórica das Ouvidorias: da participação reivindicatória por melhorias nas políticas públicas ao empowerment dos cidadãos. *Revista ABO*, n. 2, 2019.

GRUMAN, M. Lei de Acesso à Informação: notas e um breve exemplo. *Revista Debates*, Porto Alegre, v. 6, n. 3, p. 97-108, set./dez. 2012.

INTERNATIONAL OMBUDS ASSOCIATION (IOA). *Code of Ethics in Brazilian Portuguese.* 2022. Disponível em: https://ioa.memberclicks.net/assets/docs/SOP-COE/IOA_Code_of_Ethics_Brazilian_Portuguese.pdf. Acesso em: 6 jul. 2022.

LARA, R. D.; GOSLING, M. Análise dos fatores que compõem a ouvidoria no relacionamento com o cidadão. *Revista Espacios*, v. 37, n. 23, p. 23, 2016.

MENEZES, R. A. *Texto para discussão 2088.* Ouvidorias públicas federais: análise dos elementos que contribuem para a promoção da gestão social. Rio de Janeiro: IPEA, 2015. Disponível em: https://www.ipea.gov.br/participacao/images/pdfs/td_2088.pdf. Acesso em: 6 jul. 2022.

MENEZES, R. A.; LIMA NETO, F. C.; CARDOSO, A. S. R. As ouvidorias e o uso público da razão: proposta de um modelo ideal-possível à luz dos atos normativos das ouvidorias públicas federais no Brasil. *In*: MENESES, R. A.; CARDOSO, A. S. R. *Ouvidoria Pública Brasileira*: reflexões, avanços e desafios. Brasília: IPEA, 2016.

PEIXOTO, S. F.; MARSIGLIA, R. M. G.; MORRONE, L. C. Atribuições de uma ouvidoria: opinião de usuários e funcionários. *Saúde e Sociedade*, São Paulo, v. 22, n. 3, p. 785-794, 2013.

RAMALHO, M. S.; BLIACHERIENE, A. C. SICs e ouvidorias: uma análise das estruturas dos serviços de acesso à informação nas capitais brasileiras. *Revista Controle*, Fortaleza, v. 19, n. 2, p. 66-96, jul./dez. 2021.

SARACENO, R. D. F.; MONTEIRO, D. A. A. Lei de Acesso à Informação: Estudo da Transparência Passiva e Ativa na Universidade Federal da Bahia. *Revista Gestão e Planejamento*, Salvador, v. 22, p. 118-138, jan./dez. 2021.

SANTOS, A. R.; COSTA, J. I. P.; BURGER, F.; TEZZA, R. O papel da ouvidoria pública: uma análise a partir das dimensões funcional, gerencial e cidadã. *Revista do Serviço Público*, Brasília, v. 70, n. 4, p. 630-657, out./dez. 2019.

SOUSA, R. P. M.; OLIVEIRA, B. M. J. F.; SOUSA, M. R. F. Reflexões sobre a regulamentação da lei de acesso à informação no âmbito do poder executivo federal. *Revista Analisando em Ciência da Informação*, v. 4, n. 2, p. 77-98, 2016.

Informação bibliográfica deste texto, conforme a NBR 6023:2018 da Associação Brasileira de Normas Técnicas (ABNT):

FONSECA, Marília; SILVA, Joquebede. Podem as ouvidorias públicas contribuir para a transparência ativa e o controle social?. *In*: SEVERINO, Débora Pinto; CAMATA, Edmar Moreira; FERRAZ, Leonardo de Araújo; THOMÉ, Marcela Oliveira (Coord.). *Mulheres no controle*: tópicos de controle interno sob o olhar das mulheres. Belo Horizonte: Fórum, 2023. p. 233-245. ISBN 978-65-5518-540-9.

AUTOMAÇÃO DE TESTES DE AUDITORIA DE CONTROLES: MODELAGEM DE BAIXO CUSTO PARA AUDITORIAS INTERNAS GOVERNAMENTAIS

JULIANA STARK
ELBA AMARAL
ERIKA NANCI

1 Introdução

A auditoria, no aspecto mais amplo, é uma atividade independente que presta serviços de assessoria e avaliação dos processos de gerenciamento dos riscos, dos controles e da governança, de forma independente e objetiva. Existe para auxiliar no atingimento dos objetivos, agregar valor e melhorar as operações das organizações em que atua; portanto, depende da confiança dedicada pelos usuários dessas informações à qualidade e à objetividade das avaliações que produz (IIA, 2019).

No setor público, a gestão dos recursos depende de sua confiabilidade e transparência, sendo também uma questão que envolve confiança. A aplicação dos recursos públicos nas finalidades que foram previstas por uma entidade que atua em nome da população também necessita de avaliação objetiva e independente, que garanta a observância dos princípios de boa governança e evite desvios, tornando-se indispensável à atividade de auditoria (INTOSAI, 2017).

A auditoria no setor público faz mais do que agregar valor e melhorar as operações das organizações em que atua. Fornece informações e avaliações independentes e objetivas sobre a gestão e o desempenho de políticas, programas e operações governamentais, dando subsídio aos órgãos de controle, aos responsáveis pela governança e à população em geral (INTOSAI, 2017).

Outro papel fundamental da auditoria no setor público é proporcionar o aculturamento da gestão quanto à incorporação da transparência, *accountability*, governança e desempenho em seus processos (INTOSAI, 2017). *Accountability* e transparência, se aplicadas de forma consistente, são elementos poderosos no combate à corrupção e no aprimoramento da governança, contribuindo para o aperfeiçoamento da gestão de maneira mais ampla (INTOSAI, 2010).

Para fazer frente a esses desafios, a auditoria precisou modernizar-se ao longo do tempo, sendo fortemente influenciada pelos avanços tecnológicos, com impacto direto na amplitude dos testes aplicáveis e na tempestividade das constatações. Silva (2021) explica que essa evolução pode ser demonstrada em quatro grandes etapas: a Auditoria 1.0, restrita a ações manuais e uso de ferramentas como canetas e calculadoras; a Auditoria 2.0, baseada em tecnologia com uso de Excel e *softwares* de auditoria; a Auditoria 3.0, voltada para auditoria analítica de grandes e complexos volumes de dados (*big data*) mediante uso de aplicativos analíticos; e, finalmente, a Auditoria 4.0, com automação dos processos de auditorias com uso de inteligência artificial e *machine learning*, culminando na intensa conectividade da internet das coisas (IoT).

Para ser capaz de avaliar de forma objetiva a aderência dos processos de gerenciamento de riscos, controles e governança, o auditor precisa identificar informações suficientes, confiáveis e relevantes durante os testes de auditoria (IIA, 2019).

A evolução das técnicas de auditoria aprimorou a obtenção das informações ao permitir a substituição de análises em documentos passados e restritas à seleção de alguns dados por meio de técnicas de amostragem, por análises abrangentes sobre todos os dados disponíveis, muitas vezes em tempo real. A ampliação da extensão dos testes reduz o risco de auditoria, que é o "risco de falha da auditoria interna em identificar os principais problemas em uma área auditada" (IIA, 2019).

Considerando a íntima ligação entre a evolução da auditoria e os avanços tecnológicos, depreende-se que as competências necessárias para a atividade de auditoria também mudaram. Segundo Carneiro (2017, p. 7), "o perfil atual do auditor interno não pode ser o mesmo de há duas décadas, onde era visto como uma pessoa metódica, desagradável, distanciada dos problemas futuros, apenas vivendo de trabalhos em cima de dados passados".

Portanto, é necessário que as auditorias tenham à disposição recursos para manter sua equipe atualizada e em condições para aplicação das novas metodologias de trabalho.

Nesse sentido, seriam as restrições orçamentárias e as dificuldades para contratar pessoas e adquirir ferramentas impeditivos para a aplicação das melhores práticas de mercado nas auditorias governamentais?

Por meio do estudo de caso da auditoria interna da Companhia Paulista de Trens Metropolitanos (CPTM), empresa pública paulista do setor de transporte ferroviário de passageiros, o objetivo do presente artigo é demonstrar que a estruturação de modelos automatizados de testes de auditoria depende muito mais do uso de pensamento computacional na concepção dos testes do que dos recursos de informática disponíveis.

Para tanto, pretende-se demonstrar o modelo estruturado de testes automatizados de auditoria de controles internos, desenvolvido com base nos conceitos de pensamento computacional e automação robótica de processos (RPA), e os resultados esperados pela sua aplicação no Departamento de Auditoria interna da Companhia Paulista de Trens Metropolitanos (CPTM).

Modernizar a atividade da auditoria interna é de extrema relevância para a governança pública, pois uma auditoria interna fortalecida proporciona melhoria na gestão dos recursos, reduz os riscos de fraudes e favorece a transparência.

Pretende-se com este artigo contribuir para que outras auditorias internas possam modernizar seus métodos de trabalho sem custos adicionais e, com isso, otimizar a aplicação de seus recursos, muitas vezes escassos.

2 Referencial teórico

2.1 A evolução das práticas de auditoria como instrumento de melhoria do gerenciamento de riscos, controle e governança

2.1.1 Auditoria baseada em riscos aplicada ao setor público

Conforme o Decreto nº 9.203, de 2017, que dispõe sobre a política de governança da Administração Pública federal direta, autárquica e fundacional, gestão de riscos é um processo permanente e que deve ser estabelecido, direcionado e monitorado pela alta administração, com o intuito de identificar, avaliar e gerenciar potenciais eventos que possam afetar o atingimento dos objetivos das organizações (BRASIL, 2017).

Nesse sentido, a auditoria interna tem o importante papel de avaliação sobre a eficácia dos processos de gerenciamento de riscos, dos controles e da governança, por meio da utilização dos padrões internacionais de auditoria baseada em risco para o planejamento de suas atividades (BRASIL, 2017).

Essa abordagem está em linha com a definição da missão da auditoria, preconizada pelo Instituto dos Auditores Internos (IIA), que é: "Aumentar e proteger o valor organizacional, fornecendo avaliação (*assurance*), assessoria (*advisory*) e conhecimento (*insight*) objetivos baseados em riscos" (IIA, 2016).

Operacionalizar isso nem sempre é fácil. A auditoria baseada em risco consiste na identificação dos principais riscos dentro de uma entidade, de forma a priorizar as áreas a serem auditadas, colocando à prova os controles mais importantes da organização. Para que funcione, é preciso que a organização tenha seus objetivos estabelecidos para que seja possível identificar, avaliar e tratar os riscos que possam impactar esses objetivos, mas, caso os processos de gestão de risco ainda não estejam institucionalizados, a auditoria interna deve realizar sua própria avaliação de riscos (MAEDA, 2021).

A auditoria baseada em riscos muda a visão da auditoria interna sobre os processos das organizações, pois os princípios de gestão de risco permeiam todas as etapas de trabalho do auditor, desde o planejamento anual até o planejamento, execução e reporte de auditoria individual (OLIVEIRA, 2019 *apud* MAEDA, 2021).

Para cumprir seu papel de avaliar se os processos de gerenciamento de riscos são eficazes, os resultados obtidos ao longo de múltiplos trabalhos de auditoria, vistos em conjunto, proporcionam uma visão geral capaz de apoiar essa avaliação, uma vez que "os processos de gerenciamento de riscos são monitorados através de atividades contínuas de gerenciamento, avaliações independentes ou ambos" (IIA, 2019).

2.2 O zelo profissional do auditor e as ferramentas disponíveis para análise e tratamento de dados

A norma internacional para a prática profissional – IPPF 1220. A1 determina que:

Os auditores internos devem exercer o zelo profissional devido levando em consideração:

- A extensão do trabalho necessária para alcançar os objetivos do trabalho de auditoria.
- A complexidade relativa, a materialidade ou a significância dos aspectos aos quais os procedimentos de avaliação são aplicados.
- A adequação e a eficácia dos processos de governança, de gerenciamento de riscos e de controle.
- A probabilidade de erros significativos, fraudes ou não conformidades.
- O custo da avaliação em relação aos potenciais benefícios (IIA, 2009).

Considerando o custo das avaliações de auditoria interna comparado ao benefício de ampliação do universo de dados disponíveis para subsídio a uma avaliação consistente sobre a gestão de riscos, o uso de métodos de trabalho de auditoria mais ágeis e apoiados pela tecnologia da informação pode trazer resultados muito positivos.

Segundo Andrade (2021), o *Robotic Process Automation* (RPA) é um exemplo de ferramenta útil para auxílio na automação de atividades padronizadas. Baseado em regras parametrizadas, o RPA consiste no desenvolvimento de análises ou rotinas de verificação, com caráter repetitivo, por meio de sistemas, *scripts* de *analytics* ou até inteligência artificial (IA). É como se um robô realizasse a tarefa de verificação que seria feita manualmente pelo auditor.

Nesse contexto, a inteligência artificial é um avanço, pois consiste na "capacidade de um sistema para interpretar corretamente dados externos, aprender a partir desses dados e utilizar essas aprendizagens para atingir objetivos e tarefas específicos através de adaptação flexível" (KAPLAN; HAENLEIN, 2019 *apud* NUNES *et al.*, 2020).

Outro mecanismo que merece ser explorado é a metodologia de *Control Self-Assessment* (CSA) ou Autoavaliação de Controles (AAC), em português, desenvolvida em 1987 com o objetivo de avaliação dos processos de governança, gerenciamento de riscos e controles internos associados da empresa de gás *Gulf Canada Resources Limited* (BRASIL, 2019).

Trata-se de metodologia que permite aos responsáveis pela gestão dos riscos dos processos, com o apoio dos auditores internos, fazer uma autoavaliação, de modo que eles mesmos examinem, avaliem e aprimorem os controles-chave relacionados à mitigação dos principais riscos sob sua responsabilidade (BRASIL, 2019).

O papel da auditoria interna como facilitador se dá pela similaridade no planejamento do CSA e da auditoria baseada em riscos. Ambos requerem o conhecimento prévio dos objetivos a serem atingidos pela organização e das atividades que compõem os processos, seus riscos e controles necessários para mitigação. Para fins de realização da autoavaliação pelos gestores, várias ferramentas podem ser utilizadas, a exemplo dos questionários de autoavaliação (BRASIL, 2019).

Seja qual for a ferramenta utilizada, elas servem como apoio ao trabalho do auditor. Não se trata de delegar aos dispositivos robóticos, mesmo em se tratando de inteligência artificial, a capacidade de tomada de decisão. Nesse momento, a responsabilidade recairá sempre sobre o espírito crítico e o julgamento profissional do auditor, que é a base do seu trabalho (NUNES *et al.*, 2020).

Independentemente dos recursos disponíveis, explorar habilidades do pensamento computacional (PC) faz com que os profissionais se tornem seres pensantes e questionadores (SANTOS *et al.*, 2022).

O pensamento computacional (PC) pode ser aplicado em diferentes contextos. No âmbito da auditoria, está mais ligado à forma como os dados disponíveis são trabalhados do que na necessidade de uso de ferramentas de automação (RPA ou IA), pois não se trata de aprendizado específico de desenvolvimento de algoritmos computacionais, mas, sim, de um conjunto de habilidades cognitivas ligado ao raciocínio lógico, voltado à solução de problemas (FRANÇA; SILVA, 2020).

3 Metodologia

A opção pela metodologia de estudo de caso para demonstração do modelo estruturado de testes automatizados de auditoria de controles internos e dos resultados esperados pela sua aplicação no Departamento de Auditoria interna da Companhia Paulista de Trens Metropolitanos visa investigar a replicabilidade dessa modelagem para outras auditorias do setor público, sem a necessidade de aquisição de ferramentas e recursos específicos de informática.

Como explica Yin (2001, p. 32): "Um estudo de caso é uma investigação empírica que investiga um fenômeno contemporâneo dentro de seu contexto da vida real, especialmente quando os limites entre o fenômeno e o contexto não estão claramente definidos".

As estratégias de pesquisa aplicadas foram: pesquisa exploratória, uma vez que há poucos trabalhos desenvolvidos sobre este tema especificamente; e descritiva, considerando tratar-se do estudo sobre o processo específico da auditoria interna da CPTM, bem como da implantação da metodologia às projeções futuras de benefícios.

4 Análise dos resultados

4.1 Dados preliminares sobre a CPTM e sua área de auditoria interna

A Companhia Paulista de Trens Metropolitanos (CPTM) é uma empresa pública, formada por ações e de capital fechado, tendo como acionista controlador a Fazenda do Estado de São Paulo.

Criada em maio de 1992 com a finalidade de explorar os serviços de transporte de passageiros sobre trilhos ou guiados, atende a 18 municípios na região metropolitana de São Paulo, com 57 estações (IMESP, 2022), figurando como a empresa de transporte ferroviário de passageiros com a maior receita operacional líquida em 2021, no prêmio Maiores do Transporte & Melhores do Transporte, que reúne empresas do segmento (ANPTRILHOS, 2021).

O Departamento de Auditoria é vinculado diretamente ao Conselho de Administração, por meio do Comitê de Auditoria Estatutário, e ligado administrativamente ao diretor-presidente, nos termos da Lei nº 13.303/2016 (BRASIL, 2016).

As principais atividades exercidas pelo Departamento de Auditoria da CPTM, conforme descrito em seu regimento interno, são:

- aferição da eficácia e eficiência dos controles internos; da efetividade do gerenciamento dos riscos e dos processos de governança; e da confiabilidade do processo de coleta, mensuração, classificação, acumulação, registro e divulgação de eventos e transações, visando ao preparo das demonstrações contábeis;
- apoio operacional à Área de Conformidade, Gestão de Riscos e de Controle Interno, nos termos do artigo 37 do Estatuto Social da CPTM;

- colaboração com as atividades do Sistema Estadual de Controladoria, nos termos do §2º do artigo 36 do Decreto nº 57.500/2011;
- apoio à auditoria independente na condução dos seus trabalhos nas instalações da CPTM e de instituições parceiras;
- acompanhamento do cumprimento de recomendações decorrentes de seus trabalhos, monitorando o andamento dos planos de ação apresentados pelas áreas.

O Departamento de Auditoria da CPTM declara como missão "aumentar e proteger o valor organizacional, fornecendo avaliação, assessoria e conhecimento objetivos baseados em riscos, por meio de um trabalho integrado e participativo, buscando de forma preventiva melhorar os controles das áreas e processos da CPTM, contribuindo para o atingimento de seus objetivos", em linha com as premissas exaradas pelo Instituto dos Auditores Internos (2019).

Tem como visão "ser aderente aos mais elevados padrões em Auditoria Interna, obtendo a certificação dos órgãos profissionais", e seus valores são "comportamento ético; comprometimento; respeito aos valores da organização; competência técnica; e aperfeiçoamento constante".

O Departamento não possui ferramentas de sistema para gestão das atividades ou *softwares* específicos de uso por auditorias para tratamento de grandes volumes de dados. Os trabalhos são executados e documentados por meio dos aplicativos da Microsoft Office, disponibilizados pela CPTM. Para fins de monitoramento das recomendações de auditoria, o departamento dispõe de um sistema desenvolvido internamente. Toda a equipe dispõe de equipamentos de informática (*notebooks* e *tablets* com acesso à internet) fornecidos pela CPTM.

A equipe é composta pela chefe de departamento, que responde pela coordenação geral das atividades de auditoria interna; seis auditores com formação contábil; uma auditora com formação em engenharia civil; e uma assistente administrativa.

As horas disponíveis da equipe para a realização das atividades de auditoria são calculadas anualmente, considerando os dias úteis do período. Dessas, são subtraídas horas para monitoramento das recomendações emitidas, educação continuada, férias, trabalhos não programados, além das atividades administrativas. As horas disponíveis remanescentes são distribuídas para o cronograma dos trabalhos de auditoria programada e auditoria contínua.

Em 2022, a distribuição das horas foi:

Distribuição das horas disponíveis em 2022	
Equipe	% do total de horas
Auditoria programada	52%
Auditoria contínua	10%
Demais atividades	38%
Total	**100%**

Fonte: Elaborado pelas autoras (2022).

5 Estruturação do planejamento anual de auditoria da CPTM pelos conceitos da auditoria baseada em riscos

5.1 Definição de uma matriz de risco

A falta de uma matriz corporativa que classificasse os processos por risco não impediu a implantação da auditoria baseada em riscos na CPTM, que teve início em 2019.

Buscando definir o universo auditável, o Departamento de Auditoria da CPTM definiu 81 objetos, com base nos principais processos, atividades ou temas da companhia, que foram identificados por meio dos normativos internos vigentes, do plano de contas contábil, do planejamento orçamentário e das metas estratégicas da CPTM.

Esses objetos foram distribuídos em quatro pilares: governança e governabilidade; missão; suporte à missão; e estratégia e planejamento.

Aos objetos auditáveis, o Departamento de Auditoria da CPTM atribuiu classificações de risco, calculadas com base nos critérios de relevância, criticidade e materialidade.

Considerou-se para o critério de relevância a ligação do objeto com o planejamento estratégico da companhia, em curto, médio ou longo prazo. Para a criticidade, foram ponderados dados como: data da última auditoria sobre o objeto; histórico de recomendações; existência e atualização de normas internas sobre o tema; e histórico de denúncias ou processos administrativos. Para cálculo da materialidade, foi desenvolvida internamente uma matriz de materialidade, tomando por fonte de dados o orçamento destinado e gastos de pessoal para cada objeto.

O resultado da definição de risco foi ponderado e comparado à matriz de riscos empresariais, que traz a ótica da gestão da companhia para os riscos de negócio, sendo mantida, para fins de critério para programação das auditorias, a classificação de risco mais conservadora.

A avaliação de risco é revista anualmente, por ocasião do Plano Anual de Auditoria Interna (PAINT).

Após a elaboração da matriz de classificação dos 81 objetos, considerando os recursos disponíveis de pessoal e ferramentas, definiu-se um ciclo de auditoria de quatro anos (2020 a 2023) para que todos os objetos pudessem ser auditados pela equipe interna e parcialmente por auditorias contratadas:

Responsáveis pela auditoria	Classificação dos objetos por risco – 2022			
	Risco baixo	Risco médio	Risco alto	Total
Auditoria interna	7	40	18	65
Auditoria contratada	2	14	-	16
Total	9	54	18	81

Fonte: Elaborado pelas autoras (2022).

Segundo o critério estabelecido pelo Departamento de Auditoria da CPTM, para atribuição dos trabalhos à equipe interna, os objetos auditáveis classificados como risco alto precisam ser auditados anualmente; aqueles classificados como risco médio, duas vezes durante o ciclo de quatro anos; e os classificados como risco baixo, uma vez nesse período.

Distribuídos no ciclo de quatro anos, os 65 objetos destinados à equipe interna ficam assim representados:

Classificação dos objetos auditáveis	Ano de realização das auditorias			
	Ano 1	Ano 2	Ano 3	Ano 4
Objetos auditáveis – risco baixo	2	2	2	1
Objetos auditáveis – risco médio	21	22	21	22
Objetos auditáveis – risco alto	18	18	18	18
Total	41	42	41	41

Fonte: Elaborado pelas autoras (2022).

5.2 Operacionalização da auditoria baseada em riscos na CPTM

Considerando que a cultura de gestão de riscos estava em fase de implantação na companhia quando do início da metodologia de auditoria baseada em riscos na CPTM, em 2019, à medida que cada trabalho de auditoria era iniciado, foi necessário que o Departamento de Auditoria da CPTM realizasse, em conjunto com as áreas auditadas, o mapeamento do processo objeto de auditoria.

Nesse mapeamento, eram registradas, de forma ordenada, as atividades necessárias para execução do processo, inclusive as atividades de controle e os principais riscos inerentes ao objeto auditado.

A partir da correlação entre os riscos das atividades e os controles existentes, foram desenvolvidos papéis de trabalho de auditoria para registro da análise de controle mapeado.

Nessa etapa, era determinado se cada controle era manual ou automatizado (natureza do controle); se tinha por objetivo a prevenção ou a detecção de falhas (abordagem do controle); a periodicidade e a descrição do tipo de controle (conciliação, recálculo, aprovação, conferência, entre outros). Por meio de análises preliminares, também era definido se o controle, no momento da auditoria, mostrava-se efetivo, se estava de fato implementado e qual teste de auditoria deveria ser aplicado para avaliar sua eficácia.

Com o avanço da cultura de gestão de riscos na CPTM ao longo dos anos, a realização de mapeamentos gradativamente vem sendo substituída pela análise e validação dos mapeamentos existentes.

5.3 Modelagem para a automação de testes de auditoria

Como descrito anteriormente, os resultados obtidos ao longo de múltiplos trabalhos de auditoria, vistos em conjunto, proporcionam uma visão geral capaz de apoiar a avaliação da auditoria sobre a gestão de riscos.

A etapa de análise dos controles mapeados foi fundamental para propiciar a automatização de testes de auditoria na CPTM.

O estudo constante sobre o desenho de controles típicos da companhia, aliado à formação de uma base de dados consolidada, da qual constavam, de forma transversal, os riscos e respectivos controles de cada processo, permitiu um entendimento mais amplo sobre o grau de automatização dos controles da companhia e sobre os aspectos-chave de cada processo.

Tendo disponível uma equipe limitada e sem outras ferramentas informatizadas para mineração de grandes volumes de dados, a saída foi mudar a forma como os dados disponíveis seriam trabalhados, em linha com as premissas do pensamento computacional (PC).

Partindo desse raciocínio lógico e voltado ao entendimento do que seria necessário para evitar a materialização do risco de cada processo da organização, gradativamente a auditoria interna da CPTM passou a mudar a forma como os testes de auditoria eram elaborados.

Sempre que o controle era designado como automatizado, as questões de auditoria passavam a ser feitas em forma de teste lógico, sendo solicitado o apoio da Gerência de Tecnologia de Informação para que fossem feitas pesquisas nas bases dos sistemas nos quais esses controles eram registrados, aplicando-se esses testes. O resultado, disponibilizado em formato compatível com o Microsoft Excel, permitia o cruzamento das informações para obtenção de exceções aos critérios lógicos propostos, sendo que essas exceções normalmente correspondem a inconformidades.

Um exemplo de aplicação desse tipo de teste, pensado de forma automatizada, é a checagem sobre o controle de distribuição de equipamentos de proteção individual (EPIs). Sempre que um EPI é entregue a um funcionário, a empresa deve manter registro dessa entrega para fins de fiscalização do Ministério do Trabalho. Sob o aspecto do prazo de validade dos equipamentos, é seguro afirmar que, a cada vez que a validade do EPI vence, deve ocorrer sua substituição.

Normalmente, se considerados os controles totalmente manuais, essa comprovação de cada distribuição ocorre mediante assinatura de formulários em papel, que devem ficar disponíveis para verificação física nos postos de trabalho. Para a auditoria conseguir testar a efetividade desse controle de forma global, é necessária a definição, com bases estatísticas, de uma amostra de locais a serem visitados e a conferência física desses formulários em cada local. Dependendo da existência física ou não de um número expressivo de formulários, a avaliação da auditoria sobre o controle pode ser positiva ou negativa.

Na CPTM, os EPIs são adquiridos e registrados no sistema de materiais sob códigos específicos. Já as entregas aos funcionários são registradas em sistema sob gestão da área de recursos humanos, mediante uso de *login* e senha individuais.

Nesse caso, um teste de auditoria construído de forma convencional substituiria a conferência física dos formulários nas áreas pela conferência dos registros de determinadas áreas, definidas por amostragem.

Utilizando-se do pensamento computacional, a partir do momento em que o recebimento é registrado no sistema do RH e que os prazos de validade dos EPIs são conhecidos e controlados no sistema de materiais, é possível solicitar à área de tecnologia de informação as seguintes pesquisas:

1) Para cada código de EPI registrado no sistema de materiais, obter a descrição e o prazo de validade correspondente. Gerar planilha Excel contendo os campos: código do EPI, tipo de EPI, descrição do EPI, prazo de validade, área usuária (cadastrada para retirada do EPI no estoque). Sobre os dados obtidos, observar a janela de vencimento dos itens (por exemplo, entre 6 e 12 meses, dependendo do equipamento).
2) Para todos os registros de distribuição de EPI no sistema de RH, obter os últimos registros de recebimento de EPI para cada código, com data entre 6 meses e 12 meses (ou mais) da data atual (considerando a janela de vencimento dos EPIs). Gerar planilha em Excel contendo os campos: área usuária; código do EPI; descrição do EPI; data do último registro de recebimento.

Caso os procedimentos estejam sendo corretamente observados, a hipótese é de que, se um EPI vence na data de hoje, o recebimento desse mesmo EPI ocorreu entre 6 e 12 meses atrás. Nesse caso, a segunda pesquisa deveria trazer como resultado não haver registros de recebimento com prazo superior a 12 meses. Dados de recebimentos entre 6 e 12 meses, ao serem cruzados com os resultados da primeira pesquisa, não apresentarão divergências entre a validade prevista e a substituição de fato.

Qualquer exceção a essas hipóteses indicaria que:

1) os EPIs foram substituídos dentro do prazo, mas o registro de entrega não ocorreu;
2) os EPIs não foram substituídos dentro do prazo.

As exceções são todas direcionadas às áreas responsáveis para análise e apresentação de justificativas, o que garante que não serão considerados eventuais resultados falso-positivos.

Nesse exemplo, o teste de auditoria abrange todo o universo, e não apenas uma amostra, reduzindo o risco de falta de constatação dessa inconformidade, que pode sujeitar à companhia multas em caso de fiscalização do Ministério do Trabalho. Além de mais abrangente, essa metodologia requer menor gasto de horas de trabalho da equipe de auditores, pois os dados já são recebidos de forma filtrada.

Testes dessa natureza, desde que bem documentados, podem ser rodados com uma frequência maior, pois basta solicitar novamente a mesma pesquisa, com data atualizada, à área de tecnologia de informação. Caso haja uma ferramenta de BI disponível, pode-se, inclusive, gerar um painel de monitoramento contínuo, evitando a necessidade de planejamento de novas auditorias e mitigando os riscos tempestivamente.

6 Resultados projetados com a nova metodologia de trabalho

A geração de uma base de dados que consolida os riscos e respectivos controles de cada processo transversal e o avanço dos trabalhos corporativos de gestão de riscos permitiram o avanço gradual desse método de desenho de testes de auditoria na CPTM.

Para fins de programação dos trabalhos de 2023, com os mesmos 81 objetos e tendo a mesma equipe e recursos à disposição, foi considerada a migração de trabalhos que normalmente eram feitos pela equipe interna de forma tradicional (auditorias programadas) para a geração de testes automatizados em periodicidade anual:

Objeto	2023				2022
	Risco baixo	Risco médio	Risco alto	Total 2023	Total 2022
Auditoria programada	5	30	8	43	55
Auditoria contínua	2	13	10	25	10
Auditoria contratada	2	11	-	13	16
Total	9	54	18	82	81

Fonte: Elaborado pelas autoras (2022).

Essa redistribuição não afeta de forma significativa as horas designadas para as equipes, conforme demonstrado abaixo:

Distribuição das horas disponíveis em 2023		2022
Equipe	% do total de horas	% do total de horas
Auditoria programada	49%	52%
Auditoria contínua	16%	10%
Demais atividades	35%	38%
Total	**100%**	**100%**

Fonte: Elaborado pelas autoras (2022).

Diante do exposto, fica perceptível o ganho de produtividade da auditoria interna da CPTM já em 2023.

Com base nos dados disponíveis e no índice de automatização dos controles já mapeados, é possível projetar a redução do próximo ciclo de auditoria, de quatro anos para dois, além de uma redução gradual da contratação externa de trabalhos de auditoria.

Com o remanejamento, a projeção do ciclo de auditoria passaria de quatro anos para dois anos, para avaliação dos mesmos 81 objetos auditáveis:

Tipo de auditoria	2022	2023	2024
Auditoria programada	55	43	33
Auditoria contínua	10	25	35
Auditoria contratada	16	13	13
Total	**81**	**81**	**81**

Fonte: Elaborado pelas autoras (2022).

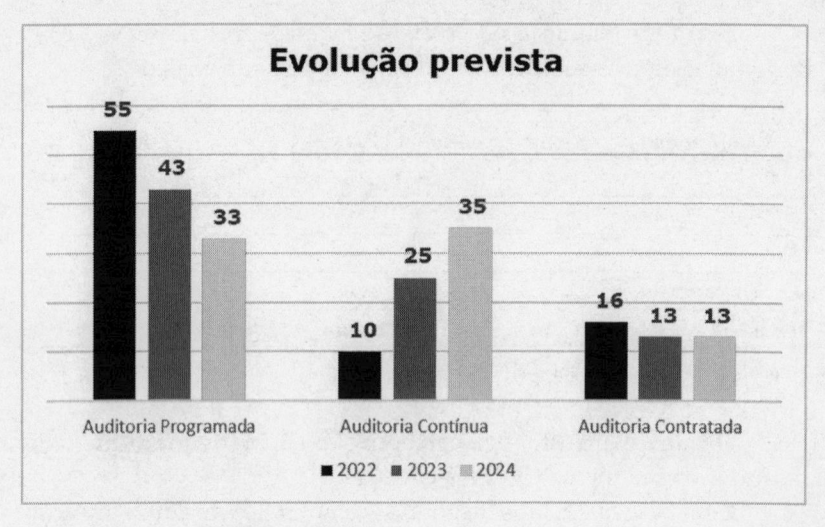

Evolução prevista

	Auditoria Programada	Auditoria Contínua	Auditoria Contratada
2022	55	10	16
2023	43	25	13
2024	33	35	13

Fonte: Elaborado pelas autoras (2022).

7 Conclusão

O presente artigo tinha por objetivo demonstrar a possibilidade de estruturação de modelos automatizados de testes de controle no âmbito das auditorias internas governamentais, mesmo sem recursos específicos de informática ou pessoal especializado em tecnologia da informação.

Foi realizada pesquisa sobre o referencial teórico disponível acerca da evolução da atividade da auditoria interna versando sobre a abordagem baseada em riscos e sua contribuição para a governança, transparência e *accountability*, e ainda sobre as ferramentas e metodologias atualmente utilizadas para automação de processos de auditoria.

A partir do levantamento teórico, foi descrito o caso da auditoria interna da Companhia Paulista de Trens Metropolitanos (CPTM), sendo demonstrada a modelagem desenvolvida naquele setor para implantação de auditoria baseada em riscos, que resultou no desenvolvimento de testes de auditoria de controles estruturados em pesquisas às bases de dados dos sistemas da companhia, utilizando-se das premissas do pensamento computacional (PC).

Restou demonstrado que os conhecimentos adquiridos com a implantação da auditoria baseada em riscos e a utilização do pensamento computacional (PC) na estruturação dos testes de auditoria possibilitaram a ampliação da abrangência das bases testadas e contribuíram para a otimização dos recursos disponíveis, culminando em redução de horas gastas, sem aumento de equipe ou aquisição de sistemas para tratamento de dados.

Nesse sentido, o presente trabalho contribui com uma nova perspectiva para as auditorias internas governamentais, pela conclusão de que, seja qual for o cenário, bem como os recursos disponíveis nesses setores, a mudança na forma de pensar os trabalhos pode ser mais importante do que a existência de pessoal ou sistemas específicos para a implantação de metodologias mais modernas de trabalho.

Como sugestão de pesquisas futuras, recomenda-se um estudo comparativo entre os custos e benefícios da metodologia apresentada neste trabalho, que não exige alteração na estrutura das áreas de auditoria interna, com os custos e benefícios de implantação da automação da forma convencional (por meio de contratação de sistemas específicos e de pessoal especializado em tecnologia da informação).

Referências

ANDRADE, Augusto Cezar Romério de. *Adoção de Ferramentas Tecnológicas em Projetos de Auditoria Contínua*. São Paulo, 2021. Disponível em: https://bibliotecatede.uninove.br/handle/tede/2928. Acesso em: 20 out. 2022.

ANPTRILHOS. *CPTM recebe prêmio Maiores e Melhores do Transporte de 2021*. Disponível em: https://anptrilhos.org.br/cptm-recebe-premio-maiores-e-melhores-do-transporte-de-2021/. Acesso em: 27 out. 2022.

BRASIL. *Decreto nº 9.203, de 22 de novembro de 2017*. Dispõe sobre a política de governança da administração pública federal direta, autárquica e fundacional. Disponível em: http://www.planalto.gov.br/ccivil_03/_ato2015-2018/2017/decreto/d9203.htm. Acesso em: 28 out. 2022.

BRASIL. *Lei nº 13.303, de 30 de junho de 2016*. Dispõe sobre o estatuto jurídico da empresa pública, da sociedade de economia mista e de suas subsidiárias, no âmbito da União, dos Estados, do Distrito Federal e dos Municípios. Disponível em: http://www.planalto.gov.br/ccivil_03/_ato2015-2018/2016/lei/l13303.htm. Acesso em: 20 out. 2022.

BRASIL. Ministério da Defesa. *Manual de Autoavalição de Controles*. 2019. Disponível em: https://www.gov.br/defesa/pt-br/acesso-a-informacao/auditorias-1/manual-de-autoavaliacao-de-controles. Acesso em: 28 out. 2022.

CARNEIRO, Ana Cristina de Souza. *Impactos Positivos e Negativos na Auditoria Interna da Organização*. Rio de Janeiro, 2017. Disponível em: https://www.candidomendes.edu.br/wp-content/uploads/2019/05/2017-TCC-Ana-Cristina-1.pdf. Acesso em: 20 out. 2022.

FRANÇA, César; SILVA, Cleudimar Galindo. Identificação de Critérios para Avaliação do Pensamento Computacional Aplicado. *In*: SIMPÓSIO BRASILEIRO DE INFORMÁTICA NA EDUCAÇÃO, 31., 2020, Online. *Anais* [...]. Porto Alegre: Sociedade Brasileira de Computação, 2020. p. 1.493-1.502. DOI: https://doi.org/10.5753/cbie.sbie.2020.1493.

IMPRENSA OFICIAL DO ESTADO DE SÃO PAULO – IMESP. *Demonstrações Contábeis em 31 de dezembro de 2021 – Companhia Paulista de Trens Metropolitanos – CPTM*. Disponível em: https://empresaspublicas.imprensaoficial.com.br/balancos/cptm/cptm2022.pdf. Acesso em: 28 out. 2022.

MAEDA, Edilene Sakuno. *Proposta de procedimento baseado em risco para as práticas de auditoria interna de uma instituição federal de ensino*. Volta Redonda, RJ, 2021. Disponível em: https://app.uff.br/riuff/bitstream/handle/1/22486/Dissertação%20Edilene%20Sakuno%20 Maeda.pdf?sequence=1&isAllowed=y. Acesso em: 25 out. 2022.

NUNES, Tiago; LEITE, Joana; PEDROSA, Isabel. *Automação Inteligente de Processos*: Um Olhar sobre o Futuro da Auditoria. IEEE 2020 15th Iberian Conference on Information Systems and Technologies (CISTI) - Sevilla, Spain, Junho de 2020. Disponível em: https://ur.booksc.me/book/83403447/4161e2. Acesso em: 25 out. 2022.

SANTOS, Júlia de Avila dos; CAVALHEIRO, Simone André da Costa; FOSS, Luciana; ROSA JR., Leomar S. da. Pensamento Computacional e Engenharia de Software: primeiros passos em direção a uma proposta de sistematização de resolução de problemas. *In*: WORKSHOP SOBRE EDUCAÇÃO EM COMPUTAÇÃO (WEI), 30, 2022, Niterói. *Anais* [...]. Porto Alegre: Sociedade Brasileira de Computação, 2022. p. 451-462. ISSN 2595-6175. DOI: https://doi.org/10.5753/wei.2022.223084. Acesso em: 22 out. 2022.

SILVA, Joanna Filipa Teixeira Jesus. *A profissão de Auditoria na Indústria 4.0*: percepção dos Revisores Oficiais de Contas. Coimbra, 2021. Disponível em: https://recipp.ipp.pt/handle/10400.22/19593. Acesso em: 28 out. 2022.

THE INSTITUTE OF INTERNAL AUDITORS – IIA. *Código de ética*. Disponível em: https://iiabrasil.org.br//ippf/codigo-de-etica. Revisado em agosto de 2019. Acesso em: 25 out. 2022.

THE INSTITUTE OF INTERNAL AUDITORS – IIA. *Missão da Auditoria Interna*. Disponível em: https://iiabrasil.org.br//ippf/missao-da-auditoria-interna. Aprovado em outubro de 2016. Acesso em: 25 out. 2022.

THE INSTITUTE OF INTERNAL AUDITORS – IIA. *Orientações de Implantação*: Código de Ética e Normas Internacionais para a prática profissional da Auditoria Interna. Disponível em: https://iiabrasil.org.br/korbilload/upl/ippf/downloads/2019orientacoes-ippf-00000013-07042020104945.pdf. Revisado em 2019. Acesso em: 25 out. 2022.

THE INTERNATIONAL ORGANIZATION OF SUPREME AUDIT INSTITUTIONS – INTOSAI. *ISSAI 20 - Princípios de transparência e accountability*. Tradução: Tribunal de Contas da União (TCU), 2010. Disponível em: https://portal.tcu.gov.br/fiscalizacao-e-controle/auditoria/normas-internacionais-das-entidades-fiscalizadores-superiores-issai/. Acesso em: 20 out. 2022.

THE INTERNATIONAL ORGANIZATION OF SUPREME AUDIT INSTITUTIONS – INTOSAI. *ISSAI 100 - Princípios Fundamentais de Auditoria do Setor Público*. Tradução: Tribunal de Contas da União (TCU), 2017. Disponível em: https://portal.tcu.gov.br/fiscalizacao-e-controle/auditoria/normas-internacionais-das-entidades-fiscalizadores-superiores-issai/. Acesso em: 20 out. 2022.

YIN, Robert K. *Estudo de caso*: planejamento e métodos. Trad. Daniel Grassi. 2. ed. Porto Alegre: Bookman, 2001.

Informação bibliográfica deste texto, conforme a NBR 6023:2018 da Associação Brasileira de Normas Técnicas (ABNT):

STARK, Juliana; AMARAL, Elba; NANCI, Erika. Automação de testes de auditoria de controles: modelagem de baixo custo para auditorias internas governamentais. *In*: SEVERINO, Débora Pinto; CAMATA, Edmar Moreira; FERRAZ, Leonardo de Araújo; THOMÉ, Marcela Oliveira (Coord.). *Mulheres no controle*: tópicos de controle interno sob o olhar das mulheres. Belo Horizonte: Fórum, 2023. p. 247-265. ISBN 978-65-5518-540-9.

O CONTROLE SOCIAL E O ACESSO À INFORMAÇÃO EM TEMPOS DE PANDEMIA: OS EFEITOS E PERCEPÇÃO DOS ESTADOS NAS AVALIAÇÕES DA TRANSPARÊNCIA INTERNACIONAL E *OPEN KNOWLEDGE* BRASIL DA TRANSPARÊNCIA DE DADOS DA COVID-19

LENIRA FONSECA
PATRÍCIA SILVA

1 Introdução

Desde o processo de redemocratização no Brasil, que culminou com a promulgação da Constituição Federal de 1988, várias mudanças ocorreram na relação Estado e sociedade, especialmente no tocante ao surgimento de instrumentos que possibilitassem a participação dos cidadãos na gestão pública.

Essas mudanças são percebidas pela evolução dos paradigmas da própria gestão pública, que, nas décadas de 1980 e 1990, inaugurava aqui o modelo denominado Nova Gestão Pública (NGP), baseado no modelo de administração pública gerencial. A partir do final dos anos 1990, surge progressivamente um novo paradigma, denominado pela pesquisadora Ana Paula Paes de Paula (2004) como administração pública societal: movimento que busca ampliar a participação dos atores sociais na definição da agenda política, criando instrumentos que possibilitariam maior controle social sobre as ações estatais.

Nesse novo contexto, a transparência pública passa a ter destaque no fortalecimento da democracia, na confiança no Estado e na legitimidade dos governos. Assim, a década de 1990 foi marcada pela institucionalização da consulta à sociedade civil organizada, fomentando no cidadão a percepção de seu protagonismo na gestão pública, do seu empoderamento e da construção da consciência de que sua participação é essencial ao processo democrático.

Desde então, muitas legislações surgiram, ampliando o ambiente que favorecia a transparência e o controle social. Como seu principal marco jurídico, podemos apontar a Lei Complementar Federal nº 101/2000 e sua alteração promovida pela Lei Federal nº 131/2009, que cria e determina que todos os entes federativos implementem portais de transparência, de maneira a oferecer ao cidadão mecanismos mais efetivos para o exercício do controle social e transparência. Outro marco relevante para a transparência brasileira foi a Lei Federal nº 12.527/2011 ou Lei de Acesso à Informação (LAI), ampliando ainda mais o controle social disponível aos cidadãos.

Em 2002, a eleição de Luís Inácio Lula da Silva e, em 2010, a de Dilma Rousseff, ambos do Partido dos Trabalhadores (PT), trouxeram expectativas quanto à implementação de um projeto participativo nos moldes do modelo societal. Havia a perspectiva de que sua gestão expandisse e aprofundasse as experiências participativas em qualidade e quantidade. Entretanto, embora tenhamos ampliação da transparência pública, criação e fortalecimento de instituições de prevenção e combate à corrupção, a participação social, de modo geral, não apresentou grandes avanços.

Se, por um lado, a participação em nível governamental não foi a esperada, por outro, a criação de importantes canais e instrumentos de transparência fortaleceu as organizações sociais e a própria imprensa, que passaram a exercer com mais vigor seu poder de fiscalização e influência na arena pública. Quando, em 2017, ocorre o *impeachment* da presidenta Dilma Rousseff e, dois anos depois, a eleição do presidente Jair Messias Bolsonaro, encerrando 15 (quinze) anos em que o PT e a esquerda brasileira estiveram no poder, foi interrompida não só a expectativa de avanços no campo da gestão societal, mas também ocorre a chegada de alguns retrocessos em conquistas já consolidadas na área da transparência pública.

É nesse contexto sociopolítico do governo brasileiro que, em janeiro de 2020, a Organização Mundial da Saúde (OMS) declara que o surto provocado pelo coronavírus se constitui uma emergência de saúde pública de importância internacional e, em 11 de março do mesmo ano, a COVID-19 é caracterizada como uma pandemia. Diante de um cenário de muitas incertezas, urgências, inseguranças e informações contraditórias, duas organizações não governamentais (ONGs) de nível internacional com presença no Brasil – Transparência Internacional (TI) e *Open Knowledge* (OK) – criam projetos que visam assegurar e melhorar a transparência de dados e informações públicas relacionadas à pandemia.

Ainda em abril de 2020, a ONG *Open Knowledge* Brasil (OKBR) publica o resultado de uma primeira avaliação sobre a transparência de dados no país, com base em um indicador denominado Índice de Transparência da COVID-19, na forma de *ranking*, em que apresenta dados relacionados à pandemia nos estados, Distrito Federal e da União. Por sua vez, a Transparência Internacional busca fortalecer a transparência de dados relacionados a compras e serviços contratados pela Administração Pública para fins de combate à epidemia.

Nosso objetivo é identificar se estados e Distrito Federal foram influenciados pela publicação de dados e informações relacionados à pandemia de COVID-19 e qual a percepção dos mesmos em relação à transparência desses dados. Ao buscarmos respostas para essas questões, acreditamos também evidenciar o poder do controle social sobre o Estado.

A pesquisa se justifica pela atualidade e importância do tema, ressaltando o papel da sociedade civil organizada para o fortalecimento da democracia, fomento da transparência e do controle social.

2 Fundamentação teórica

2.1 Controle social

Retratada em manuais de sociologia, a expressão "controle social" teria sido usada pela primeira vez por Ross e publicada em 1901. Tal categoria refere-se à forma de controle exercida pela sociedade sobre si mesma e "pode ser compreendida como uma maneira de integrar os indivíduos aos padrões de conduta social que são determinados pela própria sociedade" (TEIXEIRA, 2012, p. 38).

Segundo Amartya Sen (2010), deve-se entender que a democracia não é capaz de resolver os problemas sociais de modo automático, mas cria um conjunto de oportunidades que deve ser bem aproveitado para que se obtenha o resultado desejado. Assim, nas palavras do autor (2010, p. 209), "a realização da justiça social depende não só de formas institucionais (incluindo regras e regulamentações democráticas), mas também da prática efetiva". As respostas dos seus representantes às reivindicações da sociedade frequentemente estão condicionadas à pressão exercida sobre eles e nisso reside o papel das organizações da sociedade civil.

2.2 Organizações sociais

De acordo com Bobbio (1998), sociedade civil pode ser compreendida como "a esfera das relações entre indivíduos, entre grupos, entre classes sociais, que se desenvolvem à margem das relações de poder que caracterizam as instituições estatais", ou seja, são organizações da sociedade que não possuem vínculos com governos e atuam no sentido de suprir demandas da sociedade.

No Brasil, a Constituição de 1988 aproximou a sociedade civil da sociedade política ao tornar obrigatória a instalação de conselhos gestores e abrir prerrogativas para outros canais de participação, dentre eles as organizações não governamentais (ONGs). O surgimento de novas instituições participativas no cenário político brasileiro resultou no aumento e na autodeterminação de atores da sociedade civil como representantes de grupos da sociedade, com diferentes formas e conteúdo, associações diversas etc. (GOHN, 2005).

A partir dos anos 1990 e sob influência do modelo de gestão gerencialista, organizações sociais ocupam espaço de "complemento" na oferta de bens e serviços não exclusivos do Estado. Com o passar dos anos e sob influência de governos populares, surgem também os primeiros observatórios sociais no país, estes, com caráter fiscalizatório e preocupados com a qualidade da aplicação de recursos públicos, exercendo mais fortemente o papel de controle social.

Com todo esse ambiente de mudanças e de transição nos modelos de gestão, o aumento da participação popular e a globalização e internacionalização de normas jurídicas, surgem também espaços públicos mundiais em que os direitos humanos e o combate à corrupção passaram a ser entendidos como temas que transcendem os limites do Estado, ao mesmo tempo em que faz surgir uma sociedade civil transnacional, que passa a intervir ativamente nas decisões estatais. É nesse contexto, com caráter apartidário, sem alinhamentos ideológicos e sem vínculos com o Estado, que surgem as ONGs Transparência Internacional e *Open Knowledge*.

2.3 Transparência Internacional e *Open Knowledge*

A Transparência Internacional (TI), criada em 1993, em Haia, na Holanda, se define como um movimento global, presente em mais de 100 (cem) países, agindo para promover mudanças sistêmicas que resultem em justiça social, realização de direito e paz. Sua missão é "acabar com a corrupção e promover a transparência e a integridade em todos os níveis e em todos os setores da sociedade". Ao definir suas atividades, afirma trabalhar no apoio e mobilização da sociedade civil, produção de conhecimento, conscientização e comprometimento de empresas e governos com as melhores práticas globais de transparência e integridade (TRANSPARÊNCIA INTERNACIONAL, 2022).

Em 2020, diante da situação de emergência sanitária e percebendo a importância vital da garantia do uso adequado dos recursos públicos e a necessidade da sociedade civil, imprensa e órgãos de controle terem acesso a informações públicas que garantissem o monitoramento e fiscalização dos gastos públicos em resposta à COVID-19, a TI cria o *ranking* de transparência no combate à COVID-19.

A *Open Knowledge* Brasil (OKBR), também chamada de Rede pelo Conhecimento Livre, é o "capítulo" da *Open Knowledge* Internacional no Brasil. É uma organização da sociedade civil (OSC) sem fins lucrativos e apartidária, presente em 66 (sessenta e seis) países e que atua no Brasil desde o ano de 2013. Tem como missão desenvolver ferramentas cívicas, projetos, análises de políticas públicas, jornalismo de dados e promoção do conhecimento livre nos diversos campos da sociedade. Na esfera política, busca tornar a relação entre governo e sociedade mais próxima e transparente. Segundo afirma no seu *site* institucional, é uma "organização voltada à promoção da informação, transparência e sabedoria" (OKBR, 2022).

Segundo a OKBR, ainda em março de 2020, quando a pandemia começava a dar sinais de devastação pela Europa e cientistas já alertavam para a necessidade de conhecer o "inimigo invisível", epidemiologistas italianos frisavam que, sem uma "profunda transparência", não seria possível enfrentar a pandemia. Afirma ainda que, no Brasil, apesar de haver um Sistema Único de Saúde (SUS) com ampla capacidade de fazer frente à crise, a articulação do governo federal seria fundamental para liderar estados e municípios nas medidas de enfrentamento e na coleta e compartilhamento de dados. Ao perceber "que isso não aconteceria de forma adequada, a sociedade civil organizada agiu em diferentes frentes" (OKBR, 2022).

Uma dessas frentes, criada pela OKBR, foi a criação do Índice de Transparência da COVID-19 (ITC-19), "que buscava avaliar a qualidade dos dados e informações relativos à pandemia publicados pela União, pelos estados e capitais brasileiras em seus portais oficiais".

3 Metodologia

Na realização deste trabalho, utilizamos breve pesquisa bibliográfica a fim de conceituar controle social, organizações sociais, instrumentos de transparência e a relação com a sociedade civil na gestão das políticas públicas, além de pesquisa normativa de marcos jurídicos regulatórios relativos a essas temáticas.

Também adotamos a abordagem exploratória e descritiva, partindo da publicação do *ranking* da transparência da COVID-19, publicado nos sítios das duas ONGs mencionadas, a fim de verificar o progresso no desempenho dos estados brasileiros e do Distrito Federal e tentando identificar as relações entre o conjunto de variáveis e as informações contidas nos relatórios apresentados pelas ONGs a cada resultado.

Por fim, realizamos pesquisa qualitativa, aplicando aos estados e ao Distrito Federal um breve questionário contendo 6 (seis) perguntas objetivas que pudessem oferecer aferição quanto à percepção dos entes federados, considerando a influência e eventuais efeitos da avaliação realizada pelas ONGs sobre os modelos e graus de transparência para os dados da COVID-19 disponibilizados nos portais de transparência de cada um dos estados e do Distrito Federal. As 4 (quatro) primeiras perguntas foram estritamente objetivas, aplicando a escala de *Likert* de forma crescente para indicar o grau de influência. As 2 (duas) últimas questões também objetivas, mas abrindo espaço para registro de alguma outra percepção para além das alternativas de resposta oferecida para as questões. As questões foram enviadas para cada estado e Distrito Federal por meio do Sistema de Informação ao Cidadão (e-SIC) ou de manifestação de ouvidoria.

Os recursos utilizados nos auxiliaram na reunião metódica dos dados obtidos e seu direcionamento para a discussão esperada. Esse mecanismo metodológico em relação ao presente estudo se mostrou relevante, pois indicou, de forma simples, a receptividade do poder público para as contribuições de um modelo de controle social ostensivo, quase participativo.

4 Resultados e discussões

4.1 Transparência Internacional

A primeira metodologia utilizada pela Transparência Internacional foi apresentada em maio de 2020 e consistia em classificar o nível de transparência pública dos dados da COVID-19 numa escala de *péssimo* a ótimo ou 0 (zero) a 100 (cem) pontos, passando por *ruim*, *regular* e *bom*, conforme a pontuação obtida a partir do atendimento de 13 (treze) itens elencados sob uma dimensão de análise, subdividida em duas categorias, de acordo com o quadro abaixo:

Quadro 1 – Dimensões – Avaliação da Transparência Internacional (Metodologia 1)

		ITENS
DIMENSÃO DE ANÁLISE (Informações disponíveis)	Informações essenciais (Peso = 4)	*Site* específico
		Nome do contratado(a)
		CPF/CNPJ
		Valor total e unitário
		Prazo contratual
		Nº e íntegra de processo
	Informações desejáveis (Peso = 2)	Data da celebração
		Órgão contratante
		Quantidade
		Descrição do bem/serviço
		Local da execução
		Edital e fase da licitação
		Forma/modalidade da contratação

Fonte: As autoras.

Os itens eram pontuados numa escala de 0 (zero) a 1 (um): 0, não atende; 0,5, atende parcialmente; e 1, atende totalmente. O resultado da soma dos itens, levando em consideração os pesos atribuídos aos mesmos, era classificado de acordo com o quadro abaixo:

Quadro 2 – Quadro de resultados – *Ranking* Transparência no Combate à COVID-19

0 a 19 pontos	20 a 39 pontos	40 a 59 pontos	60 a 79 pontos	80 a 100 pontos
Péssimo	Ruim	Regular	Bom	Ótimo

Fonte: As autoras.

Na primeira avaliação da Transparência Internacional (TI), que analisava dados relativos a compras e serviços realizados pelo Executivo dos estados, realizada em maio de 2020, observamos que apenas 14,28% (quatorze vírgula vinte e oito por cento) dos estados foram classificados com nível ótimo de transparência; 42,85% (quarenta e dois vírgula oitenta e cinco por cento) foram classificados com nível *regular*; e 7,14% (sete vírgula quatorze por cento), com nível *ruim*. Um mês depois, em 1º de junho de 2020, o percentual de estados com nível ótimo já havia subido para 55,56% (cinquenta e cinco vírgula cinquenta e seis por cento), e 37,04% (trinta e sete vírgula zero quatro por cento) dos estados tinham alcançado nível *bom*.

Gráfico 1 – Índice de Transparência COVID-19 (2020) – Transparência Internacional (Metodologia 1)

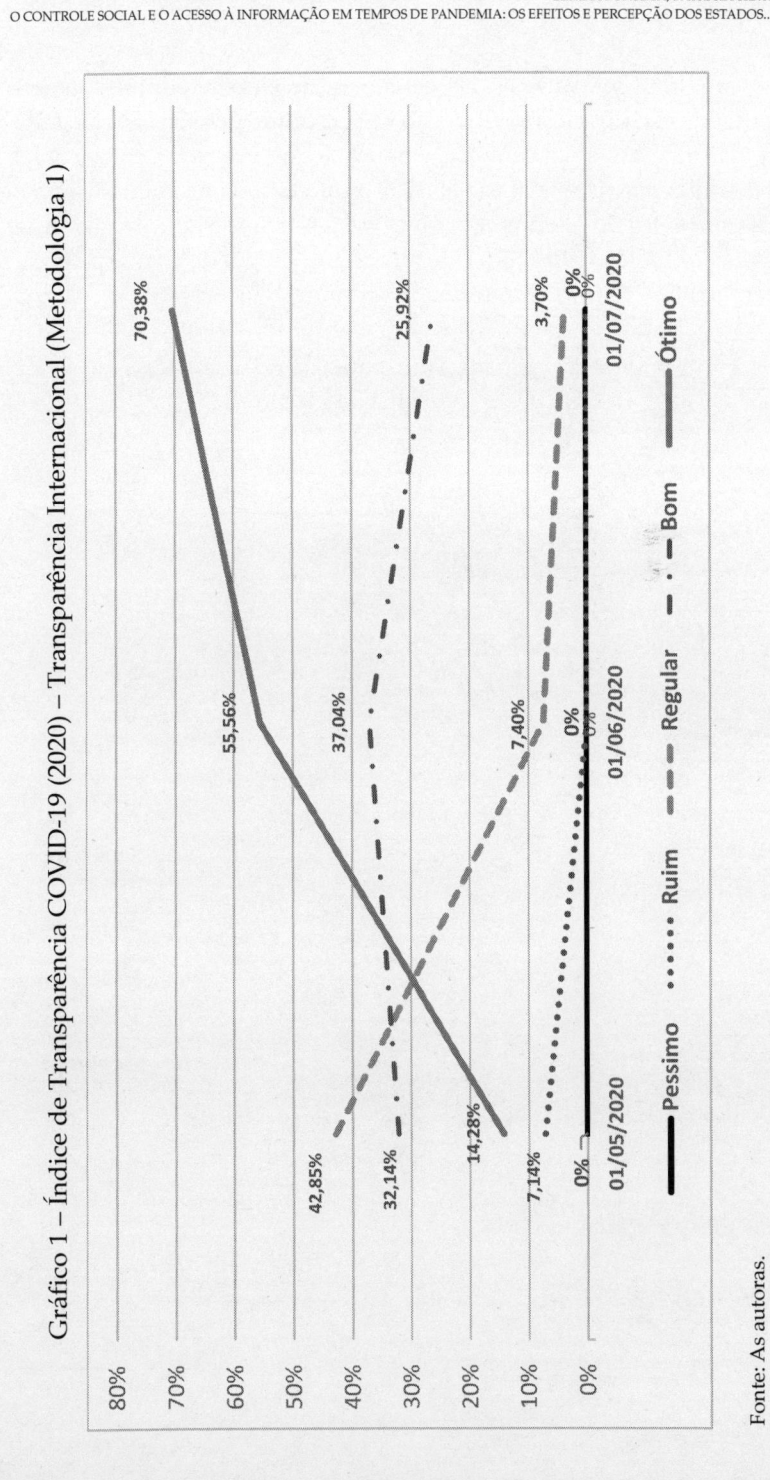

Data	Péssimo	Ruim	Regular	Bom	Ótimo
01/05/2020	0%	7,14%	42,85%	32,14%	14,28%
01/06/2020	0%	0%	7,40%	37,04%	55,56%
01/07/2020	0%	0%	3,70%	25,92%	70,38%

Fonte: As autoras.

Ao final da avaliação, utilizando a primeira metodologia, o percentual de estados com nível ótimo havia subido para 70,38% (setenta vírgula trinta e oito por cento), e nenhum dos estados apresentava nível *ruim* ou *péssimo*. Havia ainda 25,92% (vinte e cinco vírgula noventa e dois por cento) de estados com nível *bom*, e apenas 3,70% (três vírgula setenta por cento) dos estados com nível *regular*, segundo a Transparência Internacional, conforme apresentado nas imagens abaixo:

Figura 1 – *Ranking* Transparência no Combate à COVID-19 (referência: 21 maio 2020)

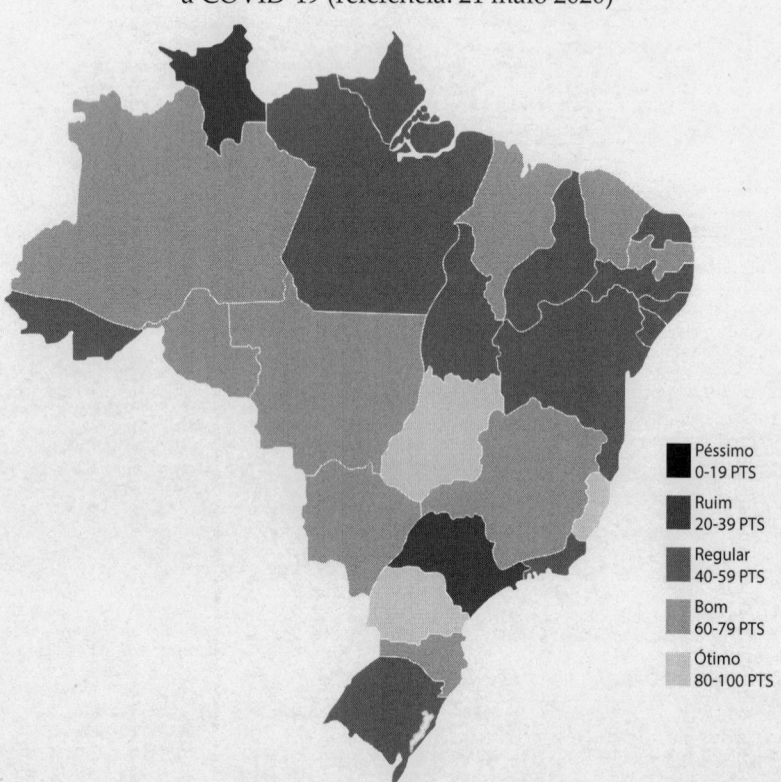

Fonte: Transparência Internacional.

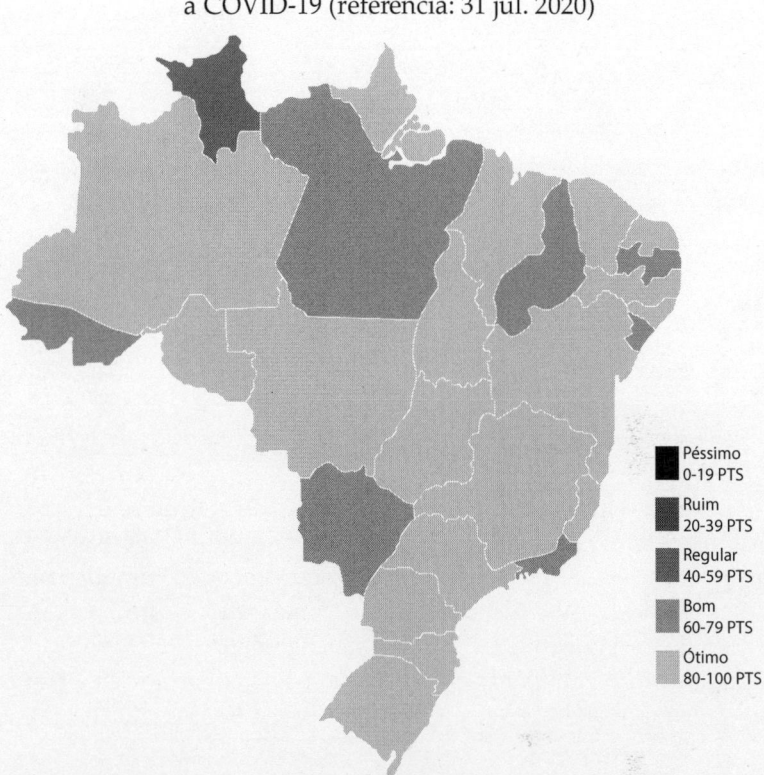

Figura 2 – *Ranking* Transparência no Combate
à COVID-19 (referência: 31 jul. 2020)

Péssimo 0-19 PTS
Ruim 20-39 PTS
Regular 40-59 PTS
Bom 60-79 PTS
Ótimo 80-100 PTS

Fonte: Transparência Internacional.

Em setembro de 2020, a Transparência Internacional fez alterações na metodologia, incluindo novas dimensões de análise (legislação, medidas de estímulo econômico e proteção social), outras categorias e mais 21 itens na sua avaliação.

Embora na segunda metodologia tenham sido acrescentadas mais 12 (doze) categorias e 21 (vinte e um) novos itens a serem avaliados, o resultado foi bastante positivo, com 74,08% (setenta e quatro vírgula zero oito por cento) dos estados sendo classificados com nível de transparência ótimo, e 18,52% (dezoito vírgula cinquenta e dois por cento) dos estados com nível *bom*. Somados, 92,6% (noventa e dois vírgula seis por cento) dos estados estavam classificados nos níveis *bom* e ótimo. Apenas 7,4% (sete vírgula quatro por cento) dos estados ficaram com nível *regular* ou *ruim*.

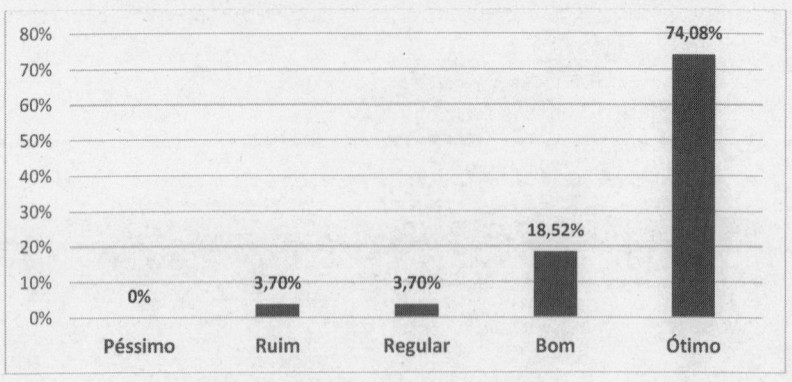

Gráfico 2 – Índice de Transparência COVID-19 (2020) – Transparência Internacional (Metodologia 2)

Péssimo	Ruim	Regular	Bom	Ótimo
0%	3,70%	3,70%	18,52%	74,08%

Fonte: As autoras.

Nessa segunda metodologia, publicada em 1º de setembro de 2020, o governo federal foi avaliado. A nota obtida foi 71 (setenta e um) pontos e classificação nível *bom*, ficando abaixo da grande maioria dos estados. A TI registra o seguinte comentário: "Ante a cobrança da sociedade, o governo federal promoveu melhorias em seu portal e conseguiu oferecer maior transparência a suas ações no enfrentamento da pandemia" (TRANSPARÊNCIA INTERNACIONAL, 2020).

4.2 *Open Knowledge* Brasil

A *Open Knowledge* Brasil (OKBR) apresentou 3 (três) metodologias para apuração do Índice de Transparência COVID-19 e construção do *ranking* ao longo de 2020, tendo iniciado a publicação dos resultados em 3 de abril de 2020. Ao contrário da Transparência Internacional, que buscava acompanhar as compras e serviços relacionados ao enfrentamento da COVID-19, a OKBR focava nos aspectos epidemiológicos da pandemia.

4.2.1 Índice de Transparência COVID-19 (Metodologia 1.0)

A princípio, a publicação dos resultados de apuração do Índice de Transparência da Covid-19 (Metodologia 1.0) era semanal e levava em consideração os seguintes critérios:

Quadro 3 – Dimensões – Avaliação da *Open Knowledge* Brasil (Metodologia 1.0)

Dimensão de Análise	Critério	Descrição
Conteúdo (Peso = 1)	Idade ou faixa etária	Idade ou faixa etária das pessoas que pertencem ao grupo de casos confirmados.
	Sexo	Sexo das pessoas que pertencem ao grupo de casos confirmados.
	Status de atendimento	Especifica casos hospitalizados (internação/UTI) ou em isolamento domiciliar.
	Doenças preexistentes	Presença de doenças preexistentes/comorbidades (diabetes, hipertensão, etc.).
	Ocupação de leitos	Quantidade de leitos ocupados em relação ao total disponível: taxa (%) ou desagregado (capacidade e ocupação).
	Outras doenças respiratórias	Número de casos de síndrome respiratória aguda/grave registrados ou outras enfermidades que possam indicar suspeita da COVID-19.
	Testes disponíveis	Quantidade de testes de que o Estado dispõe para atender a determinado período de tempo.
	Testes aplicados	Quantidade de testes já realizados, incluindo detalhamento de resultados negativos e positivos.
Granularidade (Peso = 2)	Microdado	Registros individualizados, detalhados e anonimizados dos casos confirmados.
	Localização	Nível de agregação geográfica dos casos divulgados.
Formato (Peso = 3)	Visualização	Painel para consulta do público em geral.
	Formato aberto	Maioria dos dados estruturados de painéis e boletins em ao menos uma planilha em formato editável, de preferência aberto (CSV, ODS).
	Série histórica	Base de dados única e atualizada com o histórico completo de registro de casos do novo coronavírus.

Fonte: As autoras.

Assim como na TI, os itens eram pontuados numa escala de 0 (zero) a 1 (um): 0, não atende; 0,5, atende parcialmente; e 1, atende totalmente. O resultado da soma dos itens, levando em consideração pesos atribuídos aos mesmos, classificavam a transparência dos estados em cinco níveis, conforme o quadro abaixo:

Quadro 4 – Quadro de resultados – *Ranking*
Índice de Transparência COVID-19

0 a 19 pontos	20 a 39 pontos	40 a 59 pontos	60 a 79 pontos	80 a 100 pontos
Opaco	Baixo	Médio	Bom	Alto

Fonte: As autoras.

A primeira versão (ou metodologia) teve 11 (onze) avaliações com periodicidade semanal e foi publicada em 3 de abril de 2020. Como resultado, os estados apresentaram nível bem baixo de transparência, de acordo com os critérios adotados pela OKBR. Somando os estados que tiveram nível *opaco* e *baixo*, o resultado foi de 71,14% (setenta e um vírgula quatorze por cento). Apenas 10,71% dos estados apresentaram níveis de transparência *bom* ou *alto*.

Gráfico 3 – Índice de Transparência da
COVID-19 (2020) – Metodologia 1.0

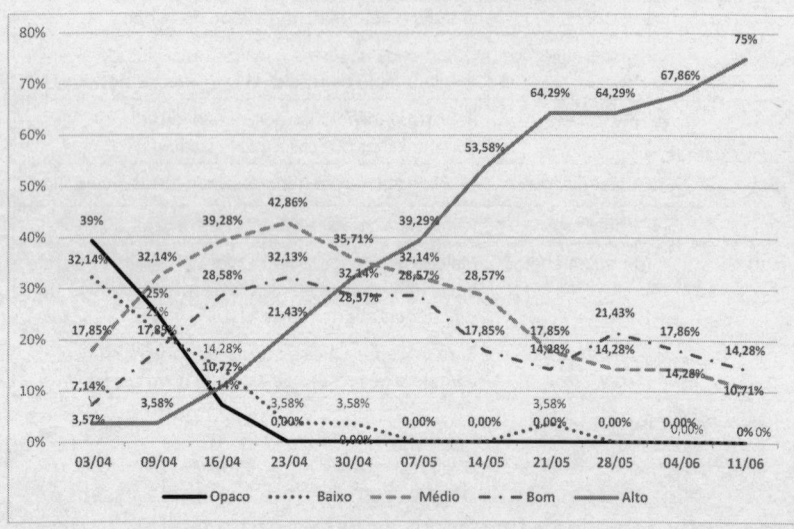

Fonte: As autoras.

Conforme podemos observar no gráfico acima, a partir da quarta semana, a situação começa a se inverter, e o percentual de estados com níveis *opaco* ou *baixo* soma 3,58% (três vírgula cinquenta e oito por cento).

Neste momento, 32,14% (trinta e dois vírgula quatorze por cento) dos estados já estão com nível *alto* de transparência.

Em 11 de junho, data da publicação da última avaliação dessa metodologia (Versão 1.0), 75% (setenta e cinco por cento) dos estados apresentavam nível *alto* de transparência, e 14,28% (quatorze vírgula vinte e oito por cento) apresentam nível *bom*, somando 89% de estados com nível *bom* ou ótimo em transparência de dados da COVID-19, conforme demonstrado no gráfico acima.

O governo federal, em sua primeira avaliação (3 de abril de 2020), obteve 36 (trinta e seis) pontos, sendo classificado com nível *baixo* de transparência. A partir da sétima avaliação, alcançou nível *alto* e o manteve até o final da aplicação da Metodologia 1.

Gráfico 4 – Desempenho do governo federal no *Ranking* Índice de Transparência da COVID-19 (Metodologia 1.0)

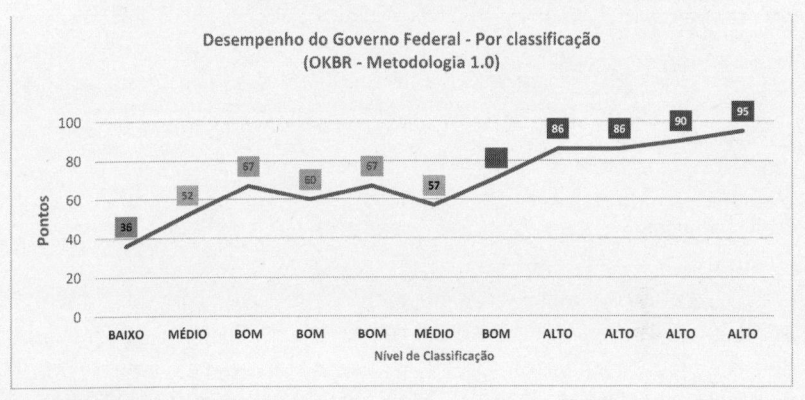

Fonte: As autoras.

4.2.2 Índice de transparência da COVID-19 (Metodologia 2.0)

Na metodologia versão 2.0, além de acrescidos novos critérios, passando de 13 (treze) para 26 (vinte e seis), criando subdimensões (casos, demografia, infraestrutura, acesso e qualidade), o resultado da avaliação passou a ser publicado a cada 15 (quinze) dias ou duas semanas.

Na nova versão (2.0), foram realizadas 8 (oito) avaliações, tendo a primeira sido publicada em 10 de julho de 2020. Nessa avaliação, 39,29% (trinta e nove vírgula vinte e nove por cento) dos estados apresentaram nível *alto* de transparência da COVID-19, e 42,86% (quarenta e dois vírgula oitenta e seis por cento), nível *bom*.

Gráfico 5 – Índice de Transparência da COVID-19 (2020) – Metodologia 2.0

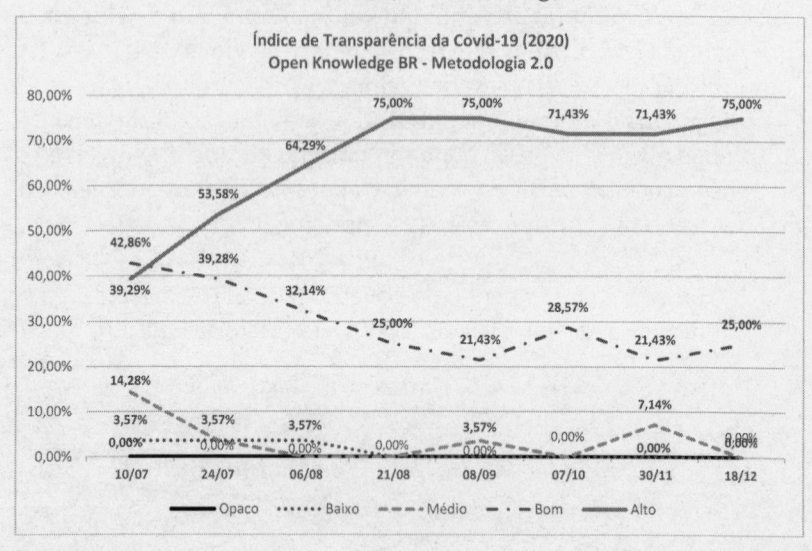

Fonte: As autoras.

No gráfico acima, vemos o percentual de estados por desempenho a cada nova avaliação. Em 18 de dezembro de 2020, ao final do período de avaliação da metodologia 2.0, tínhamos 75% (setenta e cinco por cento) dos estados apresentando nível *alto* de transparência e 25% (vinte e cinco por cento) com nível *bom*, somando 100% (cem por cento) com nível *bom* ou *alto* de transparência para dados da COVID-19. A OKBR demonstra esse desempenho nas figuras abaixo:

Figura 3 – *Ranking* Índice de Transparência da COVID-19 (referência: 10 jul. 2020)

Níveis de transparência
- Opaco 0-19 PTS
- Baixo 20-39 PTS
- Médio 40-59 PTS
- Bom 60-79 PTS
- Alto 80-100 PTS

Governo Federal
78 pontos em 10 de julho

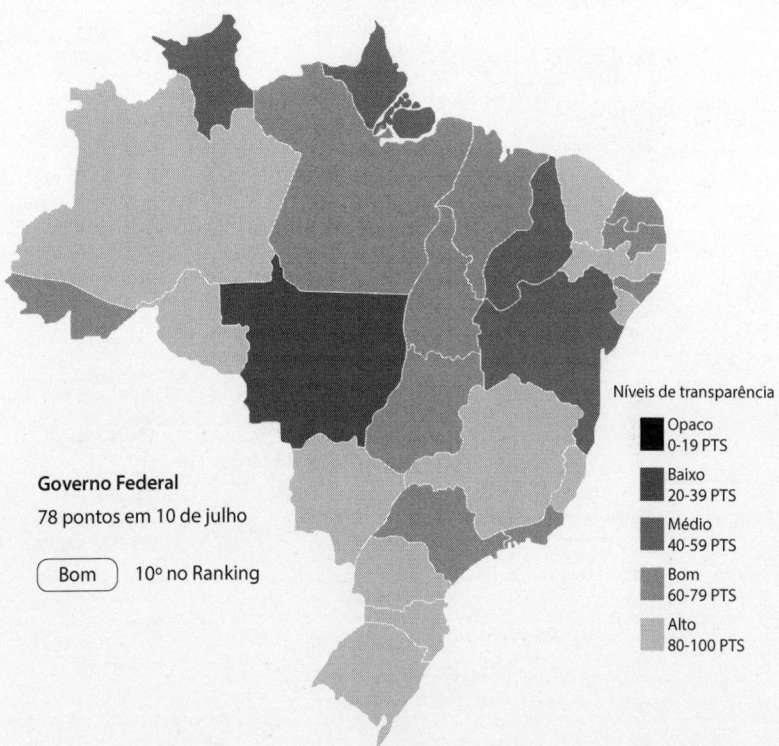

(Bom) 10º no Ranking

Fonte: *Open Knowledge* Brasil.

Figura 4 – *Ranking* Índice de Transparência da
COVID-19 (referência: 18 dez. 2020)

Governo Federal
79 pontos em 18 de dezembro

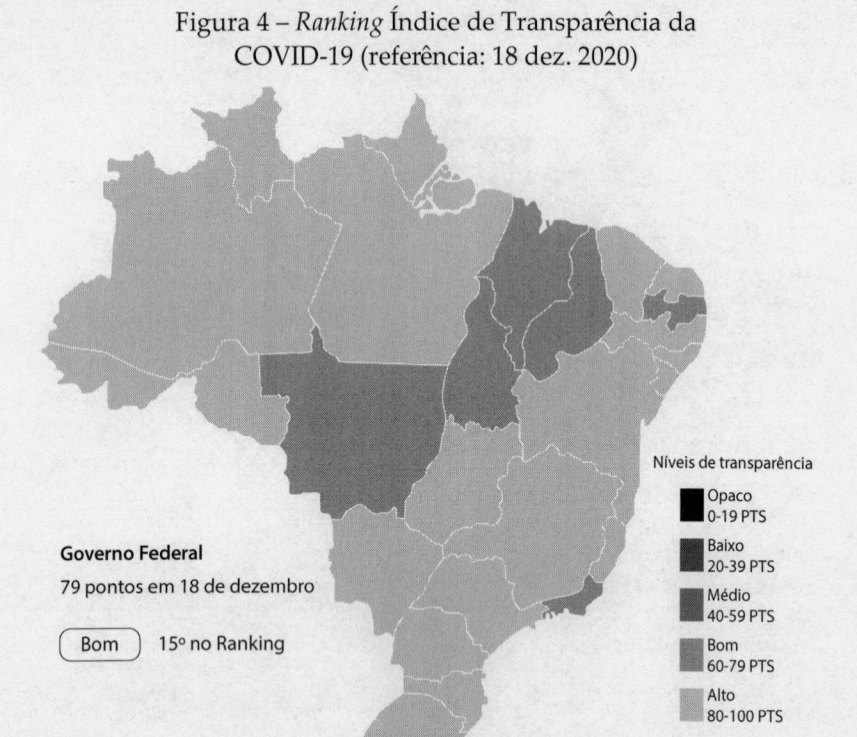

Bom   15º no Ranking

Níveis de transparência
- Opaco 0-19 PTS
- Baixo 20-39 PTS
- Médio 40-59 PTS
- Bom 60-79 PTS
- Alto 80-100 PTS

Fonte: *Open Knowledge* Brasil. O desempenho do governo federal para a metodologia versão 2.0 está descrita no gráfico abaixo:

Gráfico 6 – Desempenho do governo federal no *Ranking* Índice de Transparência da COVID-19 (Metodologia 2.0)

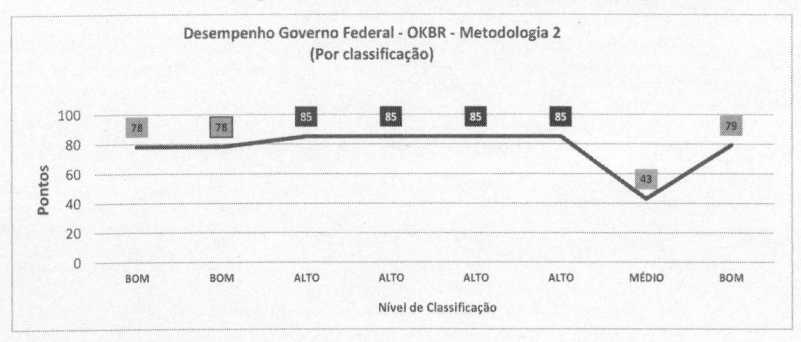

Desempenho Governo Federal - OKBR - Metodologia 2 (Por classificação)

Nível de Classificação	Pontos
BOM	78
BOM	78
ALTO	85
ALTO	85
ALTO	85
ALTO	85
MÉDIO	43
BOM	79

Fonte: As autoras.

4.2.3 Índice de Transparência da COVID-19 (Metodologia 3.0)

A metodologia 3.0 foi publicada em duas datas, com intervalo de cerca de dois meses (17 de junho e 19 de agosto) do mesmo ano, com novas mudanças nos critérios de avaliação. A nova versão foi publicada no ano de 2021 e iniciou com apenas 25% (vinte e cinco por cento) dos estados com nível *alto* de transparência. De acordo com os resultados obtidos nessa nova versão, 25% (vinte e cinco por cento) dos estados partiram de nível *bom*, e outros 25% (vinte e cinco por cento), de nível *médio*.

Gráfico 7 – Índice de Transparência da
COVID-19 (2020) – Metodologia 3.0

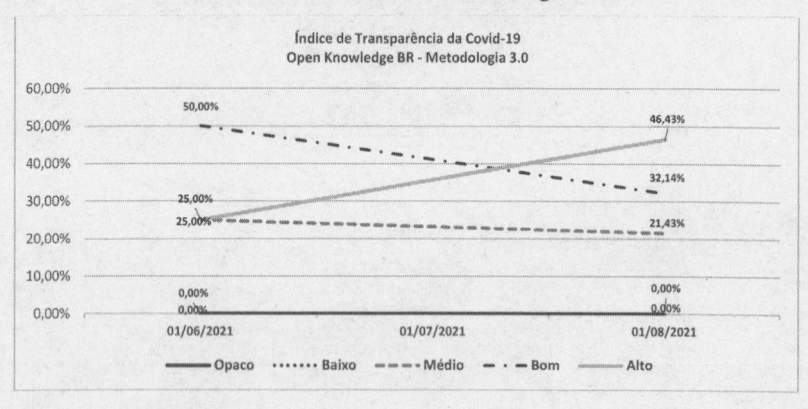

Índice de Transparência da Covid-19
Open Knowledge BR - Metodologia 3.0

	01/06/2021	01/07/2021	01/08/2021
Opaco	0,00%		0,00%
Baixo	0,00%		0,00%
Médio	25,00%		21,43%
Bom	50,00%		32,14%
Alto	25,00%		46,43%

Fonte: As autoras.

Ao final, 46% (quarenta e seis por cento) dos estados estavam com nível *alto*, e 32% (trinta e dois por cento), com nível *bom* de transparência, de acordo com o indicador da OKBR.

Figura 5 – *Ranking* Índice de Transparência da COVID-19 (referência: 17 jun. 2021)

Governo Federal
73 pontos em 17 de junho

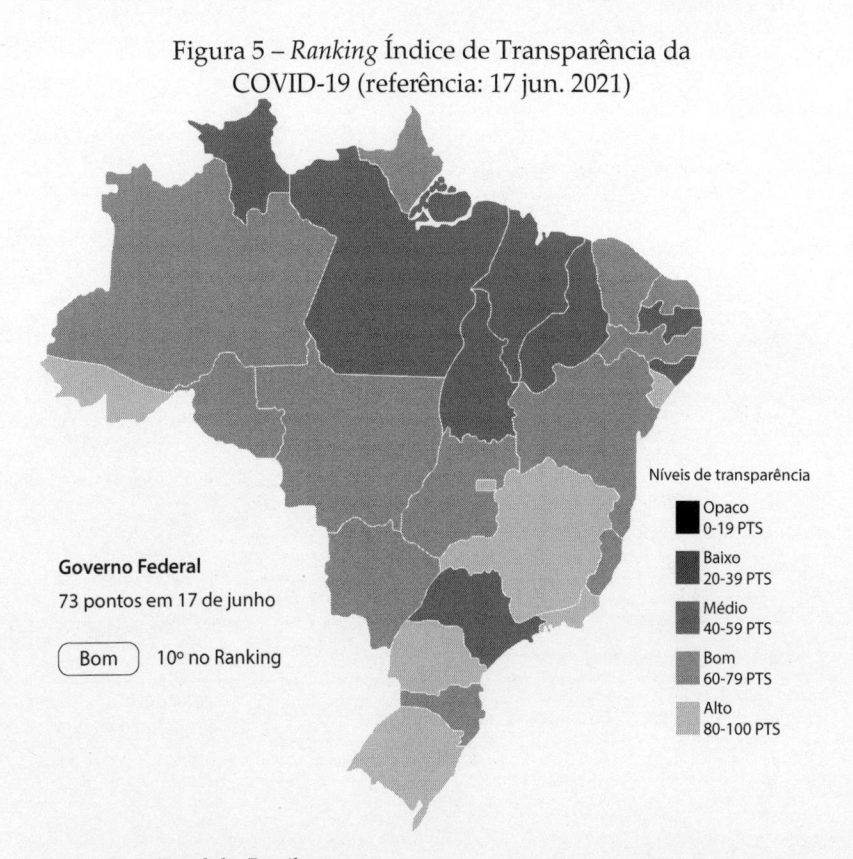

(Bom) 10º no Ranking

Níveis de transparência
Opaco 0-19 PTS
Baixo 20-39 PTS
Médio 40-59 PTS
Bom 60-79 PTS
Alto 80-100 PTS

Fonte: *Open Knowledge* Brasil.

Figura 6 – *Ranking* Índice de Transparência da
COVID-19 (referência: 19 ago. 2021)

Governo Federal
58 pontos em 19 de agosto

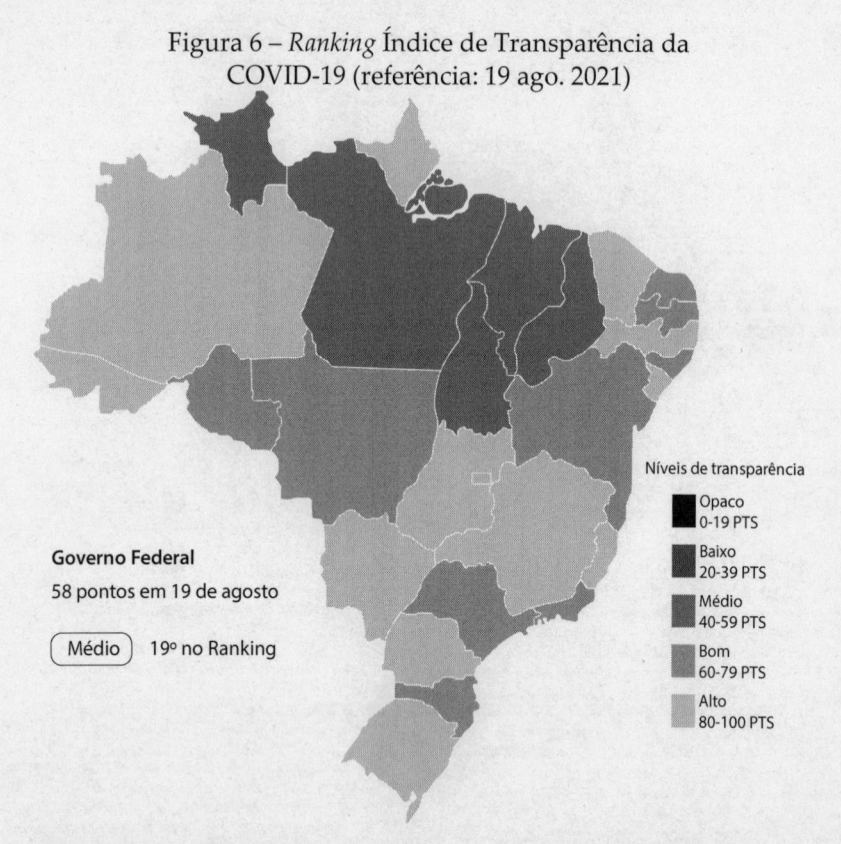

(Médio) 19º no Ranking

Níveis de transparência
- Opaco 0-19 PTS
- Baixo 20-39 PTS
- Médio 40-59 PTS
- Bom 60-79 PTS
- Alto 80-100 PTS

Fonte: *Open Knowledge* Brasil. O governo federal obteve, ao final da avaliação da metodologia 3.0, o desempenho abaixo do inicial, conforme apresentado pela OKBR, finalizando com 58 (cinquenta e oito) pontos e nível *médio* de transparência.

4.3 Percepção dos estados quanto às avaliações das ONGs internacionais

Com o objetivo de buscar a percepção dos estados quanto ao grau de influência das avaliações das ONGs (Transparência Internacional e *Open Knowledge* Brasil) na ampliação gradativa da transparência dos dados da COVID-19 nos seus portais e *sites* institucionais, elaboramos um questionário que foi enviado aos 26 (vinte e seis) estados brasileiros mais o Distrito Federal e a União; entretanto, 3 (três) estados não responderam ou responderam de forma equivocada, e 1 (um) estado alegou que a demanda não se caracterizava como um pedido de acesso à informação, portanto, não estava amparado pela LAI e, assim, não responderia.

Finalizamos nossa pesquisa com as respostas de 21 (vinte e um) estados e o Distrito Federal, totalizando 22 (vinte e dois) entes federativos e um percentual de 81,5% (oitenta e um vírgula cinco por cento) das instituições consultadas. Segue abaixo o resultado obtido:

Pergunta 1 – As avaliações feitas pelas ONGs e publicadas nos meios de comunicação influenciaram de que modo a publicação de dados/informações da COVID-19 na transparência ativa do seu estado?

Gráfico 8 – Percepção do grau de influência das avaliações das ONGs na publicação dos dados da COVID-19

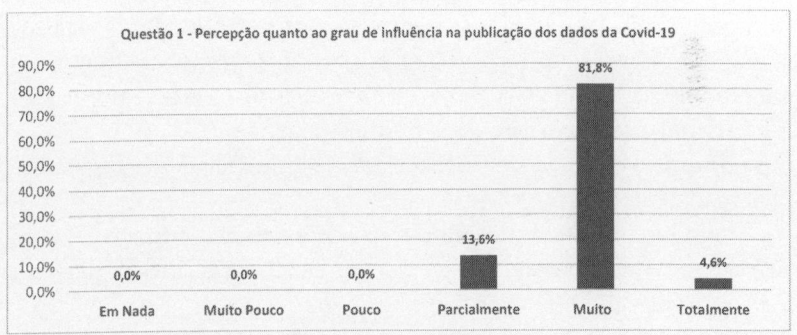

Em Nada	Muito Pouco	Pouco	Parcialmente	Muito	Totalmente
0,0%	0,0%	0,0%	13,6%	81,8%	4,6%

Fonte: As autoras.

Perguntado se as avaliações, feitas pelas ONGs e publicadas nos meios de comunicação, influenciaram a publicação de dados/informações da COVID-19 na transparência ativa dos estados, obtivemos as seguintes respostas: 81,8% (oitenta e um vírgula oito por cento) dos estados afirmaram que as avaliações influenciaram *muito* a publicação de dados e informações sobre a Covid-19; 13,6% (treze vírgula seis por cento) dos estados informaram que as avaliações influenciaram *parcialmente*; e 4,6% (quatro vírgula seis por cento) responderam que suas publicações dos dados sobre a COVID-19 foram *totalmente* influenciadas pela ação das ONGs.

A segunda questão referia-se à adesão dos estados e acompanhamento das metodologias utilizadas pelas ONGs (TI e OKBR) para a publicidade dos dados da COVID-19.

Pergunta 2 – As informações disponibilizadas pelo seu estado acompanharam as metodologias utilizadas pelas ONGs?

Gráfico 9 – Acompanhamento pelos estados das metodologias de avaliações das ONGs sobre dados da COVID-19

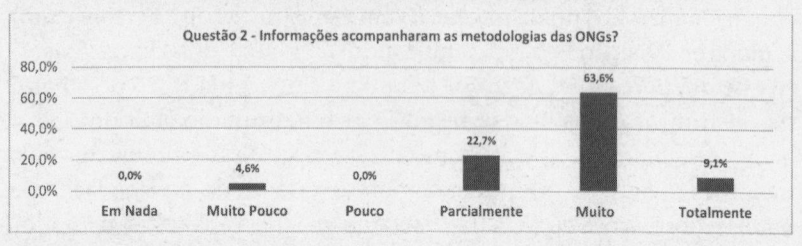

Questão 2 - Informações acompanharam as metodologias das ONGs?

Em Nada	Muito Pouco	Pouco	Parcialmente	Muito	Totalmente
0,0%	4,6%	0,0%	22,7%	63,6%	9,1%

Fonte: As autoras.

O resultado obtido nesse segundo questionamento demonstrou que 63,6% (sessenta e três vírgula seis por cento) dos estados respondentes informaram que suas publicações acompanharam *muito* a metodologia das ONGs; 22,7% (vinte e dois vírgula sete por cento) informaram que foram *parcialmente* influenciadas; e, 9,1% (nove vírgula um por cento) disseram ter sido *totalmente* influenciadas pelas avaliações realizadas pelas ONGs.

No terceiro item, perguntamos aos estados e Distrito Federal sobre como consideravam a iniciativa das ONGs (criação do indicador, *ranking*). Obtivemos as seguintes respostas:

Pergunta 3 – Como vocês consideram essa iniciativa de controle social na gestão da transparência pública relacionada a dados da COVID-19?

Gráfico 10 – Consideração dos estados sobre a iniciativa de controle social das ONGs sobre dados da COVID-19

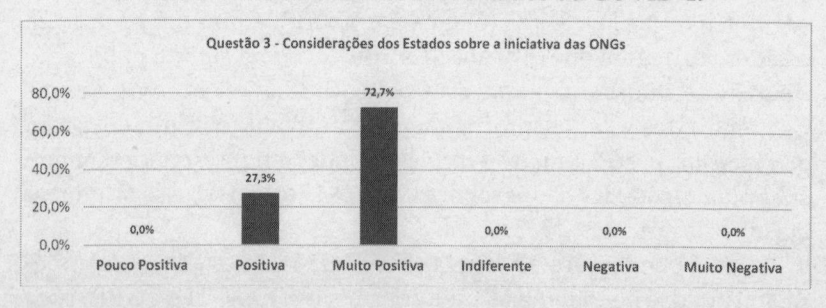

Questão 3 - Considerações dos Estados sobre a iniciativa das ONGs

Pouco Positiva	Positiva	Muito Positiva	Indiferente	Negativa	Muito Negativa
0,0%	27,3%	72,7%	0,0%	0,0%	0,0%

Fonte: As autoras.

Todos os estados respondentes da pesquisa e o Distrito Federal consideraram a iniciativa *positiva* ou *muito positiva*. A soma das duas respostas atingiu 100% (cem por cento) das respostas recebidas.

Na quarta questão proposta, indagamos se eles concordavam que, "mesmo não tomando conhecimento do Ranking de Transparência da Covid-19, a transparência promovida pelo seu estado teria alcançado a mesma amplitude".

Pergunta 4 – Você concorda com a afirmação de que, mesmo que não houvesse tomado conhecimento da avaliação por parte das ONGs, a transparência de dados da COVID-19 no seu estado teria alcançado a mesma amplitude?

Gráfico 11 – Percepção dos estados sobre a influência das avaliações das ONGs sobre a disponibilidade dos dados da COVID-19

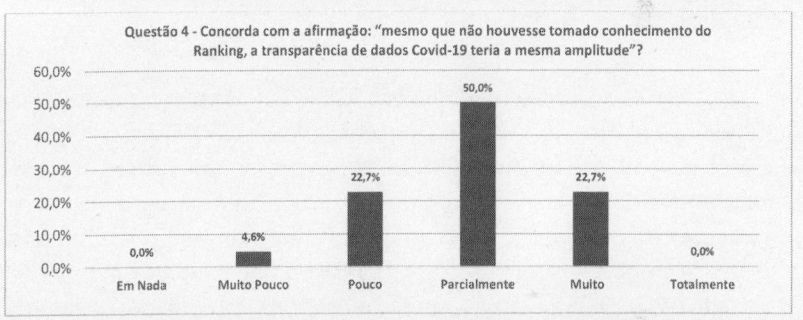

Resposta	%
Em Nada	0,0%
Muito Pouco	4,6%
Pouco	22,7%
Parcialmente	50,0%
Muito	22,7%
Totalmente	0,0%

Questão 4 - Concorda com a afirmação: "mesmo que não houvesse tomado conhecimento do Ranking, a transparência de dados Covid-19 teria a mesma amplitude"?

Fonte: As autoras.

O resultado nos mostrou que 50% (cinquenta por cento) dos estados concordavam *parcialmente* com a afirmação, enquanto 22,7% (vinte e dois vírgula sete por cento) concordavam *pouco* e *muito* com a afirmação, e 4,6% (quatro vírgula seis por cento) dos estados disseram concordar *muito pouco* com a afirmação.

Na quinta questão, perguntamos qual a maior dificuldade encontrada na publicação dos dados da COVID-19 recomendados pelas ONGs.

Pergunta 5 – O que você apontaria como maior dificuldade na experiência de participação dos *rankings*? (Para esta questão, apresentamos 4 (quatro) opções já formuladas e outra em aberto.)

Gráfico 12 – Principais dificuldades dos estados para acompanhar as metodologias de avaliação das ONGs sobre os dados da COVID-19

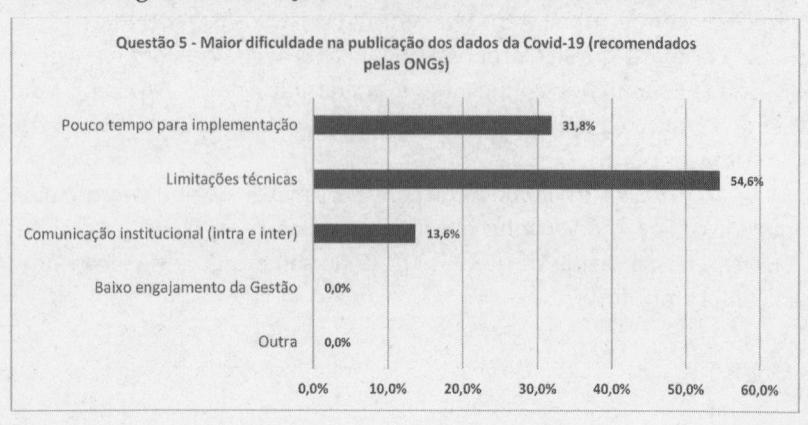

Questão 5 - Maior dificuldade na publicação dos dados da Covid-19 (recomendados pelas ONGs)

- Pouco tempo para implementação: 31,8%
- Limitações técnicas: 54,6%
- Comunicação institucional (intra e inter): 13,6%
- Baixo engajamento da Gestão: 0,0%
- Outra: 0,0%

Fonte: As autoras.

O resultado apresentado no gráfico acima nos mostra que 54,6% (cinquenta e quatro vírgula seis por cento) dos estados afirmaram que a maior dificuldade foi em relação a *limitações técnicas* (infraestrutura e recursos de TI, insuficiência de pessoal) para atendimento das recomendações das ONGs; 31,8% (trinta e um vírgula oito por cento) dos estados respondentes da pesquisa afirmaram que a maior dificuldade teria sido o *"curto tempo para a implementação/publicação de novos itens"*; e 13,8% (treze vírgula oito por cento) alegaram *"dificuldades na comunicação* institucional para atendimento das recomendações das ONGs".

Por último, perguntamos o que o estado apontaria como fator positivo resultante da experiência proporcionada pela iniciativa da Transparência Internacional e da *Open Knowledge* Brasil.

Pergunta 6 – O que você apontaria como positivo após a experiência de participação nos *rankings* das ONGs? (Também para esta questão, apresentamos 4 (quatro) opções já formuladas e outra em aberto.)

Gráfico 13 – Pontos positivos na experiência de participação dos estados nos *rankings* sobre os dados da COVID-19

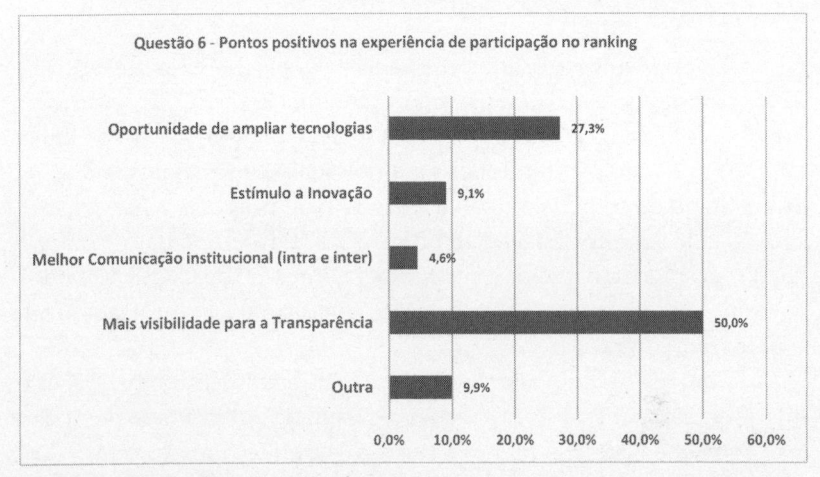

Questão 6 - Pontos positivos na experiência de participação no ranking

- Oportunidade de ampliar tecnologias: 27,3%
- Estímulo a Inovação: 9,1%
- Melhor Comunicação institucional (intra e inter): 4,6%
- Mais visibilidade para a Transparência: 50,0%
- Outra: 9,9%

Fonte: As autoras.

A maioria dos Estados respondentes, 40,7% (quarenta vírgula sete por cento), percebe *"maior visibilidade para a política de transparência"* perante a gestão e esforço na promoção do acesso à informação como resultado da iniciativa das ONGs. Outros 22,2% (vinte e dois vírgula dois por cento) dos estados afirmaram como resultado positivo a *"oportunidade de ampliar e aperfeiçoar tecnologias* e modelos de transparência". Já 7,4% (sete vírgula quatro por cento) apontam como resultante da experiência o *"estímulo à inovação nas soluções de transparência pública"*. Outros 7,4% (sete vírgula quatro por cento) veem mais "integração e *melhoria na comunicação interna na promoção da transparência"*. Também tivemos respostas *"outra"*, em que o respondente aponta *"melhora na participação da sociedade através do controle social, trazendo a percepção de que a população é elo fundamental nas ferramentas de controle"*, que representou 3,7% (três vírgula sete por cento) das respostas obtidas.

5 Resultados

5.1 Avaliações das ONGs

Como resultado, pudemos perceber que, à medida que as avaliações promovidas pela Transparência Internacional e *Open Knowledge* Brasil ocorriam, os estados atendiam gradativamente mais aos itens apresentados como critérios nas metodologias utilizadas pelas ONGs, de modo quase total de adesão à metodologia proposta pelas organizações, tendo muitos estados atendido à grande maioria das recomendações propostas, como nas metodologias 1.0 e 2.0 da OKBR, em que, ao final, 75% (setenta e cinco por cento) dos estados alcançaram nível *alto* de transparência.

Com relação às avaliações da Transparência Internacional, não foi diferente: se, ao iniciar as avaliações, o resultado apresentado demonstrava que apenas 14,28% (quatorze vírgula vinte e oito por cento) dos estados tinham nível de transparência ótimo, segundo avaliação da TI, ao final da aplicação das avaliações da metodologia 1, mais de 70% (setenta por cento) dos estados estavam classificados com nível ótimo de transparência, tendo avançado bastante em relação ao início das avaliações.

Isso pode ser confirmado pelos resultados publicados nos *sites* das ONGs (Transparência Internacional e *Open Knowledge* Brasil).

5.2 Questionário aplicado aos estados

Nos dois primeiros itens do questionário, restou confirmada a percepção, por parte dos estados, da influência das avaliações das ONGs nas suas publicações de dados e informações da COVID-19, quando 81,8% (oitenta e um vírgula oito por cento) dos estados afirmam ter sido *muito* influenciados pelas ONGs na ampliação da transparência de dados relacionados à pandemia.

Importante ressaltar como os estados perceberam a iniciativa promovida pelas organizações no resultado apresentado pelo item 3 do questionário, no qual temos 100% (cem por cento) dos estados respondentes da pesquisa, considerando a iniciativa das ONGs *positiva* ou *muito positiva*.

As respostas a quarta pergunta nos mostram que, mesmo que parcialmente, os estados demonstram a percepção de que não teriam ido tão longe na abertura dos dados e informações relacionados à

COVID-19 sem a existência da avaliação e *ranking* promovidos pela Transparência Internacional e *Open Knowledge* Brasil.

A questão número 5 (cinco) demonstra que a existência, ainda, de *baixo acesso a novas tecnologias e infraestrutura*, por parte de 54,6% (cinquenta e quatro vírgula seis por cento) dos estados representa um problema quanto à ampliação da transparência relacionada aos dados da COVID-19. O segundo item mais citado, nessa questão, como fator de dificuldade para atendimento às recomendações das ONGs foi o *pouco tempo para implementação* das mesmas. Em menor referência, citado por 13,6% (treze vírgula seis por cento) dos estados, está a *dificuldade na comunicação* (intra e inter) institucional.

Na última questão, confirmada por 50% (cinquenta por cento) dos estados respondentes, é ressaltada a percepção de *"crescimento da visibilidade da transparência pública* perante a gestão do órgão". O segundo ponto mais citado, por 27,3% (vinte e sete vírgula três por cento) dos estados, está a *"oportunidade de ampliar as tecnologias existentes"*, seguido por *"estímulo a inovação"*, com 9,1% (nove vírgula um por cento), e *"melhor comunicação institucional"*, com 4,6% (quatro vírgula seis por cento) dos estados respondentes. Tivemos ainda 9,9% (nove vírgula nove por cento) dos respondentes, que citaram *"melhora na participação da sociedade através do controle social, trazendo a percepção de que a população é elo fundamental nas ferramentas de controle"* e o fato de, *"ao seguir uma metodologia de um Ranking, temos certeza de que estamos dando transparência dos dados que realmente interessam à população"*.

6 Considerações finais

A partir dos resultados apresentados, percebemos que as ações das ONGs referentes à avaliação e publicação de dados públicos referentes à pandemia de COVID-19 dos estados e Distrito Federal, em forma de *ranking*, tiveram bastante influência na ampliação da transparência dos estados em se tratando de dados da COVID-19.

Merecem destaque as ações de controle social exercidas pelas ONGs estudadas, no momento em que o Brasil tem enfrentado retrocessos nos processos democráticos. Antes mesmo da deflagração da pandemia de COVID-19, o Decreto Federal nº 9.690/2019 (suspenso pela Câmara de Deputados) ampliava o rol de agentes públicos autorizados a classificar sigilo de documentos de informações, reduzindo o alcance da Lei de Acesso à Informação (LAI). Não obstante, em menos de 60 (sessenta) dias após a OMS declarar a situação de pandemia, o governo federal novamente tenta restringir o acesso à informação através da Medida Provisória nº 928, de 23 de março de 2020, que suspendia os prazos de resposta para os pedidos de informações formulados durante a calamidade de saúde pública. A MP foi vetada pelo Congresso Nacional.

Dessa forma, fica evidenciado que a experiência de controle social sobre a transparência pública da COVID-19 contribuiu diretamente não apenas para o combate do vírus epidemiológico, mas, também, ao combate à corrupção eventualmente ensejada pelos procedimentos urgentes de aquisição de bens e serviços no enfrentamento à pandemia.

Por fim, que a experiência estudada neste trabalho, além de configurar no rol das boas práticas para a gestão da transparência pública, enseje novos estudos e pesquisas na área de controle e participação social, haja vista a inesgotável relação entre Estado e sociedade e o papel institucional dos governos na promoção e fortalecimento da democracia.

Referências

ABDALA, Paulo Ricardo Zilio; TORRES, Carlos Marcos Souza de Oliveira e. A transparência com espetáculo: uma análise dos portais de transparência de estados brasileiros. *Administração Pública e Gestão Social*, v. 8, n. 3, p. 147-158, jul./set. 2016.

BRASIL. *Lei Complementar Federal nº 101, de 04 de maio de 2000*. Disponível em: http://www.planalto.gov.br/ccivil_03/leis/lcp/lcp101.htm. Acesso em: 28 set. 2022.

BRASIL. *Lei Complementar Federal nº 131, de 27 de maio de 2009*. Disponível em: http://www.planalto.gov.br/ccivil_03/leis/lcp/lcp131.htm. Acesso em: 28 set. 2022.

BRASIL. *Lei Federal nº 12.527, de 18 de novembro de 2011*. Disponível em: http://www.planalto.gov.br/ccivil_03/_ato2011-2014/2011/lei/l12527.htm. Acesso em: 29 set. 2022.

BRASIL. *Decreto Federal nº 9.690, de 23 de janeiro de 2019*. Disponível em: http://www.planalto.gov.br/ccivil_03/_ato2019-2022/2019/decreto/d9690.htm#:~:text=DECRETO%20N%C2%BA%209.690%2C%20DE%2023%20DE%20JANEIRO%20DE%202019&text=Altera%20o%20Decreto%20n%C2%BA%207.724,que%20lhe%20confere%20o-%20art. Acesso em: 29 out. 2022.

BRASIL. *Medida Provisória nº 928, de 23 de março de 2020*. Disponível em: http://www.planalto.gov.br/ccivil_03/_ato2019-2022/2020/mpv/mpv928.htm#:~:text=MEDIDA%20PROVIS%C3%93RIA%20N%C2%BA%20928%2C%20DE%2023%20DE%20MAR%C3%87O%20DE%202020&text=Altera%20a%20Lei%20n%C2%BA%2013.979,2019%2C%20e%20revoga%20o%20art. Acesso em: 20 out. 2022.

OPEN KNOWLEDGE BRASIL. *Emergência dos dados*: Como o Índice de Transparência da Covid-19 impulsionou a abertura de dados da pandemia no Brasil. Disponível em: https://ok.org.br/wp-content/uploads/2021/11/Ebook_EmergenciaDados_OKBR.pdf. Acesso em: 23 out. 2022.

OPEN KNOWLEDGE BRASIL. Disponível em: https://ok.org.br/. Acesso em: 20 out. 2022.

PAES DE PAULA, Ana Paula. Administração Pública Brasileira entre o gerencialismo e a gestão social. *RAE Debate*, 2004. Disponível em: https://www.scielo.br/j/rae/a/HqKgvKNRxhMmCyxK7jbJz8g/?lang=pt&format=pdf. Acesso em: 20 set. 2022.

SEN, Amartya. *Desenvolvimento como Liberdade*. São Paulo: Companhia das Letras, 2010.

TEIXEIRA, M. A. C. *Estado, governo e administração pública*. Rio de Janeiro: Editora FGV, 2012.

TRANSPARÊNCIA INTERNACIONAL. Disponível em: https://transparenciainternacional.org.br/quem-somos/sobre-a-ti/. Acesso em: 20 out. 2022.

Informação bibliográfica deste texto, conforme a NBR 6023:2018 da Associação Brasileira de Normas Técnicas (ABNT):

FONSECA, Lenira; SILVA, Patrícia. O controle social e o acesso à informação em tempos de pandemia: os efeitos e percepção dos Estados nas avaliações da Transparência Internacional e *Open Knowledge* Brasil da transparência de dados da COVID-19. *In*: SEVERINO, Débora Pinto; CAMATA, Edmar Moreira; FERRAZ, Leonardo de Araújo; THOMÉ, Marcela Oliveira (Coord.). *Mulheres no controle*: tópicos de controle interno sob o olhar das mulheres. Belo Horizonte: Fórum, 2023. p. 267-297. ISBN 978-65-5518-540-9.

SOBRE AS AUTORAS

Almerinda Alves de Oliveira

Mestre em Administração Pública pela FGV (2022). Possui graduação em Administração pela Universidade Federal de Minas Gerais (2008). Graduanda em Direito pela Universidade de Cuiabá (2022). Pós-graduações em Direito Público. Direito Administrativo e em Administração Pública. Pós-graduanda em Direito Penal e Criminologia; Psicanálise e Análise do Contemporâneo; e Ciências Humanas: Sociologia, Filosofia e História pela PUC-RS. Atualmente é Auditora do Estado – Controladoria-Geral do Estado de Mato Grosso.

Ana Luiza Lindenberg Dabien Horta

Pós-graduada em Direito Público (2022) pela Pontifícia Universidade Católica de Minas Gerais – PUC Minas, Belo Horizonte/MG. Pós-graduada em Direito Administrativo (2016) pela Universidade Anhanguera – São Paulo/SP. Empossada em agosto de 2015 no cargo de Auditor Interno. Atuação na área de Integridade: 2015-2016. Atualmente atua na Assessoria Jurídica do Gabinete da Controladoria-Geral do Estado de Minas Gerais.

Carolina Kichller da Silva

Possui graduação em Hotelaria – Faculdades Riograndenses (2006) e graduação em Educação Física pela Universidade Federal do Rio Grande do Sul (1999).

Cláudia Costa de Araújo Fusco

Mestranda em Administração Pública pela Escola de Governo da Fundação João Pinheiro, MG. Especialista em Direito Público, Transparência e Controle Externo pela PUC Minas/TCEMG. Possui graduação em Direito pela Universidade Federal de Minas Gerais (2004). Atualmente é Controladora-Geral Adjunta da Prefeitura Municipal de Belo Horizonte. Tem experiência na área de Direito, com ênfase em Direito Público. Servidora efetiva do Tribunal de Contas do Estado de Minas Gerais, desde 2008, onde foi Superintendente de Controle Externo nos anos de 2013 a 2017.

Cristiane Nardes

Graduada em Comunicação Social e Jornalismo pela ULBRA. Especialista em Gestão Empresarial com Ênfase em Planejamento Estratégico pela FGV. Especialista em *Leadership* pela EADA/Espanha e cursa MBA em Governança Corporativa pela Unyleia. Analista Comportamental e *Executive Coaching* pela Sociedade Latino-Americana de *Coaching*. Atuou como Secretária de

Governança e *Compliance* do Governo do Distrito Federal. Diretoria de Governança do Instituto Latino-Americano de Governança e Compliance Público – IGCP. Fundadora e ex-vice-presidente do Conselho de Administração da Rede Governança Brasil. Coordenadora do Comitê de Capacitação e do Programa de Mentoria para Prefeituras da Rede Governança Brasil. Professora na Escola Brasileira de Direito – EBRADI para o MBA em Governança Pública, módulos em Governança Humanizada, Liderança e Alta Administração.

Danila Duarte
Mestranda em Gestão de Políticas Públicas e Graduada em Ciências Contábeis. Especialista em Auditoria e Controladoria. Auditora Independente/CNAI. Coordenadora do Comitê de *Compliance* da Rede Governança Brasil. Certificação Profissional em *Compliance* Anticorrupção/CPC-A, Certificação Profissional em *Compliance* Público/CPC-P. Auditora Líder ISO 37:001 Sistema de Gestão Antissuborno e 37.301 Sistema de Gestão de *Compliance*. Professora em cursos de pós-graduação na Universidade Católica do Tocantins e Universidade Federal do Tocantins.

Elba Araújo do Amaral
Possui graduação em Direito pelo Centro Universitário Estácio Ribeirão Preto (2021). Atualmente é auditora da Companhia Paulista de Trens Metropolitanos.
Erika Aparecida Siqueira Nanci
Possui graduação em bacharel em Ciências Contábeis pelo Centro Universitário Fundação Santo André. Atualmente é auditora da Companhia Paulista de Trens Metropolitanos.

Fernanda Guedes Araujo
Mestre em Gestão Estratégica de Organização, pelo IESB, com especialização em Gestão Pública, pela UNIDERP. Servidora pública federal no Instituto Chico Mendes de Conservação da Biodiversidade – ICMBio. Atua na auditoria interna desde 2014, substituindo o cargo de auditor chefe em suas ausências eventuais, desde 2017, e exerce a função de chefe da Divisão de Processos de Auditoria desde 2022.

Fernanda Paiva Carvalho
Mestrado em Direito Público: *Master of Laws in Public Interest Law* (LLM) 08/2015- 06/2016. *University of California, Hastings College of Law*. Empossada em 21.02.2013 no cargo de Procuradora do Estado de Minas Gerais. Atualmente atua como assessora-jurídica chefe na Controladoria-Geral do Estado de Minas Gerais.

Giovanna Bonfante
Mestra em Administração Pública pela Fundação João Pinheiro (2022). Graduada em Direito pela Faculdade de Direito Milton Campos (1999). Servidora pública efetiva (cargo de analista de controle externo – Direito) do

Tribunal de Contas do Estado de Minas Gerais – TCEMG. Atualmente exercendo função de assessoria do Gabinete do Procurador do Ministério Público de Contas do Estado de Minas Gerais – MPC/MG. Tem experiência na área de Direito, com ênfase em Direito Administrativo.

Isadora Fraga Pedrosa

Pós-graduação *lato sensu* em Direito Público (2004). Coordenadoria de Pesquisa e Pós-Graduação do Centro Universitário Newton Paiva, em convênio com a Associação Nacional dos Magistrados Estaduais – ANAMAGES. Bacharel em Direito (2002) – Centro Universitário FUMEC.

Jeflanuzia Nascimento da Silva Leite

Mestrado em Desenvolvimento Regional e Urbano. Universidade Salvador, UNIFACS, Salvador, Brasil (2020). Especialização em Gestão Contábil. Universidade Federal da Bahia, UFBA, Salvador, Brasil – Título: Contabilidade (2006). Graduação em Ciências Contábeis. Universidade do Estado da Bahia, UNEB, Salvador, Brasil, ano de obtenção: 1996. Atua na Gerência de Auditoria de Processos – Empresa Baiana de Águas e Saneamento – EMBASA.

Joquebede dos Santos Antevere Silva

Pós-graduada em Gestão Pública pela Universidade Católica Dom Bosco – UCDB. Auditora-chefe da Coordenação de Aperfeiçoamento de Pessoal de Nível Superior –Capes/MEC e mestranda em Administração Pública na Fundação Getúlio Vargas – FGV. Tem experiência na área de Administração Pública, com ênfase em Auditoria Interna.

Juliana Oliveira Nascimento

Advogada, executiva e docente especialista em ESG, *Compliance*, Governança Corporativa, Riscos, Controles Internos, Continuidade dos Negócios e *International Business*. *Risk Advisory Senior Manager* na KPMG. Cofundadora do *Compliance Women Committee*. Possui experiência relevante no âmbito corporativo, com mais de 18 anos atuando em projetos estratégicos e de alta complexidade. Mestrado Profissional *Master of Laws in International Business Law* pela *Steinbeis University Berlin* (Alemanha). Mestre em Direito pelo Centro Universitário Autônomo do Brasil – UNIBRASIL. *Global Corporate Compliance* pela *Fordham University*. *International Management and Compliance – Frankfurt University Applied of Sciences*. Formada nos cursos de ESG, IPO e *Governance, Risk and Compliance – Risk University* pela *KPMG Business School*. *The Paris Agreement on Climate Change as a Development Agenda* – United Nations System Staff College – UNSSC. *Introduction for* ESG pelo *Corporate Finance Institute* – CFI. Auditora Líder em Sistemas de Gestão de *Compliance* e Antissuborno pela *World Compliance Association*. Pós-graduada no LL.M. em Direito Empresarial Aplicado pelas Faculdades da Indústria do Sistema – FIEP/SESI/SENAI/IEL. Pós-graduada em Direito e Processo do Trabalho pela Academia Brasileira de Direito Constitucional – ABDCONST. Pós-graduada em Estado Democrático de Direito pela Fundação Escola do Ministério Público do Estado do Paraná – FEMPAR. Bacharel em Direito pelo Centro Universitário Curitiba – UNICURITIBA (Faculdade de Direito de Curitiba). Integra o *Compliance Council*. É membro da Plataforma de Ação contra a Corrupção da Rede Brasil do Pacto Global da ONU e do Grupo de Trabalho de Gestão de Risco ASG e Transparência do Laboratório de Inovação Financeira – LAB. Palestrante, escritora, docente em pós-graduações e cursos, organizadora de livros, bem como possui diversos artigos publicados. *E-mail*: juliana.nascimento7@yahoo.com.br. *Site*: www.julianaoliveiranascimento.com.br.

Juliana Stark

Possui graduação em Ciências Contábeis pela Universidade de Mogi das Cruzes (2002). Atualmente é chefe do Departamento de Auditoria da Companhia Paulista de Trens Metropolitanos. Tem experiência na área de Administração, com ênfase em Auditoria Interna.

Lenira Maria Fonseca Albuquerque

Assistente de Controle Interno da Controladoria Geral do RN, com pós-graduação nas áreas de Gestão Estratégica de Sistemas de Informação, Gestão de Políticas Públicas e em Contabilidade, Controladoria e Finanças Públicas. Participou da elaboração do primeiro Plano Plurianual Participativo do RN (2016-2019) e da elaboração de PPAs Territoriais Participativos junto ao Consórcio Público Intermunicipal do RN (COPIRN) em projeto do Ministério do Planejamento. Atualmente é Gerente do Projeto Estratégico Transparência no RN e, entre outras atividades, faz a gestão da Lei de Acesso à Informação – LAI, através do Sistema de Informação ao Cidadão – e-SIC RN. Nesta atividade, também capacita os operadores do e-SIC para atuação na operacionalização da LAI.

Luana Lourenço

Graduada em Direito pela UCSAL. LL.M em Direito Empresarial com especialização em *Compliance* Avançado pela FGV Direito Rio. MBA em *Management* no IAG PUC-Rio e Pós-Graduação em Psicologia Positiva pela PUC-RS. Certificação em *Digital Transformation* pelo MIT. Mestranda em Administração pelo IAG PUC-Rio. Conselheira de Administração pelo IBGC. Membro do Conselho Consultivo do Pro Criança Cardíaca. Mentora Docente do Instituto Latino-Americano de Governança e Compliance Público – IGCP. Professora convidada de pós-graduação na Universidade Católica do Salvador e no CEPED/UERJ. Pioneira da Governança Humanizada. Coordenadora do Comitê Governança na Prática e do Programa de Mentoria para Prefeituras da Rede Governança Brasil. Consultora empresarial especializada em Governança Corporativa, Cultura Organizacional e *Compliance*. Professora na Escola Brasileira de Direito – EBRADI para o MBA em Governança Pública, módulos em Governança Humanizada, Liderança e Alta Administração. CEO na Ocean Governança Integrada. Desenvolve projetos para o terceiro setor.

Maíra Luísa Milani de Lima

Possui graduação em Direito pela Universidade Estadual de Londrina (2003) e mestrado em Direito Ambiental pela Universidade Federal de Santa Catarina (2006). Atuou como Analista Ambiental no Ministério do Meio Ambiente e no Instituto Brasileiro de Meio Ambiente e dos Recursos Naturais Renováveis – IBAMA entre 2008 e 2014. Auditora Federal de Finanças e Controle da Controladoria-Geral da União desde 2014, atualmente lotada na Coordenação-Geral de Auditoria das Áreas de Desenvolvimento Regional e Meio Ambiente da Secretaria Federal de Controle Interno. Realiza auditorias no Ministério do Meio Ambiente, IBAMA, ICMBio e Ministério do Desenvolvimento Regional.

Mariana Andrade Covre

Mulher (ela dela *she her*). Mãe do Fernando. Advogada. Gerente Executiva Jurídica e de Integridade da Federação das Indústrias do Estado do Espírito Santo – FINDES. Membro da Comissão de Diversidade da FINDES. Conselheira, representante do setor industrial, no Conselho Estadual de Meio Ambiente – CONSEMA, Conselhos Regionais e Municipais do Estado do Espírito Santo. Coordenadora do Comitê Nacional de Governança para a Indústria e Comércio da Rede Governança Brasil, pela Confederação Nacional das Indústrias – CNI e FINDES. Membro da Comissão da Advocacia Corporativa da OAB/ES. Membro do Instituto Brasileiro de Governança Corporativa – IBGC. Docente do Curso *Master Compliance* e ESG do Ibmec/DF. Docente da pós-graduação de *Compliance* da Faculdade de Direito de Vitória – FDV. Mentora e curadora do movimento e encontro de lideranças femininas "Entre Elas.ES". Especialista em *Compliance* e Governança. Mestranda em Análise Econômica do Direito.

Marília Alencar da Fonsêca

Possui graduação em Administração pela Universidade de Brasília (2011) e especialização em Gestão em Controladoria Governamental pela IMP de Ensino Superior (2013). Atualmente é Analista em C&T do Coordenação de Aperfeiçoamento de Pessoal de Nível Superior. Tem experiência na área de Administração.

Marisa Zikan da Silva

Possui graduação em Administração pela Universidade do Estado de Santa Catarina (2001) e pós-graduação em Direito Tributário pela UNISUL. Atualmente é controladora-geral adjunta na Controladoria-Geral do Estado de Santa Catarina. Tem experiência na área de Administração Pública, atuando principalmente nos temas de controle interno e auditoria interna.

Meire Jane Lima de Oliveira

Possui graduação em Ciências Econômicas pela Universidade Federal da Bahia (2000) e mestrado em Economia pela Universidade Federal da Bahia (2005). Atualmente é analista de gestão na Empresa Baiana de Águas e Saneamento

(EMBASA), atuando na área de auditoria interna, com ênfase em auditoria baseada em riscos e controles internos. Doutoranda em Gestão e Tecnologia Industrial – GETEC no SENAI-CIMATEC. Atuou como coordenadora de articulação e modernização institucional na Secretaria de Ciência, Tecnologia e Inovação do Estado da Bahia – SECTI e tem experiência de ensino na área de Economia, atuando principalmente nos seguintes temas: redes de firmas, redes de pesquisa e desenvolvimento, política de C&T, política industrial.

Monyze Weber Kutlesa
Administradora pública pela Universidade do Estado de Santa Catarina – UDESC (2022). Membro do Centro Acadêmico Cinco de Julho – CACIJ (2019) como assessora da Área Externa. Membro do Centro Acadêmico Cinco de Julho – CACIJ (2020) como diretora da Área Externa.

Patrícia Alvares de Azevedo Oliveira
Doutoranda em Políticas Públicas – ENAP. Mestre em Governança e Desenvolvimento pela Escola Nacional de Administração Pública – ENAP. Especialista em Educação a Distância pela Universidade Católica de Brasília – UCB e Bacharel em Ciências Sociais pela Universidade do Estado do Rio de Janeiro. Tem experiência na área de Administração Pública, com ênfase em Governança e Gerenciamento de Riscos. Auditora federal de Finanças e Controle da Controladoria-Geral da União desde 2008, exerce o cargo de auditora chefe do Instituto Chico Mendes de Conservação da Biodiversidade desde 2019. Atua como orientadora em curso de especialização em Políticas Públicas promovido pelo Instituto Serzedello Correa desde 2021.

Patrícia de Fátima Silva
Possui graduação em Tecnologia em Gestão Pública pela Universidade Potiguar (2010). Atualmente é servidora efetiva da Controladoria-Geral do Estado do Rio Grande do Norte, atuando na Transparência, Supervisão das Unidades de Controle Interno, e é membro da Unidade de Controle Interno do próprio órgão. Tem experiência na área de Secretariado Executivo, com ênfase em serviço público administrativo.

Victoria Moura de Araujo
Possui graduação em Administração Pública pela Universidade do Estado de Santa Catarina (2019). Tem experiência na área de Administração, com ênfase em Administração Pública, atuando principalmente nos seguintes temas: controle, participação social, *accountability* e transparência.